2015年中国旅游景区发展报告

China Tourist Attraction Development Report 2015

中华人民共和国国家旅游局

中国旅游出版社

CNTA

《2015年中国旅游景区发展报告》编委会

目录 Contents

2015

中国旅游景区发展报告

CHINA TOURIST ATTRACTION DEVELOPMENT REPORT 2015

2015年中国A级旅游景区发展报告

截至2015年年底，全国共有A级景区7951家[①]，共接待游客37.77亿人次，实现旅游总收入3479.08亿元，完成景区建设投资2471.79亿元，吸纳固定就业122.92万人。具体发展特征如下：

一、景区数量保持快速发展

2015年年末A级景区总量达7951家，较上年增加592家，增长8.04%，增速较上年降低3.39个百分点。其中5A级景区212家、4A级景区2580家、3A级景区3018家、2A以下2141家。

——5A级、乡村旅游类和西北地区景区数量增长最快。年末5A级景区为212家，乡村旅游类景区为705家，西北地区景区为952家，分别较上年增加28家、149家和131家，占全国A级景区总量的比例分别为2.66%、8.87%和11.97%；三类景区当年增长率分别为15.22%、26.80%和15.96%，高出全国平均水平7.18个百分点、18.76个百分点和7.92个百分点。

——3A级、自然景观类和华东地区景区数量仍持续领先。年末3A景区为3018家，自然景观类景区2295家，华东地区景区为2794家，占全国A级景区总量的比例分别为37.96%、28.86%和35.14%，其中3A级和华东地区分别较上年增加1.39个百分点和0.38个百分点，自然景观类则较上年下降0.82个百分点。

二、游客接待量大幅增加

2015年全国A级景区游客接待量共计37.77亿人次，较上年增加5.89亿人次，增长18.47%，增速较上年提升8.12个百分点。平均每个景区游客接待量为47.50万人次，较上年增加4.18万人次。

——4A级、自然景观类和华东地区的景区游客接待总量仍最大。4A级、自然

① 截至2015年12月31日，全国共有A级景区8233家，本年度报告以完成经营数据填报的7951家景区为统计基准。

景观类和华东地区的景区游客接待量分别为17.77亿人次、11.56亿人次和16.34亿人次，占游客接待总量的比例分别为47.06%、30.62%和43.26%，占比较上年均略有下降，分别降低1.34个百分点、0.7个百分点和0.3个百分点。

——5A级、主题游乐类和西南地区的景区平均游客接待量最多。5A级、主题游乐类和西南地区的景区平均游客接待量分别为385.96万人次、66.50万人次和59.04万人次，5A级景区较上年减少7.32万人次，主题游乐类和西南地区较上年分别增加了6.78万人次和9.16万人次。

——3A级、乡村旅游类和华北地区的景区游客接待量增长提速。3A级、乡村旅游类和华北地区的游客接待量分别为8.27亿人次、2.23亿人次和3.99亿人次，分别较上年增长29.86%、42.25%和24.37%，增速高出全国平均水平11.39个百分点、23.78个百分点和5.9个百分点，较上年提升19.08个百分点、13.99个百分点和22.97个百分点。

三、景区旅游收入显著上升

2015年全国A级景区实现旅游总收入3479.08亿元，较上年增加320.11亿元，增长10.13%，增速较上年提高4.45个百分点；平均每个景区旅游收入为4375.65万元，较上年增加82.98万元，增长1.93%。

——餐饮收入首次成为景区最主要收入来源。年度景区餐饮收入为863.79亿元，较上年增加121.72亿元，增长16.40%，增速较上年提高3.46个百分点；占景区总收入比重为24.83%，较上年提高1.34个百分点。同期景区门票收入为801.16亿元，占景区总收入比重为23.03%，较上年降低0.90个百分点。景区餐饮收入首次超过门票收入，成为景区第一大收入来源。

——高A级、自然景观类和华东地区的景区收入最高。5A和4A级景区收入共计2899.84亿元，较上年增长11.66%；占景区总收入比重为83.35%，较上年提高1.14个百分点，连续四年保持收入占比扩大趋势。自然景观类景区收入最高，为1240.15亿元，收入占比为35.65%。华东地区景区旅游收入继续保持领先，实现年度 1479.84 亿元，占景区总收入比重达 42.54%。

——**5A 级、主题游乐类和西南地区的景区平均收入最高。**5A 级、主题游乐类和西南地区的景区平均收入分别为 66995.79 万元、5849.13 万元和 7681.10 万元，分别是全国 A 级景区平均收入的 15.31 倍、1.34 倍和 1.76 倍。

——**5A 级、乡村旅游类和西北地区的景区收入增速最快。**5A 级、乡村旅游类和西北地区的景区收入分别为 1420.31 亿元、168.46 亿元和 225.29 亿元，分别较上年增长 18.64%、26.04% 和 40.00%，增速高出全国平均水平 8.51 个百分点、15.91 个百分点和 29.87 个百分点。

四、景区就业岗位平稳增长

2015 年 A 级景区实现固定就业总量达 122.92 万人，较上年增加 1.38 万人，增长 1.14%。

——**4A 级、度假休闲类和华东地区的景区固定就业总量最高。**4A 级、度假休闲类和华东地区的景区就业总量分别为 52.31 万人、31.22 万人和 37.58 万人，占全国景区固定就业总量的比例分别为 42.55%、25.40% 和 30.57%。

——**5A 级、工业旅游类和中南地区的景区平均固定就业量最大。**5A 级、工业旅游类和中南地区的景区平均固定就业量分别为 1078 人、531 人和 259 人，分别是全国平均水平的 6.95 倍、3.43 倍和 1.67 倍。

——**景区非固定就业岗位增长明显。**平均每个景区固定就业人数为 155 人，较上年下降 10 人，但非固定就业量为 108.64 万人次，较上年增加 11.17 万人次，增长 11.46%。

五、景区建设投资继续加快

2015 年景区建设投资继续加快，建设投资总额达 2471.79 亿元，较上年增加 192.80 亿元，增长 8.46%；平均每个景区建设投资 3108.77 万元，较上年增加 11.90 万元。

——4A 级、自然景观类和华东地区的景区建设投资总额最高。4A 级、自然景观类和华东地区的景区投资总额分别为 1520.60 亿元、721.55 亿元和 891.48 亿元，占全国 A 级景区年度总投资额的比例分别为 61.52%、29.19% 和 36.07%。

——5A 级、度假休闲类和东北地区的景区平均建设投资最高。5A 级、度假休闲类和东北地区的景区平均投资额分别为 15000 万元、4663.81 万元和 5073.50 万元，是全国景区平均投资额的 4.83 倍、1.50 倍和 1.63 倍。

——高 A 级、科技教育类和西北地区的景区建设投资增速最快。4A 和 5A 级景区投资分别实现 20.51% 和 19.64% 的增长，科技教育类景区投资实现 99.80% 的增长，西北地区总建设投资和平均建设投资额分别较上年增长 45.03% 和 25.07%。

——社会资本投资型景区投资总量有所下降。度假休闲类和主题游乐类等两类典型社会资本投资型景区的投资总额分别为 617.49 亿元和 105.52 亿元，分别较上年减少 126.30 亿元和 18.78 亿元，下降 16.98% 和 15.11%。

六、门票福利进一步凸显

2015 年，全国 A 级旅游景区政策性免票游客接待量继续快速增长，总量达 16.75 亿人次，较上年增加 5.13 亿人次，增长 44.14%。

——免票范围进一步扩大。免费开放景区数量进一步扩大，减免门票政策不断落实，2015 年 A 级景区免票游客量占总接待量的比重达 44.35%，较上年大幅提高 7.90 个百分点。

——人均门票价格进一步降低。2015 年所有游客（包括购票和未购票游客）的人均票价为 21.21 元，较上年下降 2.50 元，呈逐年下降趋势；购票游客的人均票价为 38.11 元，较上年增加 0.81 元。

七、西部地区景区加速发展

2015 年，西部地区的 A 级景区实现全面快速增长。

——**数量增速最快**。景区数量较上年增加 219 家，增长 10.24%，分别超东部和中部 0.94 个百分点和 6.23 个百分点。

——**接待量增速最快**。景区游客接待量较上年增加 1.86 亿人次，增长 24.22%，分别超东部和中部 4.90 个百分点和 12.90 个百分点。

——**收入增速最快**。景区总收入较上年增加 257.59 亿元，增长 36.02%，分别超东部和中部 42.91 个百分点和 24.26 个百分点。

——**投资增速最快**。景区建设投资较上年增加 139.25 亿元，增长 27.55%，分别超东部和中部 17.92 个百分点和 37.44 个百分点。

——**就业增速最快**。景区固定就业增加 5.79 人，增长 24.46%，分别超东部和中部 30.02 个百分点和 27.15 个百分点。

2015 年 A 级景区发展取得可喜成绩，但景区流量超限、旅游安全和不文明旅游等历史问题仍然存在。2015 年国家旅游局启动了旅游景区最大承载量核定工作并向社会公布，但由于假日制度等原因，节假日景区客流超限问题依然严重，特别是国庆“黄金周”期间，西湖、夫子庙、颐和园等部分知名高 A 级景区均出现了严重超载现象。各级旅游行政主管部门一直高度重视景区安全工作，2015 年，国家旅游局召开了全国旅游安全会议，统一部署所有景区深度开展旅游安全生产管理工作，使得今年旅游安全形势总体有所改善，但火灾、自然灾害及意外事故等景区安全问题仍有所发生，特别是古镇古村类景区的火灾问题，全年先后发生了云南巍山古城拱辰楼火灾、崇州街子古镇火灾、景德镇瑶里古镇古宅失火和贵州永兴古镇火灾等多起事件。此外，大声喧哗、随意插队、乱丢垃圾、践踏草坪、爬树合影，以及“到此一游”等不文明旅游行为仍频频出现，较为典型有脚踩消防烈士铜像头顶拍照、摇“桃花雨”为拍照取景、古炮遭随意踩踏、三百年的文物铜缸被刻字、600 年石兽屡被骑、翻越护栏脚踩千年古城遗址拍照等。

旅游景区始终是旅游业的核心要素，是实现“将旅游业培育成战略性支柱产业和人民满意的服务业”战略目标的重要着力点。改善景区发展环境、提升景区建设质量、规范景区服务秩序，仍是2016年及今后一段时期景区行业管理工作的重点。

一是继续推进景区门票价格改革。加快推进“景区门票价格形成机制”的专项研究，合理界定旅游景区公益类与非公益类的划分边界；科学制定门票定价依据，明确门票价格定价目录；优化门票价格听证办法，创新门票价格监管机制，逐步形成价格水平合理、监管边界清晰和有利于引导社会投资的景区门票价格管理体系。

二是加快景区旅游生态文明建设。按照十八大“大力推进生态文明建设”的战略部署，发挥旅游景区在生态文明建设中的独特优势，从旅游空间优化、旅游产品绿色开发、绿色经营与服务、绿色旅游消费、旅游生态文明机制体制创新等方面，率先进行旅游生态文明建设实践。

三是进一步加强景区标准化建设。在高A级景区标准化建设取得一定成绩基础上，发布实施《A级景区设施与服务标准（修订版）》，加快推进中低级旅游景区的标准化建设，完善景区基础设施标准化建设，提升景区讲解的科学人文水平，加强景区安全标准化建设，全面提升景区行业标准化水平。

四是完善景区安全管理机制。明晰景区与游客安全责任与义务，建立景区责任险联合投保机制，落实景区紧急救援体系建设，加强日常安全联合监督检查，完善景区安全事故处置办法。

五是鼓励景区管理体制改革。实现景区管理体制改革与产权制度改革的有机统一，明晰旅游资源产权，合理安排责权利关系，逐步实现所有权、管理权和经营权的“三权分立”，确立旅游景区所有权的市场交易制度，提升景区开发建设经营的专业化和市场化水平。

六是持续加强景区文明旅游建设。提升景区文明服务水平，实现景区服务设施人性化、服务言行规范化、标识用语文明化；加强文明旅游宣传教育，将文明旅游纳入导游领队培训和中小学课堂教育；完善文明旅游的监管与奖惩机制，加大对不文明旅游行为的惩戒力度，形成跨部门的惩戒制度。

2015 中国旅游景区发展报告

CHINA TOURIST ATTRACTION DEVELOPMENT REPORT 2015

2015年中国A级旅游景区统计报告

一、总体情况

（一）A 级旅游景区数量统计

1. 全国 A 级旅游景区数量情况

2015 年，全国 A 级旅游景区数量达到 7951 家，较上年增加 592 家，增长 8.04%。

表 1–1–1　2014 ~ 2015 年全国 A 级旅游景区数量统计表

景区等级	2014 年景区数量（家）	增量（家）	增长率（%）	2015 年景区数量（家）	增量（家）	增长率（%）
5A 级旅游景区	184	9	5.14	212	28	15.22
4A 级旅游景区	2403	357	17.45	2580	177	7.37
3A 级旅游景区	2704	287	11.87	3018	314	11.61
2A 级旅游景区	1948	99	5.35	2047	99	5.08
1A 级旅游景区	120	3	2.56	94	-26	-21.67
合　计	7359	755	11.43	7951	592	8.04

全国 A 级旅游景区数量继续呈现“中间大，两头小”的纺锤形结构。其中，3A 级旅游景区数量最多，共计 3018 家；其次是 4A 级和 2A 级旅游景区，分别为 2580 家和 2047 家；5A 级和 1A 级旅游景区数量相对较少，分别为 212 家和 94 家。

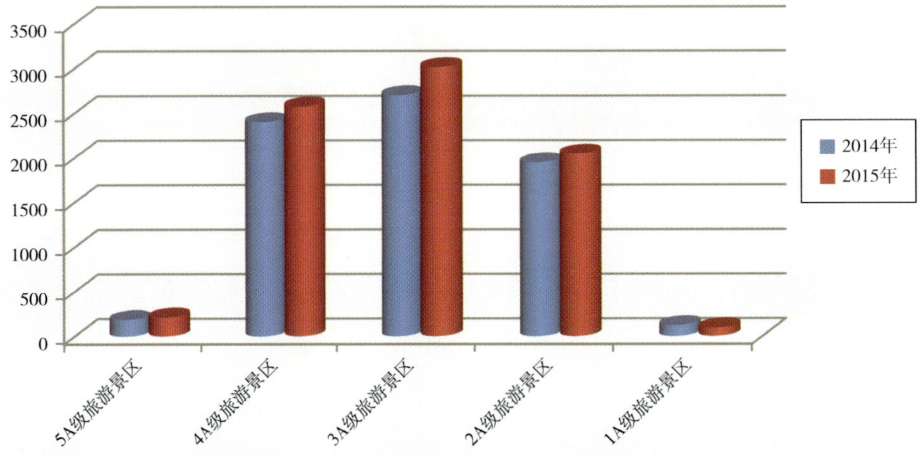

图 1–1–1　2014 ~ 2015 年全国 A 级旅游景区数量统计图（单位：家）

2. 分区域 A 级旅游景区数量情况

2015 年，全国 A 级旅游景区数量最多的区域仍然是华东地区，共计 2794 家，占全国 A 级景区总量的 35.14%，超过总量的 1/3；其次是中南地区和华北地区，A 级旅游景区数量均超过千家，总量分别为 1397 家和 1024 家，占比分别为 17.57% 和 12.88%。

表 1–1–2　2014 ~ 2015 年全国 A 级旅游景区数量分区域统计表

地区	2014 年		2015 年			
	数量（家）	比重（%）	数量（家）	增量（家）	增长率（%）	比重（%）
华北	1005	13.66	1024	19	1.89	12.88
东北	847	11.51	921	74	8.74	11.58
华东	2558	34.76	2794	236	9.23	35.14
中南	1299	17.65	1397	98	7.54	17.57
西南	829	11.26	863	34	4.10	10.86
西北	821	11.16	952	131	15.96	11.97
合计	7359	100	7951	592	8.04	100.00

从各区域 A 级旅游景区数量变化看，所有区域均呈不同程度的增长，以西北地区增速最快，其次是华东地区和东北地区，分别较上年增长 15.96%、9.23% 和 8.74%。

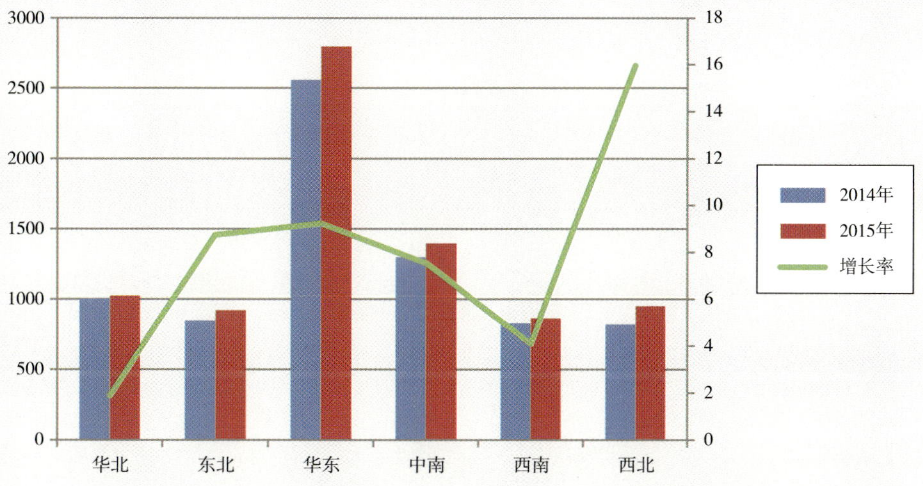

图 1–1–2　2014 ~ 2015 年全国 A 级旅游景区数量分区域统计图（单位：家）

3. 分省A级旅游景区数量情况

2015年，全国A级旅游景区数量最多的仍然是山东省，共计795家，达到全国A级旅游景区总量的1/10；其次是江苏省和浙江省，分别为622家和445家，占比分别为7.82%和5.60%。

表1-1-3 2014～2015年全国A级旅游景区数量分省统计表

省级行政区	2014年		2015年			
	数量（家）	比重（%）	数量（家）	增量（家）	增长率（%）	比重（%）
北京市	207	2.81	193	-14	-6.76	2.43
天津市	101	1.37	102	1	0.99	1.28
河北省	324	4.4	329	5	1.54	4.14
山西省	108	1.47	106	-2	-1.85	1.33
内蒙古自治区	265	3.6	294	29	10.94	3.70
辽宁省	267	3.63	281	14	5.24	3.53
吉林省	176	2.39	230	54	30.68	2.89
黑龙江省	404	5.49	410	6	1.49	5.16
上海市	87	1.18	89	2	2.30	1.12
江苏省	602	8.18	622	20	3.32	7.82
浙江省	378	5.14	445	67	17.72	5.60
安徽省	483	6.56	443	-40	-8.28	5.57
福建省	168	2.28	188	20	11.90	2.36
江西省	189	2.57	212	23	12.17	2.67
山东省	651	8.85	795	144	22.12	10.00
河南省	243	3.3	249	6	2.47	3.13
湖北省	288	3.91	301	13	4.51	3.79
湖南省	232	3.15	257	25	10.78	3.23
广东省	268	3.64	286	18	6.72	3.60
广西壮族自治区	224	3.05	249	25	11.16	3.13
海南省	44	0.6	55	11	25.00	0.69
重庆市	175	2.38	198	23	13.14	2.49
四川省	299	4.06	327	28	9.36	4.11
贵州省	118	1.6	135	17	14.41	1.70
云南省	165	2.24	199	34	20.61	2.50
西藏自治区	29	0.4	4	-25	-86.21	0.05

续表

省级行政区	2014年		2015年			
	数量（家）	比重（%）	数量（家）	增量（家）	增长率（%）	比重（%）
陕西省	257	3.49	313	56	21.79	3.94
甘肃省	197	2.68	217	20	10.15	2.73
青海省	79	1.07	79	0	0.00	0.99
宁夏回族自治区	36	0.49	40	4	11.11	0.50
新疆维吾尔自治区	252	3.43	262	10	3.97	3.30
新疆生产建设兵团	43	0.59	41	-2	-4.65	0.52
合 计	7359	100.00	7951	592	8.04	100.00

与上年相比，吉林省、海南省和山东省三个省份A级旅游景区数量增速较快，分别增长30.68%、25.00%和22.12%，分别超过全国平均增速22.64个百分点、16.96个百分点和14.08个百分点。

（二）A级旅游景区等级构成统计

1. 全国A级旅游景区等级情况

2015年，全国A级旅游景区数量的等级结构继续保持“中间大，两头小”的纺锤形结构。4A级、3A级和2A级景区数量占所有A级旅游景区总量的96.15%。5A级和1A级所占比重较小，低于总量的4.00%。

表1-2-1　2014～2015年全国A级旅游景区分等级数量构成统计表

景区等级	2014年		2015年	
	数量（家）	比重（%）	数量（家）	比重（%）
5A级旅游景区	184	2.5	212	2.67
4A级旅游景区	2403	32.65	2580	32.45
3A级旅游景区	2704	36.75	3018	37.96
2A级旅游景区	1948	26.47	2047	25.75
1A级旅游景区	120	1.63	94	1.17
合 计	7359	100.00	7951	100.00

2. 分区域 A 级旅游景区等级情况

2015 年，5A 级旅游景区数量最多的区域仍然是华东地区，共计 72 家，占全国 5A 级景区总数的 33.96%；其次是中南地区和西南地区，分别为 48 家和 29 家，占 22.64% 和 13.68%。

表 1-2-2　2015 年全国 A 级旅游景区分区数量统计表

地区	5A 级旅游景区		4A 级旅游景区		3A 级旅游景区		2A 级旅游景区		1A 级旅游景区		合计
	数量（家）	占比（%）	数量（家）	占比（%）	数量（家）	占比（%）	数量（家）	占比（%）	数量（家）	占比（%）	数量（家）
华北	23	10.85	347	13.45	329	10.90	316	15.44	9	9.57	1024
东北	14	6.60	222	8.60	373	12.36	266	12.99	46	48.94	921
华东	72	33.96	867	33.60	1049	34.76	798	38.98	8	8.51	2794
中南	48	22.64	555	21.52	590	19.55	199	9.73	5	5.32	1397
西南	29	13.68	347	13.45	260	8.61	218	10.65	9	9.57	863
西北	26	12.27	242	9.38	417	13.82	250	12.21	17	18.09	952
合计	212	100.00	2580	100.00	3018	100.00	2047	100.00	94	100.00	7951

4A 级旅游景区数量最多的区域也是华东地区，共计 867 家，占全国 4A 级旅游景区总量的 33.60%；其次是中南地区、西南地区和华北地区，分别为 555 家、347 家和 347 家，占全国 4A 级旅游景区总量的 21.52%、13.45% 和 13.45%。

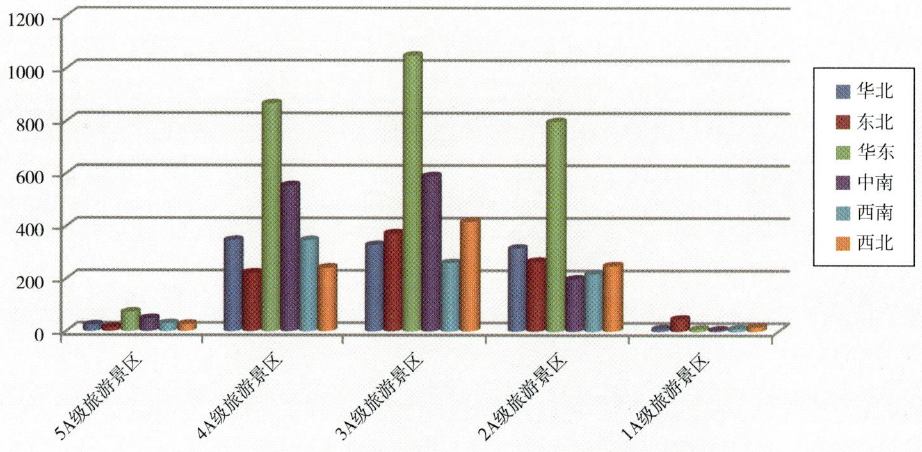

图 1-2-1　2015 年全国 A 级旅游景区分区数量统计图（单位：家）

3A 级旅游景区数量最多的区域也是华东地区，共计 1049 家，占全国 3A 级旅游景区总数的 34.76%；其次是中南地区和西北地区，分别为 590 家和 417 家，占比分别为 19.55% 和 13.82%。

3. 分省 A 级旅游景区等级情况

2015 年，5A 级旅游景区数量最多的是江苏省，共计 20 家，占全国 5A 级旅游景区总数的 9.43%；其次是浙江省、河南省和广东省，分别为 14 家、11 家和 11 家，占比分别为 6.60%、5.19% 和 5.19%。

表 1-2-3 2015 年全国 A 级旅游景区分省数量统计表

省级行政区	5A 级旅游景区		4A 级旅游景区		3A 级旅游景区		2A 级旅游景区		1A 级旅游景区	
	数量（家）	占比（%）	数量（家）	占比（%）	数量（家）	占比（%）	数量（家）	占比（%）	数量（家）	占比（%）
北京市	7	3.30	58	2.25	88	2.92	35	1.71	5	5.32
天津市	2	0.94	31	1.20	48	1.59	21	1.03	0	0.00
河北省	6	2.83	119	4.61	75	2.49	128	6.25	1	1.06
山西省	6	2.83	62	2.40	18	0.60	18	0.88	2	2.13
内蒙古自治区	2	0.94	77	2.98	100	3.31	114	5.57	1	1.06
辽宁省	4	1.89	81	3.14	141	4.67	48	2.34	7	7.45
吉林省	5	2.36	57	2.21	94	3.11	60	2.93	14	14.89
黑龙江省	5	2.36	84	3.26	138	4.57	158	7.72	25	26.60
上海市	3	1.42	46	1.78	40	1.33	0	0.00	0	0.00
江苏省	20	9.43	173	6.71	207	6.86	222	10.85	0	0.00
浙江省	14	6.60	164	6.36	143	4.74	120	5.86	4	4.26
安徽省	9	4.25	137	5.31	146	4.84	150	7.33	1	1.06
福建省	9	4.25	83	3.22	82	2.72	14	0.68	0	0.00
江西省	8	3.77	78	3.02	84	2.78	42	2.05	0	0.00
山东省	9	4.25	186	7.21	347	11.50	250	12.21	3	3.19
河南省	11	5.19	69	2.67	102	3.38	67	3.27	0	0.00
湖北省	10	4.72	108	4.19	126	4.17	54	2.64	3	3.19
湖南省	7	3.30	87	3.37	127	4.21	34	1.66	2	2.13
广东省	11	5.19	158	6.12	104	3.45	13	0.64	0	0.00
广西壮族自治区	4	1.89	117	4.53	102	3.38	26	1.27	0	0.00
海南省	5	2.36	16	0.62	29	0.96	5	0.24	0	0.00
重庆市	7	3.30	68	2.64	77	2.55	44	2.15	2	2.13

2. 分区域 A 级旅游景区类型构成变化情况

2015 年，自然景观类景区数量最多的是华东地区，共计 713 家，占全国自然类景区总量的 31.07%；其次是中南地区和西北地区，景区数量分别为 420 家和 312 家，占比分别为 18.30% 和 13.59%。

表 1–3–2　2015 年全国 A 级旅游景区分类型分区域数量统计表（单位：家）

地区	自然景观	主题游乐	乡村旅游	历史文化	科技教育	红色旅游	工业旅游	度假休闲	博物馆	其他
华北	290	34	57	214	6	47	33	178	95	70
东北	299	27	86	85	16	32	22	207	65	82
华东	713	125	340	549	30	150	66	422	193	206
中南	420	80	75	266	19	73	28	247	99	90
西南	261	20	113	156	12	37	15	137	45	67
西北	312	31	34	214	10	43	20	133	84	71
合计	2295	317	705	1484	93	382	184	1324	581	586

历史文化类景区数量最多的区域仍是华东地区，共计 549 家，占全国历史文化类景区总量的 36.99%；其次是中南地区、华北地区和西北地区，分别为 266 家、214 家和 214 家，占比分别为 17.92%、14.42% 和 14.42%。

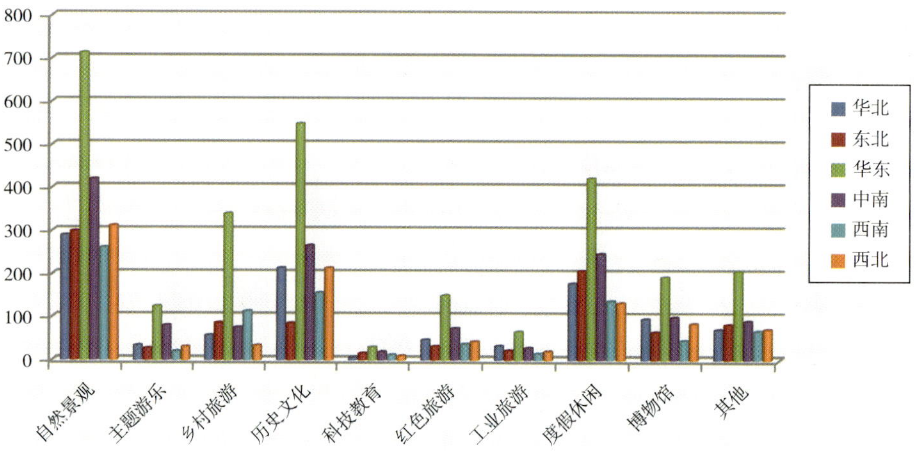

图 1–3–2　2015 年全国 A 级旅游景区分类型分区数量统计图（单位：家）

3A 级旅游景区数量最多的区域也是华东地区，共计 1049 家，占全国 3A 级旅游景区总数的 34.76%；其次是中南地区和西北地区，分别为 590 家和 417 家，占比分别为 19.55% 和 13.82%。

3. 分省 A 级旅游景区等级情况

2015 年，5A 级旅游景区数量最多的是江苏省，共计 20 家，占全国 5A 级旅游景区总数的 9.43%；其次是浙江省、河南省和广东省，分别为 14 家、11 家和 11 家，占比分别为 6.60%、5.19% 和 5.19%。

表 1-2-3　2015 年全国 A 级旅游景区分省数量统计表

省级行政区	5A 级旅游景区		4A 级旅游景区		3A 级旅游景区		2A 级旅游景区		1A 级旅游景区	
	数量（家）	占比（%）	数量（家）	占比（%）	数量（家）	占比（%）	数量（家）	占比（%）	数量（家）	占比（%）
北京市	7	3.30	58	2.25	88	2.92	35	1.71	5	5.32
天津市	2	0.94	31	1.20	48	1.59	21	1.03	0	0.00
河北省	6	2.83	119	4.61	75	2.49	128	6.25	1	1.06
山西省	6	2.83	62	2.40	18	0.60	18	0.88	2	2.13
内蒙古自治区	2	0.94	77	2.98	100	3.31	114	5.57	1	1.06
辽宁省	4	1.89	81	3.14	141	4.67	48	2.34	7	7.45
吉林省	5	2.36	57	2.21	94	3.11	60	2.93	14	14.89
黑龙江省	5	2.36	84	3.26	138	4.57	158	7.72	25	26.60
上海市	3	1.42	46	1.78	40	1.33	0	0.00	0	0.00
江苏省	20	9.43	173	6.71	207	6.86	222	10.85	0	0.00
浙江省	14	6.60	164	6.36	143	4.74	120	5.86	4	4.26
安徽省	9	4.25	137	5.31	146	4.84	150	7.33	1	1.06
福建省	9	4.25	83	3.22	82	2.72	14	0.68	0	0.00
江西省	8	3.77	78	3.02	84	2.78	42	2.05	0	0.00
山东省	9	4.25	186	7.21	347	11.50	250	12.21	3	3.19
河南省	11	5.19	69	2.67	102	3.38	67	3.27	0	0.00
湖北省	10	4.72	108	4.19	126	4.17	54	2.64	3	3.19
湖南省	7	3.30	87	3.37	127	4.21	34	1.66	2	2.13
广东省	11	5.19	158	6.12	104	3.45	13	0.64	0	0.00
广西壮族自治区	4	1.89	117	4.53	102	3.38	26	1.27	0	0.00
海南省	5	2.36	16	0.62	29	0.96	5	0.24	0	0.00
重庆市	7	3.30	68	2.64	77	2.55	44	2.15	2	2.13

2. 分区域 A 级旅游景区类型构成变化情况

2015 年，自然景观类景区数量最多的是华东地区，共计 713 家，占全国自然类景区总量的 31.07%；其次是中南地区和西北地区，景区数量分别为 420 家和 312 家，占比分别为 18.30% 和 13.59%。

表 1–3–2　2015 年全国 A 级旅游景区分类型分区域数量统计表（单位：家）

地区	自然景观	主题游乐	乡村旅游	历史文化	科技教育	红色旅游	工业旅游	度假休闲	博物馆	其他
华北	290	34	57	214	6	47	33	178	95	70
东北	299	27	86	85	16	32	22	207	65	82
华东	713	125	340	549	30	150	66	422	193	206
中南	420	80	75	266	19	73	28	247	99	90
西南	261	20	113	156	12	37	15	137	45	67
西北	312	31	34	214	10	43	20	133	84	71
合计	2295	317	705	1484	93	382	184	1324	581	586

历史文化类景区数量最多的区域仍是华东地区，共计 549 家，占全国历史文化类景区总量的 36.99%；其次是中南地区、华北地区和西北地区，分别为 266 家、214 家和 214 家，占比分别为 17.92%、14.42% 和 14.42%。

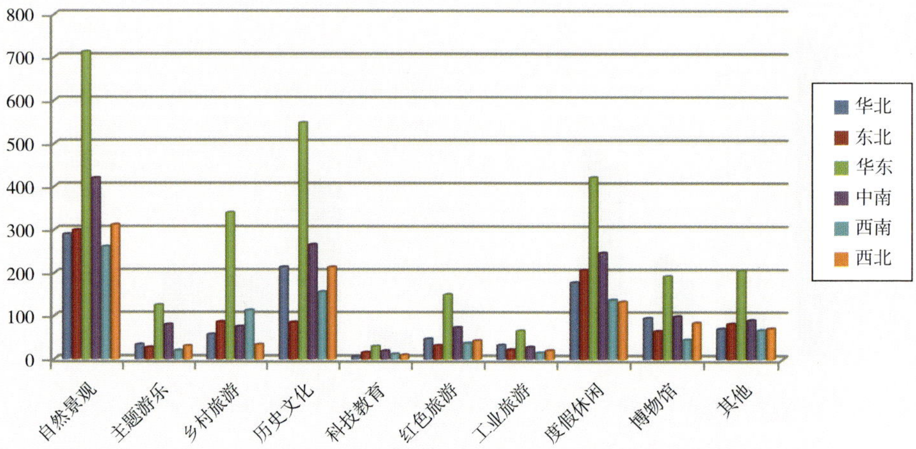

图 1–3–2　2015 年全国 A 级旅游景区分类型分区数量统计图（单位：家）

3A级旅游景区数量最多的区域也是华东地区，共计1049家，占全国3A级旅游景区总数的34.76%；其次是中南地区和西北地区，分别为590家和417家，占比分别为19.55%和13.82%。

3. 分省A级旅游景区等级情况

2015年，5A级旅游景区数量最多的是江苏省，共计20家，占全国5A级旅游景区总数的9.43%；其次是浙江省、河南省和广东省，分别为14家、11家和11家，占比分别为6.60%、5.19%和5.19%。

表1-2-3　2015年全国A级旅游景区分省数量统计表

省级行政区	5A级旅游景区		4A级旅游景区		3A级旅游景区		2A级旅游景区		1A级旅游景区	
	数量（家）	占比（%）	数量（家）	占比（%）	数量（家）	占比（%）	数量（家）	占比（%）	数量（家）	占比（%）
北京市	7	3.30	58	2.25	88	2.92	35	1.71	5	5.32
天津市	2	0.94	31	1.20	48	1.59	21	1.03	0	0.00
河北省	6	2.83	119	4.61	75	2.49	128	6.25	1	1.06
山西省	6	2.83	62	2.40	18	0.60	18	0.88	2	2.13
内蒙古自治区	2	0.94	77	2.98	100	3.31	114	5.57	1	1.06
辽宁省	4	1.89	81	3.14	141	4.67	48	2.34	7	7.45
吉林省	5	2.36	57	2.21	94	3.11	60	2.93	14	14.89
黑龙江省	5	2.36	84	3.26	138	4.57	158	7.72	25	26.60
上海市	3	1.42	46	1.78	40	1.33	0	0.00	0	0.00
江苏省	20	9.43	173	6.71	207	6.86	222	10.85	0	0.00
浙江省	14	6.60	164	6.36	143	4.74	120	5.86	4	4.26
安徽省	9	4.25	137	5.31	146	4.84	150	7.33	1	1.06
福建省	9	4.25	83	3.22	82	2.72	14	0.68	0	0.00
江西省	8	3.77	78	3.02	84	2.78	42	2.05	0	0.00
山东省	9	4.25	186	7.21	347	11.50	250	12.21	3	3.19
河南省	11	5.19	69	2.67	102	3.38	67	3.27	0	0.00
湖北省	10	4.72	108	4.19	126	4.17	54	2.64	3	3.19
湖南省	7	3.30	87	3.37	127	4.21	34	1.66	2	2.13
广东省	11	5.19	158	6.12	104	3.45	13	0.64	0	0.00
广西壮族自治区	4	1.89	117	4.53	102	3.38	26	1.27	0	0.00
海南省	5	2.36	16	0.62	29	0.96	5	0.24	0	0.00
重庆市	7	3.30	68	2.64	77	2.55	44	2.15	2	2.13

续表

省级行政区	5A 级旅游景区		4A 级旅游景区		3A 级旅游景区		2A 级旅游景区		1A 级旅游景区	
	数量（家）	占比（%）	数量（家）	占比（%）	数量（家）	占比（%）	数量（家）	占比（%）	数量（家）	占比（%）
四川省	10	4.72	151	5.85	73	2.42	92	4.49	1	1.06
贵州省	4	1.89	60	2.33	58	1.92	13	0.64	0	0.00
云南省	6	2.83	68	2.64	52	1.72	67	3.27	6	6.38
西藏自治区	2	0.93	0	0.00	0	0.00	2	0.10	0	0.00
陕西省	7	3.30	80	3.10	182	6.03	43	2.10	1	1.06
甘肃省	4	1.88	70	2.71	64	2.12	77	3.76	2	2.13
青海省	2	0.94	18	0.70	52	1.71	7	0.35	0	0.00
宁夏回族自治区	4	1.89	10	0.39	16	0.53	10	0.49	0	0.00
新疆维吾尔自治区	9	4.25	54	2.09	75	2.49	110	5.37	14	14.90
新疆生产建设兵团	0	0.00	10	0.39	28	0.93	3	0.15	0	0.00
合　计	212	100.00	2580	100.00	3018	100.00	2047	100.00	94	100.00

4A 级旅游景区数量最多的是山东省，共计 186 家，占全国 4A 级旅游景区总量的 7.21%；其次是江苏省和浙江省，分别为 173 家和 164 家，占比分别为 6.71% 和 6.36%。

3A 级旅游景区数量最多的省份也是山东省，共计 347 家，占全国 3A 级旅游景区总量 11.50%；其次是江苏省和陕西省，分别为 207 家和 182 家，占比分别为 6.86% 和 6.03%。

（三）A 级旅游景区类型构成统计

1. 全国 A 级旅游景区类型构成变化情况

2015 年，全国 A 级旅游景区的主体类型仍然是自然景观类、历史文化类和度假休闲类，这三类景区共计 5103 家，占 A 级旅游景区总量的 64.18%，比重较上年下降 0.78 个百分点。

自然景观类景区数量最多，共计 2295 家，占 A 级旅游景区总量的 28.86%；历史文化类和度假休闲类景区数量次之，分别为 1484 家和 1324 家，占比分别为 18.66% 和 16.65%。

表 1-3-1　2014 ~ 2015 年全国 A 级旅游景区分类型数量统计表

景区类型	2014 年				2015 年			
	数量（家）	比重（%）	增量（家）	增长率（%）	数量（家）	比重（%）	增量（家）	增长率（%）
自然景观	2184	29.68	145	7.11	2295	28.86	111	5.08
主题游乐	293	3.98	36	14.01	317	3.99	24	8.19
乡村旅游	556	7.56	101	22.2	705	8.87	149	26.80
历史文化	1365	18.55	91	7.14	1484	18.66	119	8.72
科技教育	84	1.14	14	20	93	1.17	9	10.71
红色旅游	358	4.86	35	10.84	382	4.80	24	6.70
工业旅游	157	2.13	39	33.05	184	2.31	27	17.20
度假休闲	1231	16.73	186	17.8	1324	16.65	93	7.55
博物馆	559	7.6	43	8.33	581	7.32	22	3.94
其　他	572	7.77	65	12.82	586	7.37	14	2.45
合　计	7359	100.00	755	11.43	7951	100.00	592	8.04

2015 年，全国 A 级景区增速最快的是乡村旅游类、工业旅游类和科技教育类景区，分别较上年增加 149 家、27 家和 9 家，分别增长 26.80%、17.20% 和 10.71%。

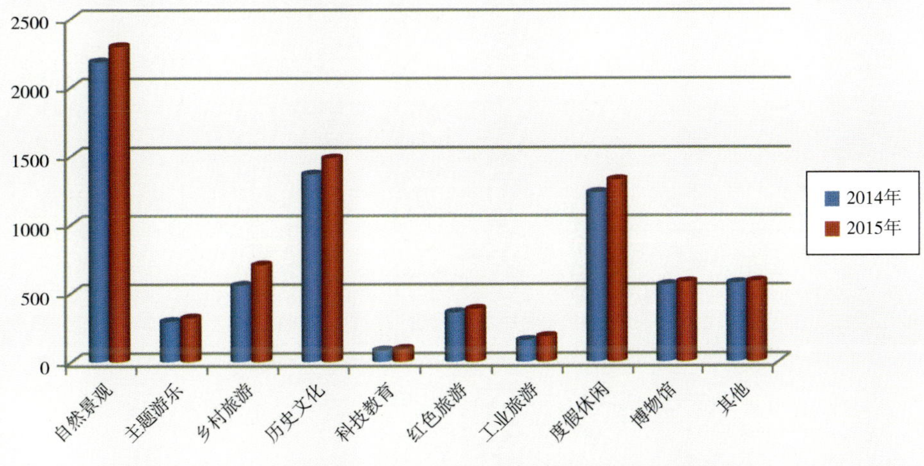

图 1-3-1　2014 ~ 2015 年全国 A 级旅游景区分类型数量统计图（单位：家）

2. 分区域 A 级旅游景区类型构成变化情况

2015 年，自然景观类景区数量最多的是华东地区，共计 713 家，占全国自然类景区总量的 31.07%；其次是中南地区和西北地区，景区数量分别为 420 家和 312 家，占比分别为 18.30% 和 13.59%。

表 1-3-2　2015 年全国 A 级旅游景区分类型分区域数量统计表（单位：家）

地区	自然景观	主题游乐	乡村旅游	历史文化	科技教育	红色旅游	工业旅游	度假休闲	博物馆	其他
华北	290	34	57	214	6	47	33	178	95	70
东北	299	27	86	85	16	32	22	207	65	82
华东	713	125	340	549	30	150	66	422	193	206
中南	420	80	75	266	19	73	28	247	99	90
西南	261	20	113	156	12	37	15	137	45	67
西北	312	31	34	214	10	43	20	133	84	71
合计	2295	317	705	1484	93	382	184	1324	581	586

历史文化类景区数量最多的区域仍是华东地区，共计 549 家，占全国历史文化类景区总量的 36.99%；其次是中南地区、华北地区和西北地区，分别为 266 家、214 家和 214 家，占比分别为 17.92%、14.42% 和 14.42%。

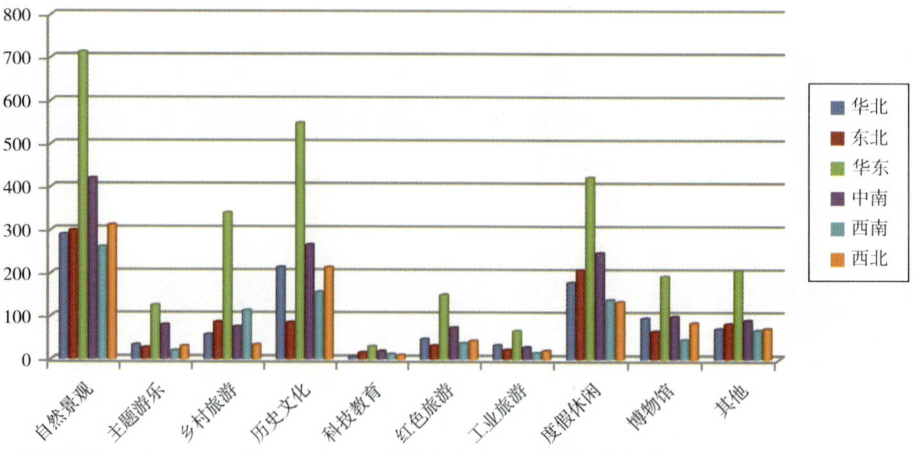

图 1-3-2　2015 年全国 A 级旅游景区分类型分区数量统计图（单位：家）

度假休闲类景区数量最多的区域仍是华东地区，共计 422 家，占全国度假休闲类景区总量的 31.87%；其次是中南地区和东北地区，分别为 247 家和 207 家，占比分别为 18.65% 和 15.63%。

3. 分省 A 级旅游景区类型构成变化情况

2015 年，自然景观类景区数量最多的是山东省，共计 189 家，占全国自然类景区总量的 8.24%；其次是浙江省和江苏省，分别为 146 家和 145 家，分别占全国自然类景区总量的 6.36% 和 6.32%。

表 1-3-3　2015 年全国 A 级旅游景区分类型分省数量统计表（单位：家）

省级行政区	自然景观	主题游乐	乡村旅游	历史文化	科技教育	红色旅游	工业旅游	度假休闲	博物馆	其他
北京市	69	14	5	37	1	4	3	17	20	23
天津市	14	7	6	22	1	4	4	20	20	4
河北省	98	8	34	72	0	20	12	47	16	22
山西省	34	1	3	39	0	5	5	9	7	3
内蒙古自治区	75	4	9	44	4	14	9	85	32	18
辽宁省	97	8	24	40	1	9	7	47	19	29
吉林省	77	3	27	22	7	7	4	51	17	15
黑龙江省	125	16	35	23	8	16	11	109	29	38
上海市	7	5	22	16	1	1	1	16	7	13
江苏省	145	26	61	164	9	52	5	56	63	41
浙江省	146	22	66	70	4	10	15	60	26	26
安徽省	119	9	43	90	4	32	9	68	26	43
福建省	56	9	15	39	0	6	4	36	12	11
江西省	51	7	33	35	2	23	6	32	9	14
山东省	189	47	100	135	10	26	26	154	50	58
河南省	73	18	9	64	1	16	0	27	25	16
湖北省	104	13	14	52	3	23	5	46	25	16
湖南省	73	16	18	55	1	21	7	35	18	13
广东省	62	22	12	49	10	7	12	81	18	13
广西壮族自治区	92	7	18	39	2	5	4	50	12	20
海南省	16	4	4	7	2	1	0	8	1	12
重庆市	44	5	25	38	3	10	4	48	12	9
四川省	94	4	56	59	5	18	7	42	22	20
贵州省	46	3	19	17	2	7	3	25	2	11

续表

省级行政区	自然景观	主题游乐	乡村旅游	历史文化	科技教育	红色旅游	工业旅游	度假休闲	博物馆	其他
云南省	76	8	13	40	2	2	1	21	9	27
西藏自治区	1	0	0	2	0	0	0	1	0	0
陕西省	85	13	16	82	2	17	6	31	49	12
甘肃省	68	6	3	56	2	10	2	41	11	18
青海省	31	0	1	23	0	1	0	9	5	9
宁夏回族自治区	12	0	0	10	1	1	1	5	3	7
新疆维吾尔自治区	103	12	11	40	4	8	8	37	15	24
新疆生产建设兵团	13	0	3	3	1	6	3	10	1	1
合　计	2295	317	705	1484	93	382	184	1324	581	586

历史文化类景区数量最多的是江苏省，共计 164 家，占全国历史文化类景区总量的 11.05%；其次是山东省和安徽省，分别为 135 家和 90 家，分别占全国历史文化类景区总量的 9.10% 和 6.06%。

度假休闲类景区数量最多的是山东省，共计 154 家，占全国度假休闲类景区总量的 11.63%；其次是黑龙江省和内蒙古自治区，分别为 109 家和 85 家，分别占全国度假休闲类景区总量的 8.23% 和 6.42%。

（四）A 级旅游景区门票价格统计

1. 全国 A 级旅游景区门票价格情况

2015 年，全国 7951 家 A 级旅游景区的门票价格总计 246904 元，A 级旅游景区平均门票价格为 31 元。

表 1–4–1　2015 年全国 A 级旅游景区门票价格分等级统计表

景区等级	门票价格总额（元）	景区数量（家）	平均门票价格（元）
5A 级旅游景区	21500	212	101
4A 级旅游景区	132494	2580	51
3A 级旅游景区	71302	3018	24
2A 级旅游景区	20960	2047	10
1A 级旅游景区	648	94	7
合　计	246904	7951	31

注：门票价格取整，此节均同。

从景区等级来看，高 A 级旅游景区平均门票价格较高，其中以 5A 级旅游景区最高，达 101 元，其次是 4A 级和 3A 级旅游景区，平均门票价格分别为 51 元和 24 元。

2. 分区域 A 级旅游景区门票价格情况

从区域来看，中南地区和华北地区 A 级旅游景区平均门票价格相对较高，分别为 44 元 / 景区和 36 元 / 景区，分别高于全国 A 级景区平均门票价格 41.94 个百分点和 16.13 个百分点。

东北地区和西北地区 A 级景区平均门票价格相对较低，分别为 23 元和 21 元，分别低于全国 A 级景区平均门票价格 25.81 个百分点和 32.26 个百分点。

表 1–4–2　2015 年全国 A 级旅游景区门票价格分区域统计表

地区	门票价格总额（元）	景区数量（家）	平均门票价格（元）
华北	37223	1024	36
东北	21614	921	23
华东	81434	2794	29
中南	60788	1397	44
西南	25977	863	30
西北	19868	952	21
合计	246904	7951	31

3. 分省 A 级旅游景区门票价格情况

从分省来看，西藏自治区、北京市、海南省、广西壮族自治区、山西省等 16 个省（市、区）的 A 级景区平均门票价格超过全国平均水平，其中以西藏自治区 A 级景区平均门票价格最高，高达 80 元，高于全国 A 级景区平均门票价格 158.06 个百分点；其次是北京市和海南省，分别为 70 元和 53 元，分别高于全国水平 125.81 个百分点和 70.97 个百分点。

甘肃省、青海省和新疆生产建设兵团 A 级景区平均门票价格相对较低，分别为 16 元、14 元和 10 元，分别低于全国水平 48.39 个百分点、54.84 个百分点和 67.74 个百分点。

表 1-4-3　2015 年全国 A 级旅游景区门票价格分省统计表

省级行政区	门票价格总额（元）	景区数量（家）	平均门票价格（元）
北京市	13451	193	70
天津市	3138	102	31
河北省	10240	329	31
山西省	5436	106	51
内蒙古自治区	4957	294	17
辽宁省	8578	281	31
吉林省	5779	230	25
黑龙江省	7257	410	18
上海市	3280	89	37
江苏省	11697	622	19
浙江省	18087	445	41
安徽省	11676	443	26
福建省	6791	188	36
江西省	8538	212	40
山东省	21366	795	27
河南省	8421	249	34
湖北省	12692	301	42
湖南省	11125	257	43
广东省	12757	286	45
广西壮族自治区	12856	249	52
海南省	2936	55	53
重庆市	4661	198	24
四川省	7801	327	24
贵州省	5705	135	42
云南省	7489	199	38
西藏自治区	320	4	80
陕西省	9117	313	29
甘肃省	3491	217	16
青海省	1117	79	14
宁夏回族自治区	1334	40	33
新疆维吾尔自治区	4417	262	17
新疆生产建设兵团	393	41	10
合　计	246904	7951	31

4. 分类型 A 级旅游景区门票价格情况

从景区类型来看，主题游乐类、工业旅游类、自然景观类和度假休闲类四类型 A 级景区平均门票价格超过全国平均水平，分别为 68 元、53 元、39 元和 35 元，分别高于全国 A 级旅游景区平均门票价格 119.35 个百分点、70.97 个百分点、25.81 个百分点和 12.90 个百分点。

红色旅游类 A 级旅游景区平均门票价格最低，仅 8 元，低于全国 A 级旅游景区平均门票价格 74.19 个百分点。

表 1-4-4　2015 年全国 A 级旅游景区门票价格分类型统计表

景区类型	门票价格总额（元）	景区数量（家）	平均门票价格（元）
自然景观	88749	2295	39
主题游乐	21634	317	68
乡村旅游	13012	705	18
历史文化	40409	1484	27
科技教育	2610	93	28
红色旅游	3147	382	8
工业旅游	9802	184	53
度假休闲	46603	1324	35
博物馆	8465	581	15
其　他	12473	586	21
总　计	246904	7951	31

（五）A 级旅游景区游客接待统计

1. 全国 A 级旅游景区游客接待情况

2015 年，全国 A 级旅游景区游客接待量共计 37.77 亿人次，较上年增加 5.89 亿人次，增长 18.47%，平均每个景区游客接待量为 47.50 万人次。

表 1-5-1　2014 ~ 2015 年全国 A 级旅游景区分等级游客接待情况统计表

景区等级	2014 年		2015 年			
	接待量（亿人次）	比重（%）	接待量（亿人次）	比重（%）	增量（亿人次）	增长率（%）
5A 级旅游景区	7.24	22.68	8.18	21.66	0.94	13.02
4A 级旅游景区	15.43	48.40	17.77	47.06	2.34	15.19
3A 级旅游景区	6.37	19.98	8.27	21.90	1.90	29.86
2A 级旅游景区	2.76	8.66	3.47	9.20	0.71	25.80
1A 级旅游景区	0.08	0.28	0.07	0.18	-0.01	-12.50
合　计	31.88	100.00	37.77[1]	100.00	5.89	18.47

注[1]：因四舍五入保留两位小数点导致此处 2015 年游客接待总数为 37.76 亿人次。

从景区等级结构来看，4A级景区数量最多，所占比重最大，其次是3A级和5A级景区，分别为17.77亿人次、8.27亿人次和8.18亿人次，占比分别为47.06%、21.90%和21.66%。此外，与上年相比，除1A级旅游景区游客接待量下降外，5A级、4A级、3A级和2A级旅游景区游客接待量均有不同程度增长。其中，3A级旅游景区游客接待量增速最快，较上年增加1.90亿人次，增长29.86%。

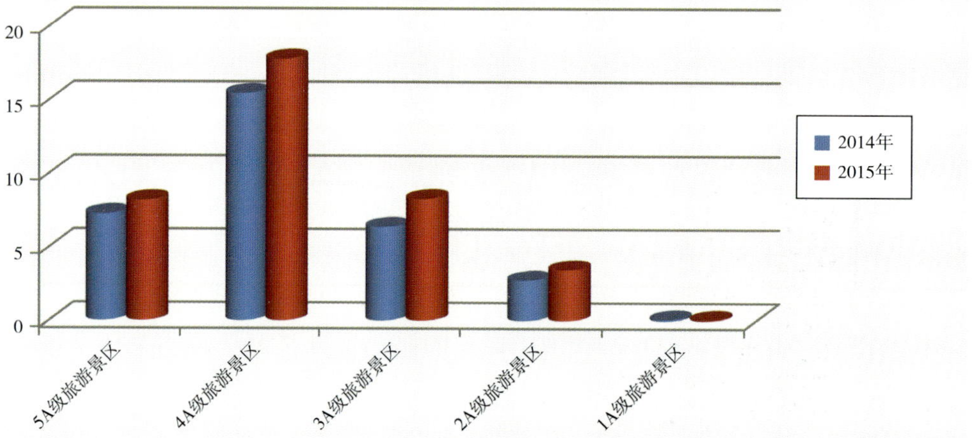

图1-5-1　2014～2015年全国A级旅游景区游客接待情况分等级统计图（单位：亿人次）

从景区平均游客接待量来看，2015年全国A级旅游景区平均游客接待量共计47.50万人次，较上年增加4.18万人次，增长9.65%。其中，5A级和4A级旅游景区平均游客接待量高于全国平均水平，其中以5A级景区平均游客接待量规模最大，高达385.96万人次。此外，与上年相比，4A级、3A级和2A级景区呈不断增长态势，分别增长7.29%、16.34%和19.69%；5A和1A级旅游景区则出现不同程度的下降，分别下降1.86%和2.67%。

表1-5-2　2014～2015年全国A级旅游景区分等级游客平均接待量统计表

景区等级	2014年	2015年		
	平均接待量（万人次）	平均接待量（万人次）	增量（万人次）	增长率（%）
5A级旅游景区	393.28	385.96	-7.32	-1.86
4A级旅游景区	64.21	68.89	4.68	7.29

续表

景区等级	2014 年	2015 年		
	平均接待量	平均接待量	增量	增长率
	（万人次）	（万人次）	（万人次）	（%）
3A 级旅游景区	23.56	27.41	3.85	16.34
2A 级旅游景区	14.17	16.96	2.79	19.69
1A 级旅游景区	7.50	7.30	-0.20	-2.67
合　计	43.32	47.50	4.18	9.65

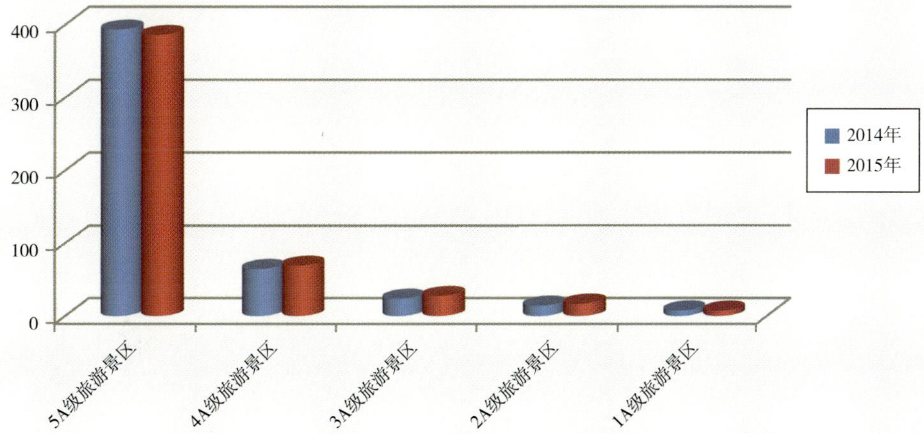

图 1-5-2　2014 ~ 2015 年全国 A 级旅游景区平均游客接待情况分等级统计图（单位：亿人次）

2. 分区域 A 级旅游景区游客接待情况

从区域来看，全国 A 级景区游客接待量呈现“南多北少”的特征，其中华东地区 A 级景区游客接待规模最大，其次是中南地区和西南地区，分别为 16.34 亿人次、7.45 亿人次和 5.10 亿人次，分别占全国 A 级旅游景区游客接待总量的 43.26%、19.71% 和 13.49%；东北地区 A 级景区游客接待规模最小，为 1.97 亿人次，占比 5.21%。

与上年相比，六个地区 A 级景区游客接待量均呈增长态势，其中华北地区增速最快，达到 24.37%，高于全国平均水平 5.90 个百分点，其次是西南地区和西北地区，增速分别为 23.67% 和 23.07%，分别高于全国平均水平 5.20 个百分点、4.60 个百分点。中南地区增速最慢，较上年增加 0.82 亿人次，增长 12.30%。

表 1–5–3　2014 ~ 2015 年全国 A 级旅游景区分区域游客接待量统计表

地区	2014 年		2015 年			
	接待量（亿人次）	比重（%）	接待量（亿人次）	增量（亿人次）	增长率（%）	比重（%）
华北	3.21	10.07	3.99	0.78	24.37	10.57
东北	1.66	5.20	1.97	0.31	18.45	5.21
华东	13.89	43.56	16.34	2.45	17.64	43.26
中南	6.63	20.79	7.45	0.82	12.30	19.71
西南	4.12	12.92	5.10	0.98	23.67	13.49
西北	2.38	7.46	2.93	0.55	23.07	7.76
合计	31.89[2]	100.00	37.78[2]	5.89	18.47	100.00

注[2]：因四舍五入保留两位小数点导致此处 2014、2015 年六地区游客接待总量分别为 31.89 和 37.78 亿人次。

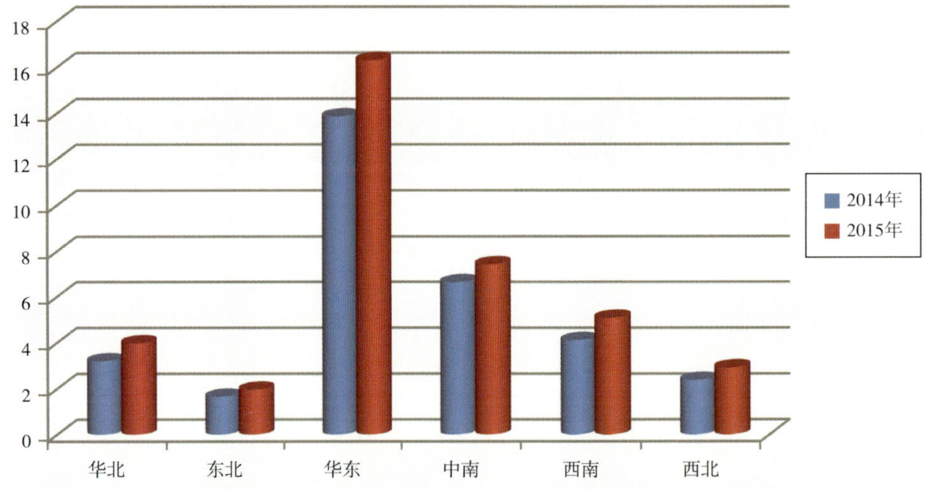

图 1–5–3　2014 ~ 2015 年全国 A 级旅游景区分区游客接待量统计图（单位：亿人次）

A 级旅游景区平均游客接待量西南地区、华东地区和中南地区规模较大，分别为 59.04 万人次、58.48 万人次和 53.30 万人次。东北地区 A 级景区平均游客接待规模最小，为 21.35 万人次。华北地区和西南地区平均游客接待量增速较快，分别为 21.92% 和 18.89%，分别高于全国平均增速 12.30 个百分点、9.27 个百分点；中南地区平均游客接待量增速最慢，增长 4.43%，低于全国平均增速 5.19 个百分点。

表 1-5-4　2014 ~ 2015 年全国 A 级旅游景区分区域平均游客接待量统计表

地区	2014 年	2015 年		
	平均接待量（万人次）	平均接待量（万人次）	增量（万人次）	增长率（%）
华北	31.98	38.99	7.01	21.92
东北	19.54	21.35	1.81	9.26
华东	54.28	58.48	4.2	7.74
中南	51.04	53.30	2.26	4.43
西南	49.66	59.04	9.38	18.89
西北	29.03	30.77	1.74	5.99
合计	43.33	47.50	4.17	9.62

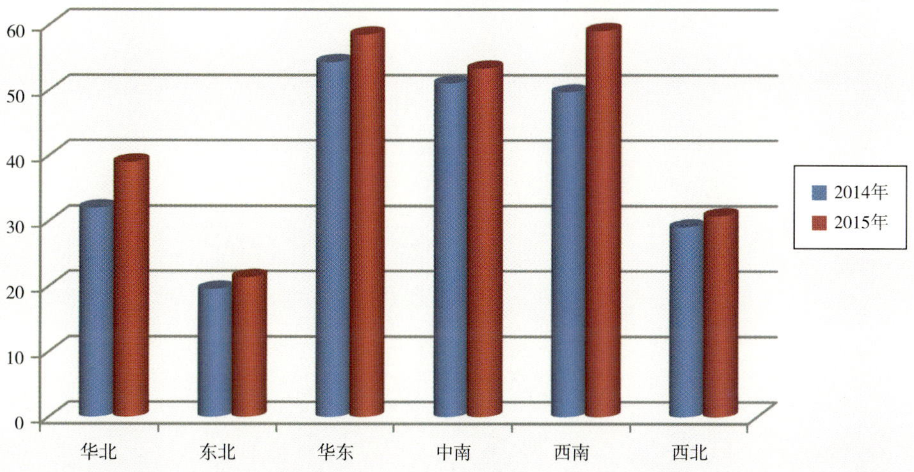

图 1-5-4　2014 ~ 2015 年全国 A 级旅游景区分区域游客平均接待量统计图（单位：万人次）

3. 分省 A 级旅游景区游客接待情况

从分省来看，A 级旅游景区游客接待规模较大的是江苏省、山东省和浙江省三个省份，分别为 4.73 亿人次、3.39 亿人次和 2.99 亿人次，分别占全国 A 级旅游景区游客接待总量的 12.53%、8.97% 和 7.91%。宁夏回族自治区和新疆生产建设兵团 A 级景区游客接待规模相对较小，分别为 0.17 亿人次和 0.04 亿人次，占比分别为 0.44% 和 0.11%。

除青海省和西藏自治区外，全国其他省级行政区域 A 级景区游客接待量均呈增长态势。天津市、内蒙古自治区、甘肃省、贵州省等 18 个省（市、区）A 级景区游客接待量增速超过全国A级景区平均增速，其中天津市增速最快，其次是内蒙古自治区和甘肃省，分别为67.38%、53.81%和50.40%，分别超过全国平均增速48.91个百分点、35.34个百分点和31.93个百分点。

A级旅游景区平均游客接待量北京市、上海市和江苏省规模较大，分别为86.33万人次、82.18万人次和76.06万人次，新疆维吾尔自治区和新疆生产建设兵团A级旅游景区平均游客接待量相对较少，分别为13.69万人次和9.82万人次。

表1-5-5　2014～2015年全国A级旅游景区分省游客接待量统计表

省级行政区	2014年接待量（亿人次）	2015年接待量（亿人次）	增量（亿人次）	增长率（%）	比重（%）	景区数量（家）	平均接待量（万人次）
北京市	1.51	1.67	0.16	10.35	4.41	193	86.33
天津市	0.27	0.45	0.18	67.38	1.20	102	44.31
河北省	0.75	0.98	0.23	30.08	2.58	329	29.65
山西省	0.4	0.47	0.07	16.98	1.24	106	44.14
内蒙古自治区	0.28	0.43	0.15	53.81	1.14	294	14.65
辽宁省	0.85	1.00	0.15	17.70	2.65	281	35.60
吉林省	0.34	0.36	0.02	6.78	0.96	230	15.78
黑龙江	0.47	0.60	0.13	28.25	1.60	410	14.70
上海市	0.76	0.73	-0.03	-3.76	1.94	89	82.18
江苏省	4.05	4.73	0.68	16.82	12.53	622	76.06
浙江省	2.47	2.99	0.52	20.95	7.91	445	67.13
安徽省	1.76	1.89	0.13	7.25	5.00	443	42.61
福建省	0.91	1.15	0.24	26.32	3.04	188	61.15
江西省	1.36	1.46	0.10	7.64	3.88	212	69.05
山东省	2.58	3.39	0.81	31.37	8.97	795	42.63
河南省	1.28	1.32	0.04	3.00	3.49	249	52.95
湖北省	1.06	1.21	0.15	14.09	3.20	301	40.18
湖南省	1.28	1.54	0.26	20.69	4.09	257	60.11
广东省	1.83	1.97	0.14	7.45	5.21	286	68.75
广西壮族自治区	0.9	1.07	0.17	19.15	2.84	249	43.06
海南省	0.27	0.33	0.06	23.70	0.88	55	60.72
重庆市	0.68	0.87	0.19	28.51	2.31	198	44.13
四川省	2.01	2.38	0.37	18.28	6.29	327	72.70
贵州省	0.58	0.84	0.26	44.17	2.21	135	61.94
云南省	0.78	1.01	0.23	28.99	2.66	199	50.56

续表

省级行政区	2014年接待量（亿人次）	2015年接待量（亿人次）	增量（亿人次）	增长率（%）	比重（%）	景区数量（家）	平均接待量（万人次）
西藏自治区	0.03	0.00	-0.03	-95.00	0.00	4	0.00
陕西省	1.13	1.46	0.33	29.21	3.87	313	46.65
甘肃省	0.47	0.71	0.24	50.40	1.87	217	32.58
青海省	0.4	0.20	-0.20	-50.84	0.52	79	24.89
宁夏回族自治区	0.12	0.17	0.05	38.72	0.44	40	41.61
新疆维吾尔自治区	0.27	0.36	0.09	32.89	0.96	262	13.69
新疆生产建设兵团	0.03	0.04	0.01	34.27	0.11	41	9.82
合　计	31.88	37.77	5.89	18.47	100.00	7951	47.50

4. 分类型A级旅游景区游客接待情况

从景区类型来看，自然景观类和历史文化类A级景区游客接待规模较大，分别为11.56亿人次和9.55亿人次，分别占全国A级旅游景区游客接待总量的30.62%和25.27%，其次是度假休闲类景区，游客接待量为4.81亿人次，占比12.73%。此外，工业旅游类和科技教育类A级景区游客接待规模相对较小，分别为0.35亿人次和0.30亿人次，占比均不足1.00%。

与上年相比，各类型A级景区游客接待量均呈上升态势，其中乡村旅游类景区游客接待量增速最快，其次是工业旅游类和科技教育类景区，分别42.25%、34.57%和25.72%，分别超过全国平均增速23.78个百分点、16.10个百分点和7.25个百分点。

A级景区平均游客接待量以主题游乐类、历史文化类和红色旅游三类景区规模最大，分别为66.50万人次、64.32万人次和51.72万人次，乡村旅游、工业旅游类A级景区平均游客接待量较少，分别为31.68万人次和19.02万人次。

表1-5-6　2014～2015年全国A级旅游景区分类型游客接待量统计表

景区类型	2014年接待量（亿人次）	2015年接待量（亿人次）	增量（亿人次）	增长率（%）	比重（%）	景区数量（家）	平均接待量（万人次）
自然景观	9.98	11.56	1.58	15.87	30.62	2295	50.39
主题游乐	1.75	2.11	0.36	20.47	5.58	317	66.50
乡村旅游	1.57	2.23	0.66	42.25	5.91	705	31.68
历史文化	8.17	9.55	1.38	16.84	25.27	1484	64.32

续表

景区类型	2014 年接待量（亿人次）	2015 年接待量（亿人次）	增量（亿人次）	增长率（%）	比重（%）	景区数量（家）	平均接待量（万人次）
科技教育	0.24	0.30	0.06	25.72	0.82	93	32.44
红色旅游	1.71	1.98	0.27	15.53	5.23	382	51.72
工业旅游	0.26	0.35	0.09	34.57	0.93	184	19.02
度假休闲	3.94	4.81	0.87	21.99	12.73	1324	36.30
博物馆	1.67	1.91	0.24	14.30	5.05	581	32.85
其　他	2.59	2.97	0.40	15.33	7.86	586	50.78
总　计	31.88	37.77	5.91[3]	18.47	100.00	7951	47.50

注[3]：因四舍五入保留两位小数点导致此处增量加和为 5.91 亿人次。

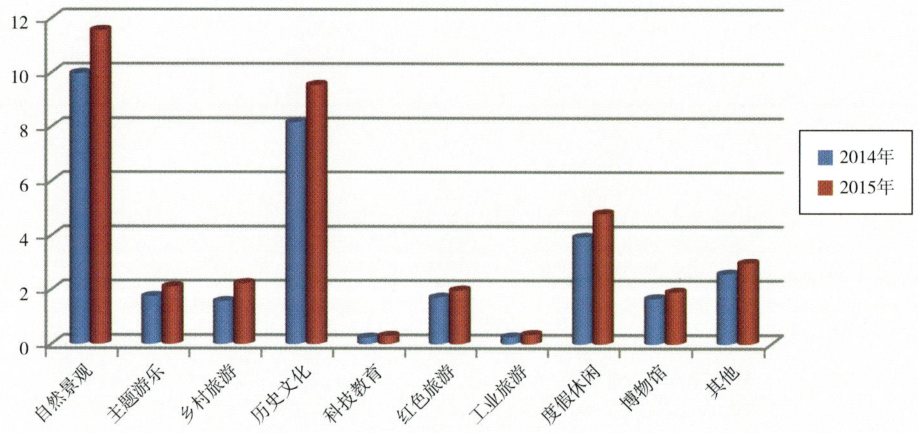

图 1-5-5　2014 ~ 2015 年全国 A 级旅游景区分类型游客接待量统计图（单位：亿人次）

5. 政策性免票游客接待情况

2015 年，全国 A 级旅游景区政策性免票游客接待量为 16.75 亿人次，较上年增加 5.13 亿人次，增长 44.14%。A 级景区平均政策性免票游客接待量共计 21.07 万人次。

从不同等级来看，4A 级景区政策性免票游客接待量规模最大，其次是 3A 级景区和 2A 级景区，分别为 7.79 亿人次、4.89 亿人次和 2.27 亿人次，占比分别为 46.51%、29.19% 和 13.53%。5A 级和 1A 级景区政策性免票游客接待规模较小，分别为 1.76 亿人次和 0.04 亿人次，占比分别为 10.50% 和 0.27%。

各等级中除 1A 级景区政策性免票游客接待量较上年下降外，其他等级均呈增长态势，其中 5A 级景区政策性免票游客接待量较上年增长最快，其次是 4A 级和 3A 级景区，分别为 62.79%、50.96% 和 38.11%，1A 级景区政策性免票游客接待量较上年下降 24.94%。

表 1-5-7　2014 ~ 2015 年全国 A 级旅游景区分等级政策性免票游客量统计表

景区等级	2014 年		2015 年			
	免票量（亿人次）	比重（%）	免票量（亿人次）	增量（亿人次）	增长率（%）	比重（%）
5A 级旅游景区	1.08	9.27	1.76	0.68	62.79	10.50
4A 级旅游景区	5.16	44.42	7.79	2.63	50.96	46.51
3A 级旅游景区	3.54	30.43	4.89	1.35	38.11	29.19
2A 级旅游景区	1.79	15.37	2.27	0.48	26.67	13.53
1A 级旅游景区	0.05	0.51	0.04	-0.01	-24.94	0.27
合　计	11.62	100.00	16.75	5.13	44.14	100.00

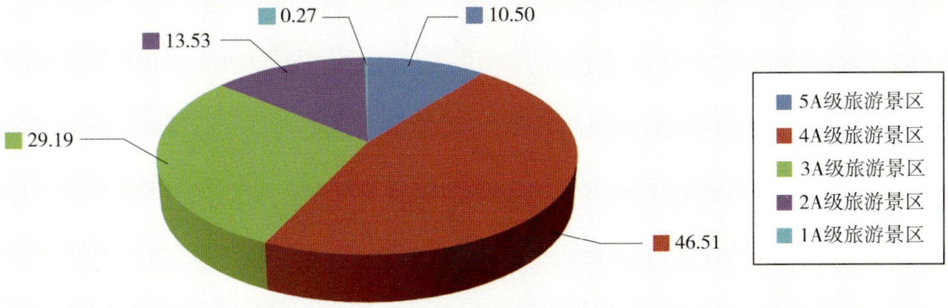

图 1-5-6　2015 年全国 A 级旅游景区分等级政策性免票游客接待构成图（单位：%）

从地区来看，政策性免票游客接待量最大的是华东地区，其次是中南地区和西南地区，分别为 7.50 亿人次、2.93 亿人次和 2.66 亿人次，分别占全国 A 级景区政策性免票游客接待总量的 44.77%、17.47% 和 15.87%。平均政策性免票游客规模较大的是西南地区和华东地区，分别为 30.79 万人次和 26.84 万人次。

表 1-5-8　2015 年全国 A 级旅游景区分区政策性免票游客接待情况统计表

地区	免票接待（亿人次）	比重（%）	景区数量（家）	平均免票接待量（万人次）
华北	1.56	9.32	1024	15.25
东北	0.83	4.98	921	9.06
华东	7.50	44.77	2794	26.84
中南	2.93	17.47	1397	20.95
西南	2.66	15.87	863	30.79
西北	1.27	7.59	952	13.35
合计	16.75	100.00	7951	21.07

从省份来看，江苏省 A 级景区政策性免票游客接待规模最大，其次是山东省和四川省，分别为 2.70 亿人次、1.71 亿人次和 1.38 亿人次，占比分别为 16.15%、10.18% 和 8.22%。江苏省、四川省和上海市 A 级景区平均政策性免票游客规模较大，分别为 43.48 万人次、42.12 万人次和 37.10 万人次。

表 1-5-9　2015 年全国 A 级旅游景区分省政策性免票游客接待情况统计表

省级行政区	免票接待（亿人次）	比重（%）	景区数量（家）	平均免票接待量（万人次）
北京市	0.64	3.81	193	33.03
天津市	0.16	0.94	102	15.50
河北省	0.40	2.37	329	12.05
山西省	0.17	1.03	106	16.25
内蒙古自治区	0.20	1.18	294	6.71
辽宁省	0.38	2.26	281	13.44
吉林省	0.15	0.91	230	6.66
黑龙江省	0.30	1.81	410	7.40
上海市	0.33	1.97	89	37.10
江苏省	2.70	16.15	622	43.48
浙江省	0.97	5.82	445	21.91
安徽省	0.83	4.96	443	18.76
福建省	0.48	2.88	188	25.68
江西省	0.47	2.80	212	22.12
山东省	1.71	10.18	795	21.45
河南省	0.50	3.00	249	20.21
湖北省	0.41	2.44	301	13.59
湖南省	0.68	4.09	257	26.63
广东省	0.77	4.58	286	26.84
广西壮族自治区	0.49	2.92	249	19.62

续表

省级行政区	免票接待（亿人次）	比重（%）	景区数量（家）	平均免票接待量（万人次）
海南省	0.07	0.44	55	13.52
重庆市	0.49	2.90	198	24.52
四川省	1.38	8.22	327	42.12
贵州省	0.45	2.67	135	33.11
云南省	0.35	2.08	199	17.47
西藏自治区	0.00	0.00	4	0.00
陕西省	0.59	3.51	313	18.80
甘肃省	0.37	2.20	217	16.97
青海省	0.07	0.45	79	9.44
宁夏回族自治区	0.05	0.30	40	12.37
新疆维吾尔自治区	0.17	1.02	262	6.54
新疆生产建设兵团	0.02	0.11	41	4.59
合　计	16.75	100.00	7951	21.07

从景区类型来看，自然景观类和历史文化类A级景区政策性免票游客接待规模较大，分别为4.20亿人次和4.10亿人次，占比分别为25.08%和24.49%。工业旅游和科技教育类景区政策性免票游客接待规模较小，分别为0.24亿人次和0.16亿人次，占比分别为1.42%和0.97%。红色旅游类和历史文化类A级景区平均政策性免票规模最大，分别为36.42万人次和27.64万人次，工业旅游类景区平均政策性免票规模最小，为12.89万人次。

表1-5-10　2015年全国A级旅游景区分类型政策性免票游客接待情况统计表

景区类型	免票接待量（亿人次）	比重（%）	景区数量（家）	平均免票接待量（万人次）
自然景观	4.20	25.08	2295	18.30
主题游乐	0.59	3.51	317	18.56
乡村旅游	1.26	7.50	705	17.81
历史文化	4.10	24.49	1484	27.64
科技教育	0.16	0.97	93	17.53
红色旅游	1.39	8.31	382	36.42
工业旅游	0.24	1.42	184	12.89
度假休闲	2.11	12.62	1324	15.97
博物馆	1.18	7.06	581	20.37
其　他	1.51	9.04	586	25.85
总　计	16.75	100.00	7951	21.07

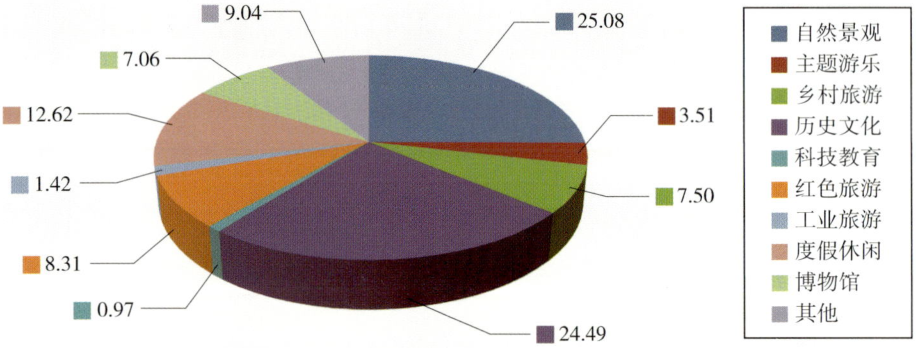

图 1-5-7　2015 年全国 A 级旅游景区分类型政策性免票游客接待情况构成图（单位：%）

（六）A 级旅游景区旅游收入统计

1. 全国 A 级旅游景区旅游收入情况

2015 年，全国 A 级旅游景区实现旅游总收入 3479.08 亿元，较上年增加 320.11 亿元，增长 10.13%。全国 A 级旅游景区平均旅游收入为 4375.65 万元。

从比重构成来看，A 级景区旅游总收入仍保持“高度集中”，4A 级和 5A 两个高 A 级景区旅游收入共占全国 A 级景区旅游总收入的 83.35%，旅游总收入分别为 1479.53 亿元和 1420.31 亿元，占比分别为 42.53% 和 40.82%；3A 级、2A 级和 1A 级三个级别 A 级景区收入所占比重不到两成，占比分别为 12.08%、4.45% 和 0.12%。

表 1-6-1　2014 ~ 2015 年全国 A 级旅游景区分等级旅游收入情况统计表

景区等级	2014 年		2015 年			
	景区总收入（亿元）	比重（%）	景区总收入（亿元）	比重（%）	增量（亿元）	增长率（%）
5A 级旅游景区	1197.15	37.90	1420.31	40.82	223.16	18.64
4A 级旅游景区	1399.96	44.32	1479.53	42.53	79.57	5.68
3A 级旅游景区	414.27	13.11	420.43	12.08	6.16	1.49
2A 级旅游景区	141.29	4.47	154.81	4.45	13.52	9.57
1A 级旅游景区	6.30	0.2	4.00	0.12	-2.30	-36.38
合　计	3158.97	100.00	3479.08	100.00	320.11	10.13

与上年相比，除1A级景区旅游总收入下降外，其他等级景区均呈现增长态势。其中以5A级景区旅游总收入增长最快，较上年增加223.16亿元，增长18.64%，高于全国平均增长率8.51个百分点；其次是2A级和4A级景区，增长率分别为9.57%和5.68%。1A级景区旅游收入较上年减少2.30亿元，减少36.5%。

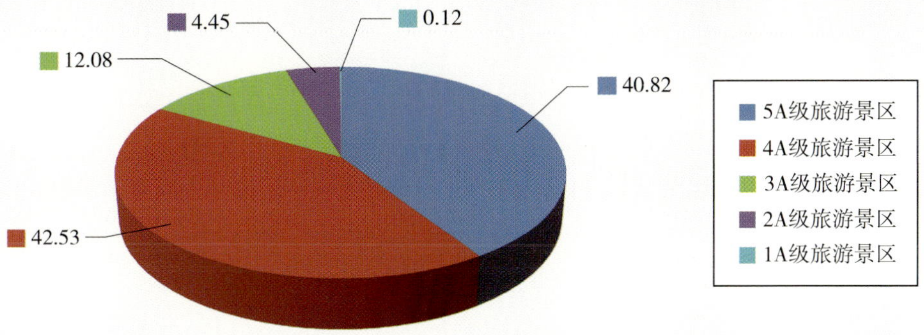

图1-6-1　2015年全国A级旅游景区旅游收入分等级构成统计图（单位：%）

从景区平均总收入来看，5A级、4A级等高A级景区平均旅游总收入相对较高，其中以5A级景区旅游总收入最高，高达66995.79万元，其次是4A级景区，为5734.62万元；1A级景区平均旅游总收入相对最少，为425.75万元。

表1-6-2　2014～2015年全国A级旅游景区分等级平均收入情况分析表

景区等级	2014年			2015年		
	景区总收入（亿元）	景区数量（家）	平均收入（万元）	景区总收入（亿元）	景区数量（家）	平均收入（万元）
5A级旅游景区	1197.15	184	65062.51	1420.31	212	66995.79
4A级旅游景区	1399.96	2403	5825.9	1479.53	2580	5734.62
3A级旅游景区	414.27	2704	1532.08	420.43	3018	1393.07
2A级旅游景区	141.29	1948	725.32	154.81	2047	756.26
1A级旅游景区	6.30	120	524.4	4.00	94	425.53
合　计	3158.96	7359	4292.67	3479.08	7951	4375.65

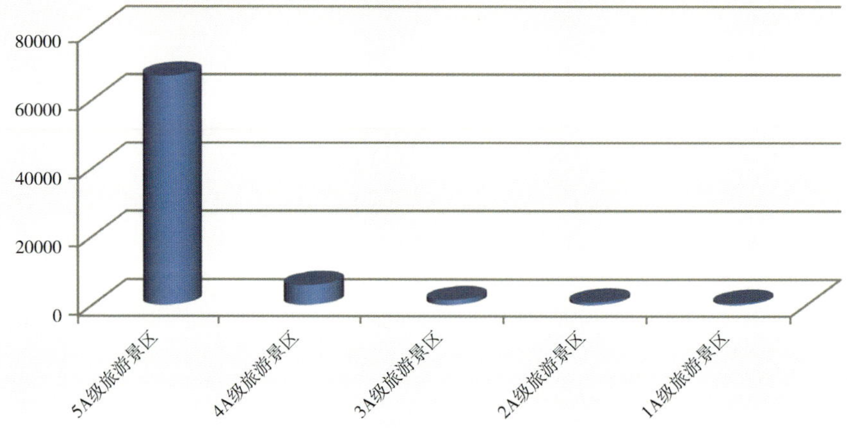

图 1-6-2　2015 年全国 A 级旅游景区平均总收入分等级统计图（单位：万元）

从收入类型构成来看，餐饮收入取代门票收入成为 2015 年 A 级景区旅游总收入的首要来源。餐饮收入和门票收入分别为 863.79 亿元和 801.16 亿元，占比分别为 24.83% 和 23.03%。交通收入和演艺收入相对较少，分别为 335.23 亿元和 66.41 亿元，占比分别为 9.64% 和 1.91%。此外，2015 年门票收入所占比重较上年下降 0.89%，餐饮收入、住宿收入和演艺收入较上年显著上升。

表 1-6-3　2014 ~ 2015 年全国 A 级旅游景区旅游收入构成情况统计表

收入类别	2014 年		2015 年	
	景区收入（亿元）	比重（%）	景区收入（亿元）	比重（%）
门票收入	755.77	23.92	801.16	23.03
商品收入	632.81	20.03	681.33	19.58
餐饮收入	742.07	23.49	863.79	24.83
交通收入	344.6	10.91	335.23	9.64
住宿收入	608.17	19.25	692.09	19.89
演艺收入	51.32	1.63	66.41	1.91
其他收入	24.23	0.77	39.07	1.12
合　计	3158.97	100	3479.08	100.00

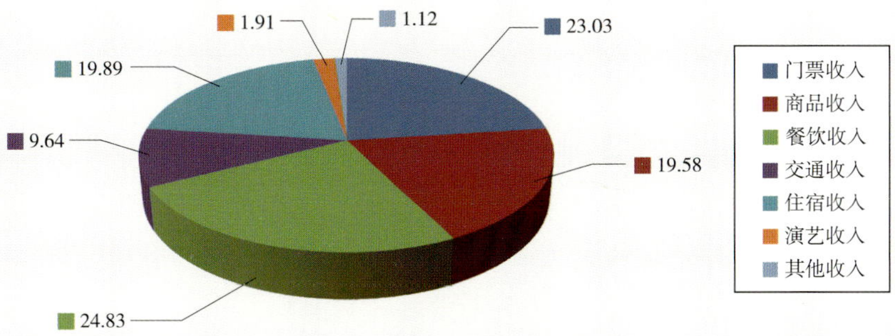

图 1-6-3　2015 年全国 A 级旅游景区旅游收入构成情况统计图（单位：%）

2. 分区域 A 级旅游景区旅游收入情况

从区域来看，华东地区 A 级景区旅游总收入最多，其次是西南地区和中南地区，分别为 1479.84 亿元、662.88 亿元和 655.68 亿元，分别占全国 A 级景区旅游总收入的 42.54%、19.05% 和 18.85%；东北地区 A 级景区旅游总收入较少，为 175.25 亿元，占比 5.03%。

与上年相比，西北地区和西南地区 A 级景区旅游总收入增长较快，分别为 40.00% 和 33.69%，分别超过全国平均增速 29.87 个百分点和 23.56 个百分点。华东地区 A 级景区旅游总收入增长最慢，为 1.33%，低于全国平均增速 8.80 个百分点。

表 1-6-4　2014 ~ 2015 年全国 A 级旅游景区旅游收入分区域统计表

地区	2014 年		2015 年				
	景区总收入（亿元）	比重（%）	景区总收入（亿元）	增量（亿元）	增长率（%）	比重（%）	平均收入（万元）
华北	269.5	8.53	280.13	10.63	3.95	8.05	2735.69
东北	171.5	5.43	175.25	3.75	2.19	5.03	1902.86
华东	1460.42	46.23	1479.84	19.42	1.33	42.54	5296.48
中南	600.78	19.02	655.68	54.9	9.14	18.85	4693.49
西南	495.84	15.7	662.88	167.04	33.69	19.05	7681.10
西北	160.92	5.09	225.29	64.37	40	6.48	2366.53
合计	3158.96[4]	100	3479.07[4]	320.11	10.13	100	4375.65

注[4]：因四舍五入保留两位小数点导致此处 2014、2015 年景区总收入分别为 3158.96 亿元和 3479.07 亿元。

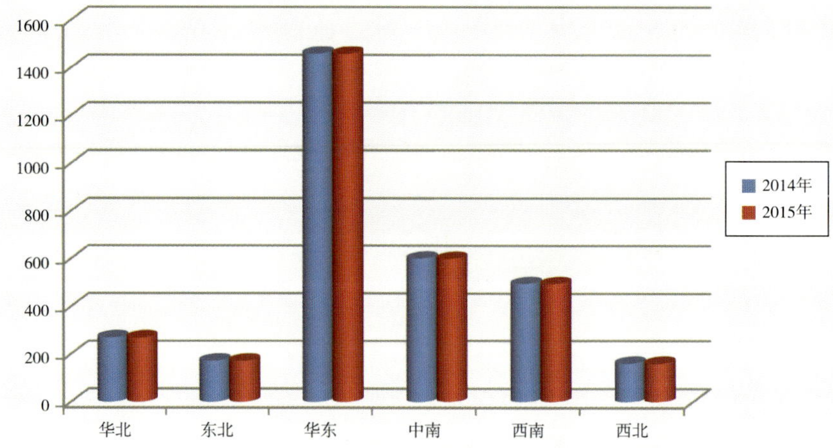

图 1-6-4　2014 ~ 2015 年全国 A 级旅游景区旅游收入分区域统计图（单位：亿元）

从景区平均旅游总收入来看，西南地区 A 级景区平均旅游总收入最高，其次是华东地区和中南地区，分别为 7681.10 万元、5296.48 万元和 4693.49 万元。东北地区 A 级景区平均旅游总收入最低，为 1902.86 万元。

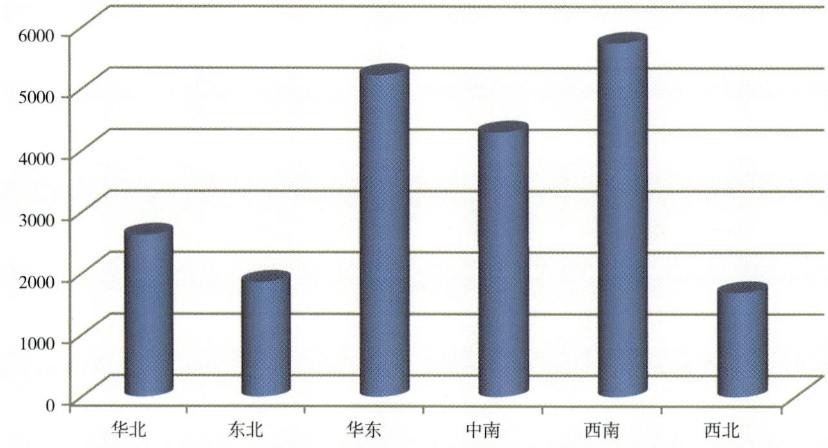

图 1-6-5　2015 年全国 A 级旅游景区平均总收入分区域统计图（单位：万元）

3. 分省 A 级旅游景区旅游收入情况

从分省来看，江西省 A 级景区旅游总收入最多，其次是四川省和安徽省，分别为 537.07 亿元、367.66 亿元和 233.33 亿元，分别占全国 A 级景区旅游总收入的 15.44%、10.57% 和 6.71%；新疆生产建设兵团和西藏自治区 A 级景区旅游总收入相对较少，分别为 2.81 亿元和 0.03 亿元。

与上年相比，除上海市、北京市、辽宁省、山西省、山东省、浙江省、广东省、河南省、福建省和西藏自治区 10 个省（市、区）外，其他 22 个省（市、区）A 级景区旅游总收入呈上升发展态势，其中重庆市 A 级景区旅游总收入增速最快，其次是新疆维吾尔自治区和内蒙古自治区，分别为 87.44%、70.82% 和 59.18%。

表 1–6–5　2014 ~ 2015 年全国 A 级旅游景区旅游收入分省统计表

省级行政区	2014 年景区收入（亿元）	2015 年景区收入（亿元）	增量（亿元）	增长率（%）	比重（%）	平均收入（万元）
北京市	60.5	50.56	-9.94	-16.43	1.45	2619.56
天津市	15.89	16.74	0.85	5.36	0.48	1641.41
河北省	67.8	84.18	16.38	24.16	2.42	2558.72
山西省	105.34	96.88	-8.46	-8.03	2.78	9139.62
内蒙古自治区	19.96	31.77	11.81	59.18	0.91	1080.72
辽宁省	104.15	97.83	-6.32	-6.06	2.81	3481.66
吉林省	24.36	28.67	4.31	17.69	0.82	1246.46
黑龙江省	42.99	48.75	5.76	13.4	1.40	1189.02
上海市	33.36	31.47	-1.89	-5.67	0.90	3535.81
江苏省	204.47	212.92	8.45	4.14	6.12	3423.23
浙江省	205.6	178.56	-27.04	-13.15	5.13	4012.52
安徽省	203.44	233.33	29.89	14.69	6.71	5267.05
福建省	73.63	60.12	-13.51	-18.35	1.73	3197.92
江西省	484.75	537.07	52.32	10.79	15.44	25333.45
山东省	255.17	226.36	-28.81	-11.29	6.51	2847.35
河南省	98.41	82.91	-15.5	-15.75	2.38	3329.70
湖北省	110.51	143.12	32.61	29.51	4.11	4754.77
湖南省	168.58	213.25	44.67	26.5	6.13	8297.62
广东省	162.04	137.14	-24.9	-15.37	3.94	4795.12
广西壮族自治区	38.49	52.88	14.39	37.39	1.52	2123.76
海南省	22.75	26.38	3.63	15.96	0.76	4796.66
重庆市	48.72	91.32	42.6	87.44	2.62	4612.08
四川省	294.32	367.66	73.34	24.92	10.57	11243.36
贵州省	84.5	121.24	36.74	43.48	3.48	8980.52
云南省	62.89	82.63	19.74	31.39	2.38	4152.28
西藏自治区	3.03	0.03	-3	-98.87	0.00	85.50

续表

省级行政区	2014年景区收入（亿元）	2015年景区收入（亿元）	增量（亿元）	增长率（%）	比重（%）	平均收入（万元）
陕西省	62.25	82.29	20.04	32.19	2.37	2629.01
甘肃省	35.94	54.18	18.24	50.74	1.56	2496.59
青海省	26.78	29.75	2.97	11.08	0.87	3765.44
宁夏回族自治区	9.11	10.4	1.29	14.21	0.30	2601.19
新疆维吾尔自治区	26.85	45.86	19.01	70.82	1.32	1750.56
新疆生产建设兵团	2.39	2.81	0.42	17.69	0.08	686.07
合　计	3158.97	3479.08	320.11	10.13	100.00	4375.65

A级景区平均旅游总收入以江西省最多，其次是四川省和山西省，分别为25333.45万元、11243.36万元和9139.62万元，西藏自治区A景区平均旅游总收入最少，为85.50万元。

从A级旅游景区总收入构成来看，门票收入仍然是各省A级旅游景区的主要收入，全国共有13个省级行政区的A级旅游景区收入以门票收入为主，包括北京市、天津市、辽宁省、上海市等，其中比重最大的省级行政区域仍是上海市，其次是海南省和辽宁省，占比分别为57.93%、46.82%和45.93%；A级旅游景区收入以餐饮收入为主的省级行政区有8个，包括安徽省、江西省、重庆市、四川省、贵州省、甘肃省、青海省和新疆维吾尔自治区；西藏自治区A级旅游景区收入以住宿收入为主，占比高达43.86%；新疆生产建设兵团A级景区收入以商品收入为主，占比高达49.11%；河北省、山西省、内蒙古自治区、吉林省、黑龙江省、江苏省、山东省、湖南省和湖北省等10个省级行政区A级景区收入更加多元化。

表1-6-6　2015年全国A级旅游景区收入构成分析表（单位：%）

省级行政区	景区总收入	其中						
		门票收入	商品收入	餐饮收入	交通收入	住宿收入	演艺收入	其他收入
北京市	100.00	44.91	15.30	18.26	4.70	10.34	3.71	2.78
天津市	100.00	36.37	10.72	35.81	4.73	9.06	0.90	2.41
河北省	100.00	23.16	19.59	30.26	6.04	18.27	0.97	1.71
山西省	100.00	15.88	28.34	21.20	7.24	23.71	2.82	0.81
内蒙古自治区	100.00	22.19	20.30	21.86	7.22	21.40	2.66	4.37
辽宁省	100.00	45.93	13.91	21.00	1.95	15.86	0.24	1.11

续表

省级行政区	景区总收入	其中						
		门票收入	商品收入	餐饮收入	交通收入	住宿收入	演艺收入	其他收入
吉林省	100.00	25.96	24.24	22.78	7.86	11.72	4.18	3.26
黑龙江省	100.00	24.84	15.28	27.16	12.29	16.12	2.63	1.68
上海市	100.00	57.94	16.79	16.03	2.90	4.51	0.19	1.64
江苏省	100.00	24.25	30.52	23.76	2.88	15.05	2.00	1.54
浙江省	100.00	34.78	9.83	13.92	12.94	24.38	3.39	0.76
安徽省	100.00	14.55	19.86	30.17	11.37	21.40	1.80	0.85
福建省	100.00	36.99	12.21	18.68	11.86	17.03	1.26	1.97
江西省	100.00	8.76	19.83	25.02	15.58	29.02	1.44	0.35
山东省	100.00	27.37	29.26	19.41	7.87	12.78	1.91	1.40
河南省	100.00	35.12	13.59	21.24	5.86	20.97	1.95	1.27
湖北省	100.00	23.94	13.74	23.04	15.28	21.28	1.45	1.27
湖南省	100.00	22.26	24.04	22.39	8.88	20.15	1.55	0.73
广东省	100.00	43.69	11.65	19.53	1.99	17.22	4.70	1.22
广西壮族自治区	100.00	35.76	20.43	19.53	8.53	12.18	1.61	1.96
海南省	100.00	46.81	8.32	18.38	15.47	9.58	0.07	1.37
重庆市	100.00	14.70	18.56	33.56	12.66	19.06	0.17	1.29
四川省	100.00	13.05	21.63	34.80	6.79	21.70	1.10	0.93
贵州省	100.00	14.77	19.99	31.40	9.40	22.30	1.52	0.62
云南省	100.00	35.15	20.35	15.18	12.00	11.35	4.76	1.21
西藏自治区	100.00	0.00	5.85	14.62	5.84	43.86	0.00	29.83
陕西省	100.00	37.16	16.98	23.83	7.10	10.69	2.58	1.66
甘肃省	100.00	22.94	12.80	32.33	13.96	15.59	1.06	1.32
青海省	100.00	13.85	8.61	38.92	14.29	18.35	4.97	1.01
宁夏回族自治区	100.00	44.85	9.38	10.51	29.47	4.17	0.08	1.54
新疆维吾尔自治区	100.00	13.86	10.05	32.52	14.32	24.38	3.03	1.84
新疆生产建设兵团	100.00	8.96	49.05	22.68	3.74	8.43	0.75	6.39
合　计	100.00	23.03	19.58	24.83	9.64	19.89	1.91	1.12

4. 分类型 A 级旅游景区旅游收入情况

从景区类型来看，自然景观类 A 级景区旅游总收入最多，其次是历史文化类和度假休闲类景区，分别为 1240.15 亿元、697.56 亿元和 577.67 亿元，占比分别为 35.65%、20.05% 和 16.60%；工业旅游类和科技教育类景区旅游总收入相对较少，分别为 52.06 亿元和 7.82 亿元，占比分别为 1.51% 和 0.22%。

与上年相比，乡村旅游类景区旅游总收入增速最快，其次是历史文化类和红色旅游类景区，分别为 26.04%、19.81% 和 17.56%，分别高于全国平均增速 15.91 个百分点、9.68 个百分点和 7.43 个百分点。

表 1-6-7　2014 ~ 2015 年全国 A 级旅游景区收入情况分类型统计表

景区类型	2014 年		2015 年				
	景区总收入（亿元）	比重（%）	景区总收入（亿元）	增量（亿元）	增长率（%）	比重（%）	平均收入（万元）
自然景观	1132.48	35.85	1240.15	107.67	9.51	35.65	5403.69
主题游乐	166.49	5.27	185.42	18.93	11.37	5.33	5849.13
乡村旅游	133.66	4.23	168.46	34.80	26.04	4.84	2389.48
历史文化	582.23	18.43	697.56	115.33	19.81	20.05	4700.52
科技教育	7.22	0.23	7.82	0.60	8.37	0.22	841.35
红色旅游	173.73	5.51	204.23	30.50	17.56	5.87	5346.41
工业旅游	84.76	2.68	52.06	-32.70	-38.58	1.51	2829.18
度假休闲	494.78	15.66	577.67	82.89	16.75	16.60	4363.03
博物馆	49.27	1.56	55.44	6.17	12.52	1.59	954.23
其　他	334.35	10.58	290.27	-44.08	-13.18	8.34	4953.49
总　计	3158.97	100.00	3479.08	320.11	10.13	100.00	4375.65

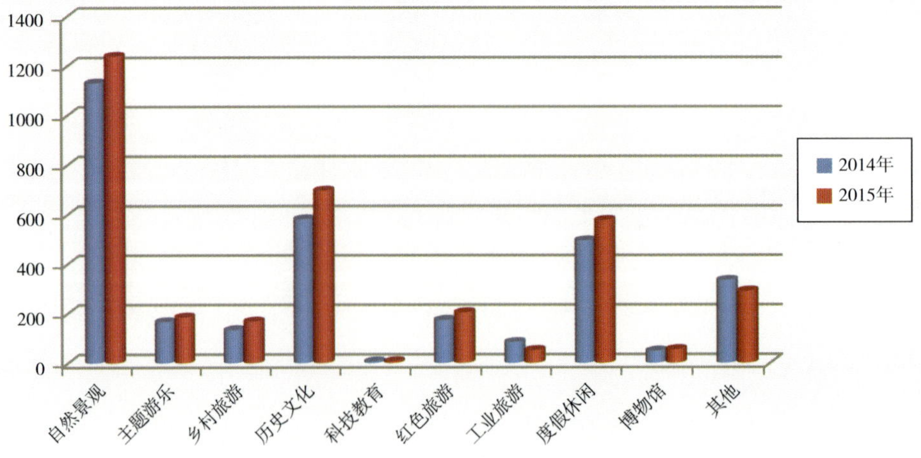

图 1-6-6　2014 ~ 2015 年全国 A 级旅游景区收入情况分类型统计图（单位：亿元）

从 A 级旅游景区平均总收入来看，主题游乐类景区旅游平均总收入最高，其次是自然景观类和红色旅游类景区，分别为 5849.13 万元、5403.69 万元和 5346.41 万元。博物馆类和科技教育类景区旅游平均总收入相对较少，分别为 954.23 万元和 841.35 万元。

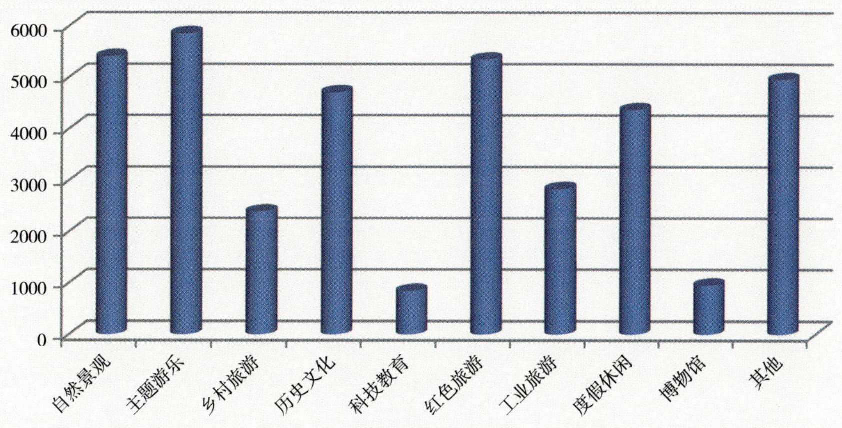

图 1-6-7 2015 年全国 A 级旅游景区平均总收入分类型统计图（单位：万元）

从 A 级旅游景区总收入构成来看，自然景观、主题游乐和科技教育三类 A 级旅游景区门票收入在旅游总收入中所占比重较高，其中以主题游乐类景区门票收入最高，占比 61.13%，其次是科技教育类和自然景观类景区，占比分别为 47.73% 和 26.53%。

此外，博物馆类景区门票收入和商品收入为主要收入来源，两者占比总和为 80.81%；工业旅游类景区商品收入在总收入中所占比重最高，高达 66.71%；度假休闲类景区餐饮收入、住宿收入和门票收入占较大比重，三者占比总和为 76.41%；乡村旅游类景区餐饮收入、商品收入和住宿收入所占比重较大，三者占比总和为 78.86%；历史文化类和红色旅游类景区收入来源较为多元化，如历史文化类景区，餐饮收入、商品收入、门票收入和住宿收入分别为 166.61 亿元、164.42 亿元、148.33 亿元和 132.93 亿元，占比分别为 23.88%、23.57%、21.26% 和 19.06%。

表 1-6-8　2015 年全国 A 级旅游景区收入构成情况分类型统计表（单位：%）

景区类型	景区总收入	其中						
		门票收入	商品收入	餐饮收入	交通收入	住宿收入	演艺收入	其他收入
自然景观	100.00	26.53	14.78	22.65	13.04	20.28	1.72	1.00
主题游乐	100.00	61.13	13.20	13.09	1.38	3.35	6.80	1.05
乡村旅游	100.00	13.75	24.74	39.18	2.74	14.94	1.59	3.06
历史文化	100.00	21.26	23.57	23.88	9.77	19.06	1.69	0.77
科技教育	100.00	47.77	15.84	14.18	3.58	12.63	1.15	4.85
红色旅游	100.00	3.55	21.53	28.39	18.68	26.38	1.00	0.47
工业旅游	100.00	2.86	66.71	12.06	5.73	10.04	1.02	1.58
度假休闲	100.00	19.80	15.21	30.35	5.21	26.25	1.66	1.52
博物馆	100.00	35.77	45.04	8.82	1.85	6.02	0.79	1.71
其　他	100.00	14.00	25.75	27.70	8.84	21.06	1.84	0.81
合　计	100.00	23.03	19.58	24.83	9.64	19.89	1.91	1.12

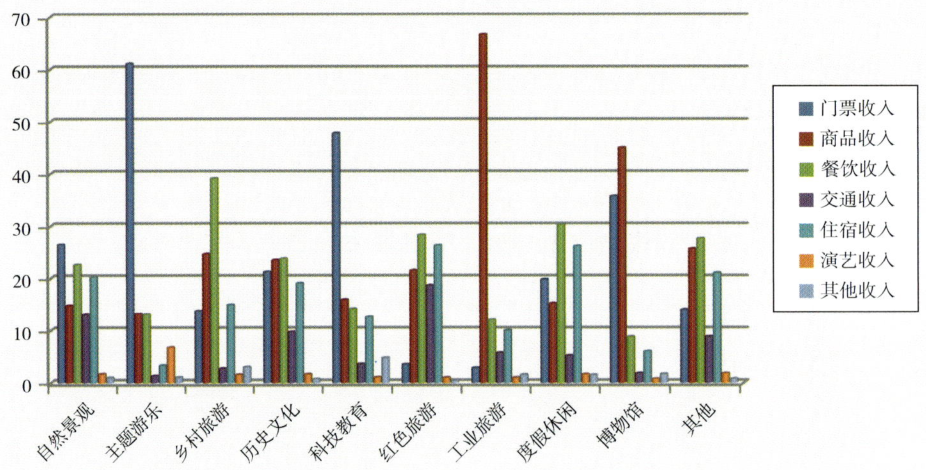

图 1-6-8　2015 年全国 A 级旅游景区收入构成情况分类型统计图（单位：%）

（七）A 级旅游景区投资统计

1. 全国 A 级旅游景区投资统计

2015 年，全国 A 级旅游景区当年建设投资达到 2471.79 亿元，较上年增加 192.80 亿元，增长 8.46%，A 级旅游景区平均建设投资 3108.77 万元。

从不同等级来看，4A 级景区当年建设投资规模最大，其次是 3A 级和 5A 级景区，分别为 1520.60 亿元、493.99 亿元和 319.04 亿元，分别占全国 A 级旅游景区当年建设投资总量的 61.52%、19.98% 和 12.91%；1A 级景区建设投资规模最小，达到 1.13 亿元，占比 0.05%。

与上年相比，5A 级、4A 级景区建设投资呈上升发展态势，2A 级、3A 级和 1A 级景区建设投资呈下降态势。具体来看，4A 级建设投资较上年增速最快，较上年增加 258.77 亿元，增长 20.51%，5A 级景区增长 19.64%。1A 级景区建设投资下降最快，较上年减少 1.12 亿元，下降 49.61%。

从景区平均建设投资来看，5A 级景区建设投资额最大，其次是 4A 级和 3A 级景区，分别为 15048.83 万元、5893.78 万元和 1636.83 万元。1A 级景区建设投资额最少，为 120.60 万元。

表 1–7–1　2014 ~ 2015 年全国 A 级旅游景区当年建设投资情况统计表

景区等级	2014 年		2015 年				
	投资总量（亿元）	比重（%）	投资总量（亿元）	增量（亿元）	增长率（%）	比重（%）	平均建设投资（万元）
5A 级旅游景区	266.67	11.69	319.04	52.37	19.64	12.91	15048.83
4A 级旅游景区	1261.83	55.37	1520.60	258.77	20.51	61.52	5893.78
3A 级旅游景区	605.9	26.59	493.99	-111.91	-18.47	19.98	1636.83
2A 级旅游景区	142.34	6.25	137.03	-5.31	-3.73	5.54	669.40
1A 级旅游景区	2.24	0.10	1.13	-1.12	-49.61	0.05	120.60
合　计	2278.98	100	2471.79	192.80	8.46	100	3108.77

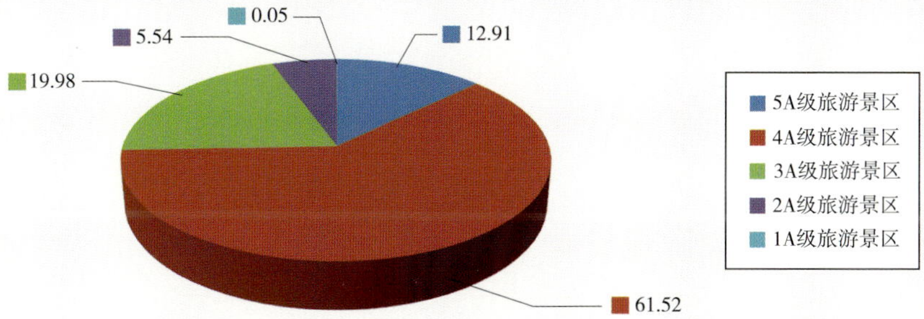

图 1–7–1　2015 年全国 A 级旅游景区当年建设投资分等级构成图（单位：%）

2. 分区域 A 级旅游景区投资情况

从区域来看，华东地区 A 级景区当年建设投资规模较大，其次是东北地区和中南地区，分别为 891.48 亿元、467.27 亿元和 397.24 亿元，分别占全国 A 级旅游景区当年建设投资总量的 36.07%、18.90% 和 16.07%；华北地区建设投资规模最小，达到 159.06 亿元，占比仅为 6.44%。

与上年相比，除华北地区和华东地区 A 级景区建设投资下降外，其他四个地区 A 级景区建设投资均有所增加，其中以西北地区建设投资增速最快，其次是西南和中南地区，分别为 45.03%、22.34% 和 16.22%；华北地区建设投资规模下降最快，较上年减少 34.46 亿元，下降 17.81%。

从景区平均建设投资来看，东北地区、西南地区和华东地区平均建设投资规模较大，高于全国平均建设投资水平，其中东北地区平均建设投资规模最大，高达 5073.51 万元，超过全国水平 63.20 个百分点。西北地区平均建设投资规模最小，为 1756.20 万元，低于全国水平 43.51 个百分点。

表 1–7–2　2015 年全国 A 级旅游景区当年建设投资情况分区统计表

地区	当年建设投资（亿元）	增量（亿元）	增长率（%）	比重（%）	景区数量（家）	平均建设投资（万元）
华北	159.06	-34.46	-17.81	6.44	1024	1553.32
东北	467.27	52.62	12.69	18.90	921	5073.51
华东	891.48	-3.85	-0.43	36.07	2794	3190.69
中南	397.24	55.45	16.22	16.07	1397	2843.52
西南	389.55	71.14	22.34	15.76	863	4513.90
西北	167.19	51.91	45.03	6.76	952	1756.20
合计	2471.79	192.81	8.46	100.00	7951	3108.78

3. 分省 A 级旅游景区投资情况

从分省来看，辽宁省 A 级景区当年建设投资规模最大，其次是江苏省和山东省，分别为 405.87 亿元、222.56 亿元和 203.16 亿元，分别占全国 A 级旅游景区当年建设投资总量的 16.42%、9.00% 和 8.22%；西藏自治区建设投资规模最小，为 0.13 亿元，占比仅为 0.01%。

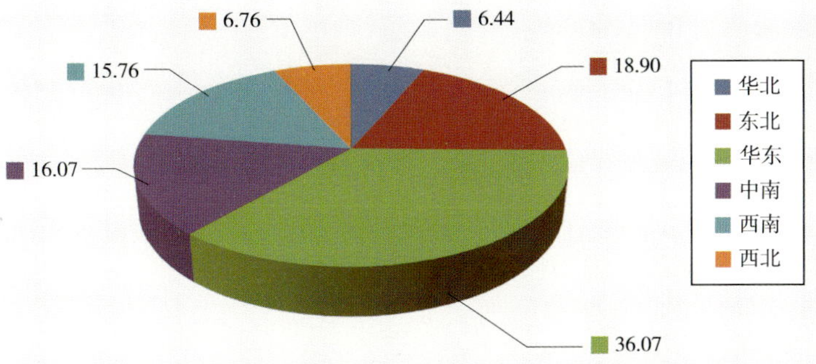

图 1-7-2　2015 年全国 A 级旅游景区当年建设投资情况分区构成图（单位：%）

与上年相比，天津市、四川省、湖北省、福建省等 13 个省级行政区域 A 级景区当年建设投资下降，其中以西藏自治区下降速度最快，较上年减少 0.93 亿元，下降 87.74%。青海省、浙江省、海南省、陕西省、云南省、贵州省等 19 个省级行政区域 A 级景区建设投资呈增长态势，其中青海省增长速度最快，其次是浙江省和海南省，增速分别为 323.35%、104.55% 和 91.12%。

从景区平均建设投资来看，辽宁省 A 级景区平均建设投资规模最大，其次是贵州省和江西省，分别为 14443.77 万元、8620.74 万元和 6602.83 万元。西藏自治区 A 级景区平均建设投资规模最小，为 325.00 万元。

表 1-7-3　2015 年全国 A 级旅游景区当年建设投资情况分省统计表

省级行政区	景区当年建设投资（亿元）	增量（亿元）	增长率（%）	比重（%）	景区数量（家）	景区平均建设投资（万元）
北京市	18.73	-7.68	-29.06	0.76	193	970.47
天津市	26.26	-0.21	-0.81	1.06	102	2574.51
河北省	57.87	-39.83	-40.77	2.34	329	1758.97
山西省	19.52	1.97	11.21	0.79	106	1841.51
内蒙古自治区	36.69	11.29	44.45	1.48	294	1247.96
辽宁省	405.87	75.36	22.80	16.42	281	14443.77
吉林省	19.98	-11.44	-36.42	0.81	230	868.70
黑龙江省	41.43	-11.29	-21.42	1.68	410	1010.49
上海市	10.59	2.98	39.17	0.43	89	1189.89
江苏省	222.56	-37.25	-14.34	9.00	622	3578.14

续表

省级行政区	景区当年建设投资（亿元）	增量（亿元）	增长率（%）	比重（%）	景区数量（家）	景区平均建设投资（万元）
浙江省	163.37	83.50	104.55	6.61	445	3671.24
安徽省	73.26	-72.33	-49.68	2.96	443	1653.72
福建省	78.55	-2.63	-3.24	3.18	188	4178.19
江西省	139.98	6.40	4.79	5.66	212	6602.83
山东省	203.16	15.46	8.24	8.22	795	2555.47
河南省	72.22	2.34	3.36	2.92	249	2900.40
湖北省	76.14	-2.05	-2.63	3.08	301	2529.57
湖南省	98.92	26.99	37.52	4.00	257	3849.03
广东省	74.80	11.85	18.82	3.03	286	2615.38
广西壮族自治区	51.18	4.89	10.55	2.07	249	2055.42
海南省	23.99	11.44	91.12	0.97	55	4361.82
重庆市	100.36	2.26	2.30	4.06	198	5068.69
四川省	99.47	-1.57	-1.55	4.02	327	3041.90
贵州省	116.38	44.70	62.36	4.71	135	8620.74
云南省	73.22	28.38	63.28	2.96	199	3679.40
西藏自治区	0.13	-0.93	-87.74	0.01	4	325.00
陕西省	69.99	32.19	85.16	2.83	313	2236.10
甘肃省	41.10	7.73	23.16	1.66	217	1894.01
青海省	15.33	11.71	323.35	0.63	79	1940.51
宁夏回族自治区	17.36	6.14	54.74	0.70	40	4340.00
新疆维吾尔自治区	21.94	-7.32	-25.02	0.89	262	837.40
新疆生产建设兵团	1.47	-0.22	-12.79	0.06	41	358.54
合　计	2471.79	192.81	8.46	100.00	7951	3108.78

4. 分类型 A 级旅游景区投资情况

从景区类型来看，自然景观类 A 级景区当年建设投资规模最大，其次是历史文化类和度假休闲类，分别为 721.55 亿元、620.77 亿元和 617.49 亿元，分别占全国 A 级旅游景区当年建设投资总量的 29.19%、25.11% 和 24.98%；科技教育类景区建设投资规模最小，为 19.30 亿元，占比仅为 0.78%。

与上年相比，除主题游乐类、度假休闲类和博物馆类 A 级景区建设投资规模下降外，自然景观类、科技教育类、历史文化类、乡村旅游类、工业旅游类和红色旅游类六类景区建设投资规模呈上升态势，其中科技教育类景区增长速度最快，其次是历史文化类和乡村旅游类景区，增速分别为 99.80%、69.94% 和 47.27%。博物馆类景区建设投资规模下降最快，降速达到 28.98%。

从景区平均建设投资来看，度假休闲类 A 级景区平均建设投资规模最大，其次是历史文化类和主题游乐类，分别为 4663.82 万元、4183.09 万元和 3328.71 万元。博物馆类景区平均建设投资规模最小，为 499.14 万元。

表 1-7-4　2015 年全国 A 级旅游景区当年建设投资情况分类型统计表

景区类型	当年建设投资（亿元）	增量（亿元）	增长率（%）	比重（%）	景区数量（家）	景区平均建设投资（万元）
自然景观类	721.55	60.44	9.14	29.19	2295	3144.01
主题游乐类	105.52	-18.78	-15.11	4.27	317	3328.71
乡村旅游类	105.27	33.79	47.27	4.26	705	1493.19
历史文化类	620.77	255.48	69.94	25.11	1484	4183.09
科技教育类	19.30	9.64	99.80	0.78	93	2075.27
红色旅游类	49.71	10.92	28.15	2.01	382	1301.31
工业旅游类	36.00	9.02	33.42	1.46	184	1956.52
度假休闲类	617.49	-126.30	-16.98	24.98	1324	4663.82
博物馆类	29.00	-11.83	-28.98	1.18	581	499.14
其　他	167.18	-29.57	-15.03	6.76	586	2852.90
合　计	2471.79	192.81	8.46	100.00	7951	3108.78

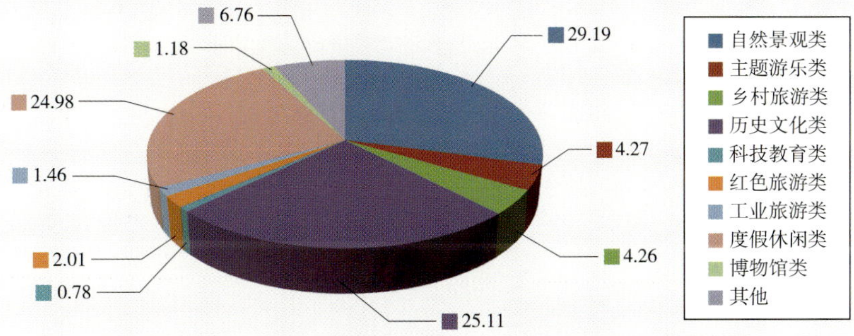

图 1-7-3　2015 全国 A 级旅游景区当年建设投资情况分类型构成图（单位：%）

（八）A 级旅游景区经营管理主体统计

1. 全国 A 级旅游景区经营管理主体情况

2015 年，全国 A 级旅游景区经营管理主体主要包括行政单位、事业单位、企业和部队四种类型。其中企业性质景区数量最多，其次是事业单位和行政单位，分别为 5449 家、2302 家和 197 家，占比分别为 68.53%、28.95% 和 2.48%。部队性质景区所占比重较小，仅 3 家，占比 0.04%。

与上年相比，除部队经营主体保持不变外，其他三种类型经营主体均呈增长态势，其中行政单位和企业增速较快，分别为 16.57% 和 9.20%，分别高于全国 A 级景区经营主体平均增速 8.53 个百分点和 1.16 个百分点。事业单位增速为 4.78%，低于全国水平 3.26 个百分点。

表 1-8-1　2014 ~ 2015 年全国 A 级旅游景区运营主体统计表

管理主体	2014 年 数量（家）	2014 年 比重（%）	2015 年 数量（家）	2015 年 比重（%）	2015 年 增量（%）	2015 年 增长率（%）
行政单位	169	2.3	197	2.48	28	16.57
事业单位	2197	29.84	2302	28.95	105	4.78
企　业	4990	67.81	5449	68.53	459	9.20
部　队	3	0.05	3	0.04	0	0.00
合　计	7359	100	7951	100	592	8.04

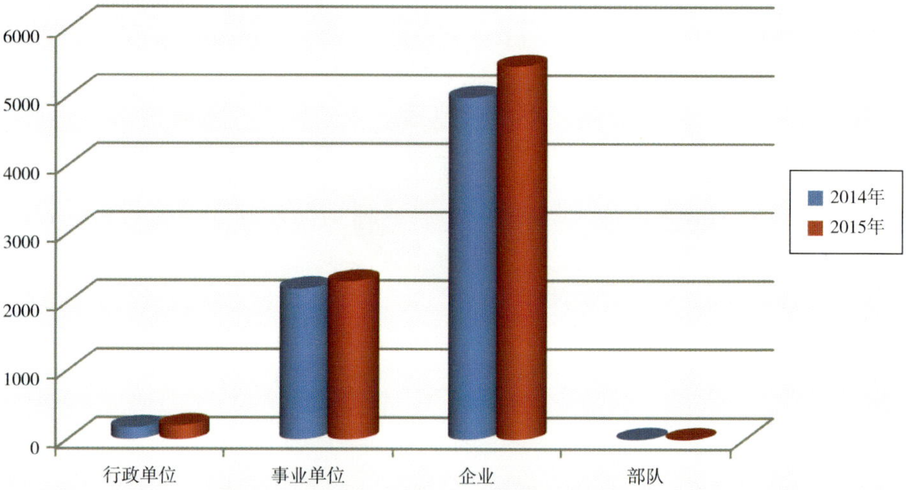

图 1-8-1　2014 ~ 2015 年全国 A 级旅游景区运营主体统计图（单位：家）

通过对各等级A级景区运营主体的横向对比发现，五个等级A级景区均以企业经营主体为主，其中以1A级景区企业性质经营主体所占比重最大，数量为72家，占比76.59%，其次是2A级和3A级景区，分别为1433家和2107家，占比分别为70.01%和69.81%，5A级景区企业性质景区为114家，占比53.77%。

表 1-8-2　2015 年全国 A 级旅游景区运营主体情况分等级统计表

景区等级	行政单位		事业单位		企业		部队		合计	
	数量（家）	比重（%）	数量（家）	比重（%）	数量（家）	比重（%）	数量（家）	比重（%）	数量（家）	比重（%）
5A级旅游景区	22	10.38	76	35.85	114	53.77	0	0.00	212	100.00
4A级旅游景区	48	1.86	808	31.32	1723	66.78	1	0.04	2580	100.00
3A级旅游景区	74	2.45	835	27.67	2107	69.81	2	0.07	3018	100.00
2A级旅游景区	51	2.49	563	27.50	1433	70.01	0	0.00	2047	100.00
1A级旅游景区	2	2.13	20	21.28	72	76.59	0	0.00	94	100.00
合　计	197	2.48	2302	28.95	5449	68.53	3	0.04	7951	100.00

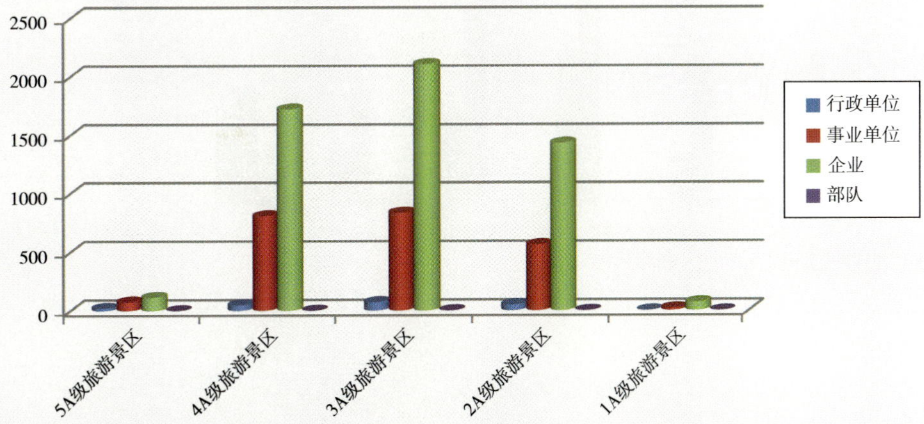

图 1-8-2　2015 年全国 A 级旅游景区运营主体构成分等级统计图（单位：家）

2. 分区域A级旅游景区经营管理主体情况

通过对各地区A级景区运营主体的横向对比发现，六个地区A级景区均以企业经营主体为主，其中以东北地区、华东地区和华北地区所占比重相对较大，其数量分别为659家、1989家和723家，分别占三区A级旅游景区总数的71.56%、71.18%和70.61%。

表 1-8-3　2015 年全国 A 级旅游景区域运营主体情况分区域统计表

地区	行政单位		事业单位		企业		部队		合计	
	数量（家）	占比（%）	数量（家）	占比（%）	数量（家）	占比（%）	数量（家）	占比）（%	数量（家）	占比（%）
华北	14	1.37	286	27.92	723	70.61	1	0.1	1024	100
东北	26	2.82	236	25.62	659	71.56	0	0.00	921	100
华东	65	2.34	739	26.44	1989	71.18	1	0.04	2794	100
中南	20	1.44	414	29.63	962	68.86	1	0.07	1397	100
西南	39	4.52	267	30.94	557	64.54	0	0.00	863	100
西北	33	3.46	360	37.82	559	58.72	0	0.00	952	100
合计	197	2.48	2302	28.95	5449	68.53	3	0.04	7951	100

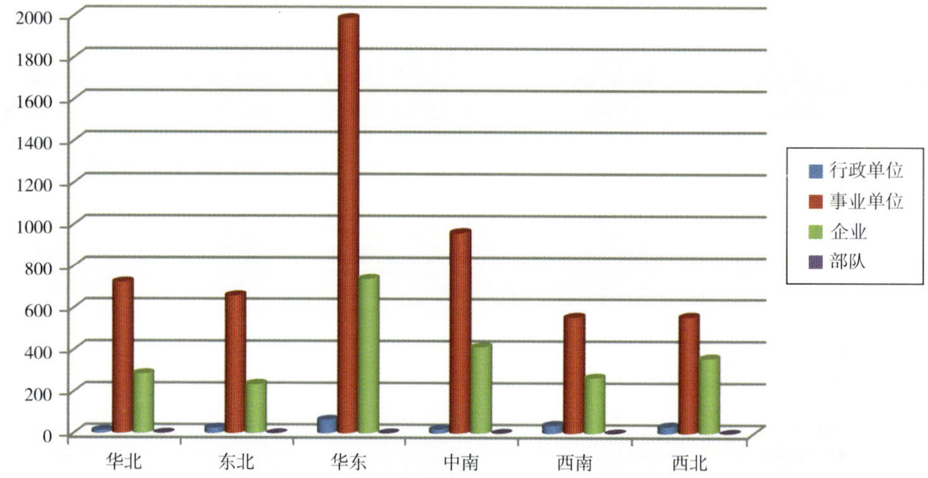

图 1-8-3　2015 年全国 A 级旅游景区运营主体构成分区域分析图（单位：家）

3. 分省 A 级旅游景区经营管理主体情况

通过对各省份 A 级景区运营主体的横向对比发现，除甘肃省 A 级景区经营主体以事业单位为主外，其他 31 个省级行政区域 A 级景区均以企业经营主体为主。

具体来看，甘肃省事业单位性质 A 级景区数量为 114 家，占比 52.54%；企业性质 A 级景区 101 家，占比 46.54%；行政单位性质 A 级景区 2 家，占比 0.92%。

西藏自治区、海南省和浙江省三个省级行政区以企业为经营主体的 A 级景区所占比重相对较大，其数量分别为 4 家、49 家和 371 家，分别占该四省区 A 级旅游景区总数的 100.00%、89.09% 和 83.37%。

表 1-8-4　2015 年全国 A 级旅游景区运营主体情况分省份统计表

省级行政区	行政单位		事业单位		企业		部队	
	数量（家）	比重（%）	数量（家）	比重（%）	数量（家）	比重（%）	数量（家）	比重（%）
北京市	4	2.07	54	27.98	134	69.43	1	0.52
天津市	4	3.92	33	32.35	65	63.73	0	0.00
河北省	3	0.91	102	31	224	68.09	0	0.00
山西省	1	0.94	32	30.19	73	68.87	0	0.00
内蒙古自治区	2	0.68	65	22.11	227	77.21	0	0.00
辽宁省	7	2.49	74	26.34	200	71.17	0	0.00
吉林省	4	1.73	45	19.57	181	78.7	0	0.00
黑龙江省	15	3.66	117	28.54	278	67.8	0	0.00
上海市	0	0	20	22.47	69	77.53	0	0.00
江苏省	11	1.77	248	39.87	363	58.36	0	0.00
浙江省	13	2.92	61	13.71	371	83.37	0	0.00
安徽省	13	2.93	89	20.09	341	76.98	0	0.00
福建省	4	2.13	46	24.47	138	73.4	0	0.00
江西省	8	3.77	55	25.95	149	70.28	0	0.00
山东省	16	2.01	220	27.67	558	70.19	1	0.13
河南省	3	1.21	94	37.75	152	61.04	0	0.00
湖北省	7	2.33	75	24.91	219	72.76	0	0.00
湖南省	6	2.33	111	43.19	140	54.48	0	0.00
广东省	2	0.7	78	27.27	206	72.03	0	0.00
广西壮族自治区	2	0.8	50	20.09	196	78.71	1	0.40
海南省	0	0	6	10.91	49	89.09	0	0.00
重庆市	6	3.03	57	28.79	135	68.18	0	0.00
四川省	20	6.12	131	40.06	176	53.82	0	0.00
贵州省	1	0.74	36	26.67	98	72.59	0	0.00
云南省	12	6.03	43	21.61	144	72.36	0	0.00
西藏自治区	0	0	0	0	4	100.00	0	0.00
陕西省	3	0.96	132	42.17	178	56.87	0	0.00
甘肃省	2	0.92	114	52.54	101	46.54	0	0.00
青海省	9	11.39	12	15.19	58	73.42	0	0.00
宁夏回族自治区	0	0	11	27.5	29	72.5	0	0.00
新疆维吾尔自治区	17	6.49	83	31.68	162	61.83	0	0.00
新疆生产建设兵团	2	4.88	8	19.51	31	75.61	0	0.00
合　计	197	2.48	2302	28.95	5449	68.53	3	0.04

4. 分类型 A 级旅游景区经营管理主体情况

通过对各类型 A 级景区运营主体的横向对比发现，红色旅游类和博物馆类两类景区以事业单位经营主体为主，其他四类景区均以企业经营主体为主。

具体来看，红色旅游类和博物馆类两个类型事业单位性质 A 级景区数量分别为 257 家和 373 家，分别占该类型 A 级景区总数的 67.28% 和 64.20%。

工业旅游类和乡村旅游类企业性质 A 级景区所占比重相对较大，数量分别为 182 家和 637 家，占比分别为 98.91% 和 90.35%，其次是度假休闲类和主题游乐类景区，企业性质 A 级景区分别为 1112 家和 263 家，占比分别为 83.99% 和 82.97%。红色旅游类景区所占比重最小，数量为 109 家，占比 28.53%。

表 1–8–5　2015 年全国 A 级旅游景区运营主体情况分类型统计表

景区类型	行政单位		事业单位		企业		部队		合计	
	数量（家）	占比（%）	数量（家）	占比（%）	数量（家）	占比（%）	数量（家）	占比（%）	数量（家）	占比（%）
自然景观类	61	2.66	632	27.54	1602	69.80	0	0.00	2295	100.00
主题游乐类	2	0.63	52	16.40	263	82.97	0	0.00	317	100.00
乡村旅游类	28	3.97	40	5.68	637	90.35	0	0.00	705	100.00
历史文化类	48	3.23	576	38.82	859	57.88	1	0.07	1484	100.00
科技教育类	0	0.00	45	48.39	48	51.61	0	0.00	93	100.00
红色旅游类	16	4.19	257	67.28	109	28.53	0	0.00	382	100.00
工业旅游类	0	0.00	2	1.09	182	98.91	0	0.00	184	100.00
度假休闲类	26	1.96	186	14.05	1112	83.99	0	0.00	1324	100.00
博物馆类	3	0.52	373	64.20	203	34.94	2	0.34	581	100.00
其　他	13	2.22	139	23.72	434	74.06	0	0.00	586	100.00
合　计	197	2.48	2302	28.95	5449	68.53	3	0.04	7951	100.00

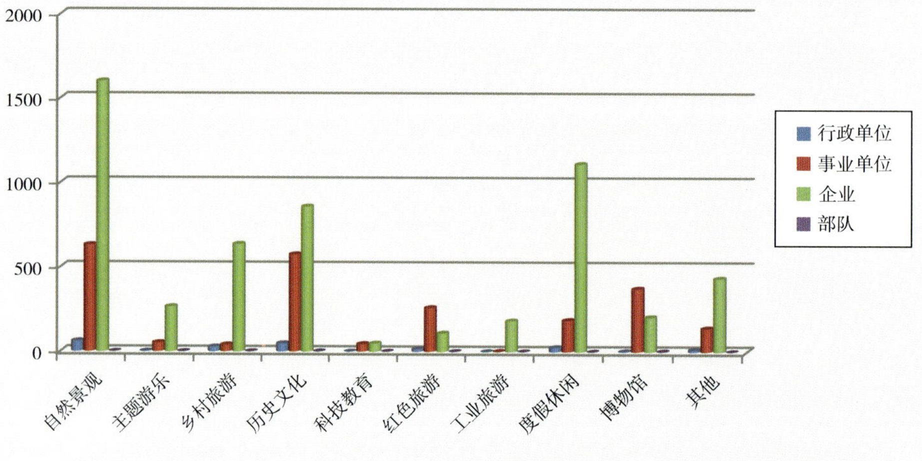

图 1–8–4　2015 年全国 A 级旅游景区运营主体构成分类型分析图（单位：家）

（九）A 级旅游景区就业统计

1. 全国 A 级旅游景区就业情况

2015 年，全国 A 级旅游景区总就业 231.56 万人，其中固定就业人数共计 122.92 万人，较上年增加 1.38 万人，增长 1.14%，平均固定就业人数 155 人。此外，全国 A 级旅游景区吸纳临时就业 108.64 万人次。

表 1–9–1　2015 年全国 A 级旅游景区就业情况统计表

景区等级	景区总就业（万人）	景区固定就业（万人）	固定就业分等级比重（%）	景区数量（家）	景区平均固定就业（人）
5A 级旅游景区	54.50	22.85	18.59	212	1078
4A 级旅游景区	93.76	52.31	42.55	2580	203
3A 级旅游景区	58.71	36.10	29.36	3018	120
2A 级旅游景区	24.22	11.43	9.30	2047	56
1A 级旅游景区	0.37	0.23	0.20	94	25
合　计	231.56	122.92	100.00	7951	155

从等级结构来看，4A 级旅游景区固定就业人数最多，其次是 3A 级和 5A 级景区，分别为 52.31 万人、36.10 万人和 22.85 万人，分别占 A 级旅游景区总固定就业人数的 42.55%、29.36% 和 18.59%；5A 级旅游景区平均固定就业人数最多，其次是 4A 级和 3A 级景区，分别为 1078 人、203 人和 120 人。

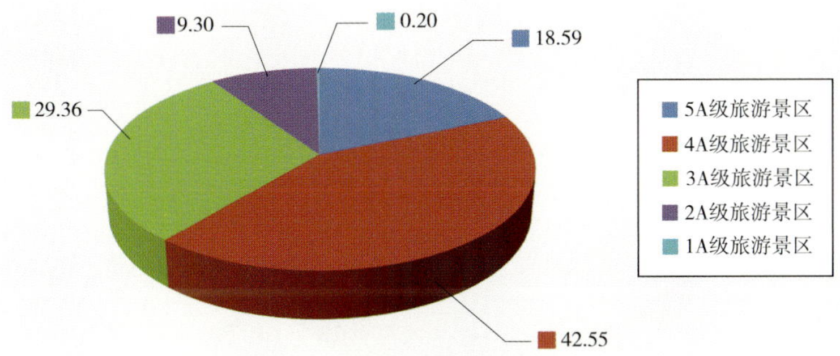

图 1–9–1　2015 年全国 A 级旅游景区固定就业情况统计图（单位：%）

2. 分区域 A 级旅游景区就业情况

从地域分区来看，华东和中南地区 A 级旅游景区的固定就业总人数相对较多，分别为 37.58 万人和 36.21 万人，分别占全国 A 级旅游景区固定就业总量的 30.57% 和 29.46%，西北地区 A 级景区固定就业总人数最低，为 8.45 万人，占比 6.87%。

表 1-9-2　2015 年全国 A 级旅游景区就业情况分区统计表

地区	景区固定就业（万人）	固定就业分区比重（%）	景区数量（家）	景区平均固定就业（人）
华北	12.63	10.28	1024	123
东北	11.41	9.28	921	124
华东	37.58	30.57	2794	135
中南	36.21	29.46	1397	259
西南	16.65	13.54	863	193
西北	8.45	6.87	952	89
合计	122.92[5]	100.00	7951	155

注[5]：因四舍五入保留两位小数点导致此处 2015 年景区总固定就业人数为 122.93 万人。

中南地区 A 级旅游景区平均固定就业人数最多，其次是西南地区，分别为 259 人和 193 人，分别高于全国平均固定就业人数 67.10 个百分点和 24.52 个百分点。西北地区平均固定就业人数最少，为 89 人，低于全国平均水平 42.58 个百分点。

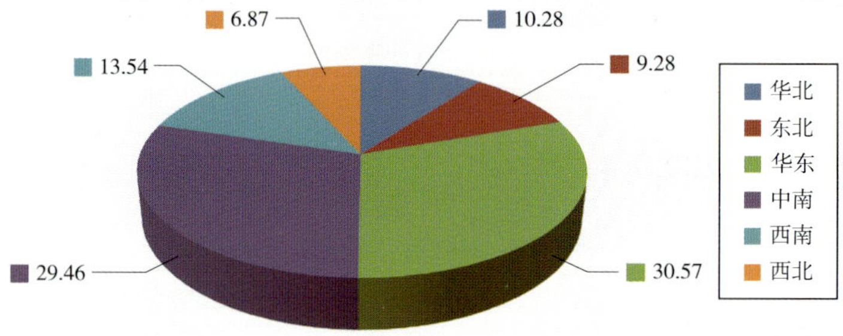

图 1-9-2　2015 年全国 A 级旅游景区就业情况分区构成图（单位：%）

3. 分省 A 级旅游景区就业情况

2015 年，A 级旅游景区固定就业人数最多的省份是湖南省，其次为山东省和广东省，分别达到 15.04 万人、13.94 万人和 10.31 万人，分别占 A 级旅游景区固定就业总人数的 12.23%、11.34% 和 8.39%。宁夏回族自治区和新疆生产建设兵团固定就业人数最少，仅 0.33 万人和 0.12 万人，占比分别为 0.27% 和 0.10%。

A 级旅游景区平均固定就业人数最多的省份是湖南省，其次为广东省和云南省，平均固定就业人数分别为 585 人、360 人和 289 人，分别高于全国平均固定就业人数 277.42 个百分点、132.26 个百分点和 86.45 个百分点。吉林省和新疆生产建设兵团固定就业人数最少，分别为 51 人 / 景区和 29 人，低于全国平均水平 67.10 和 81.29 个百分点。

表 1-9-3　2015 年全国 A 级旅游景区就业情况分省统计表

省级行政区	景区固定就业（万人）	固定就业分省比重（%）	景区数量（家）	景区平均固定就业（人）
北京市	2.62	2.13	193	136
天津市	1.13	0.92	102	111
河北省	5.85	4.76	329	178
山西省	1.34	1.09	106	126
内蒙古自治区	1.70	1.38	294	58
辽宁省	7.46	6.07	281	266
吉林省	1.17	0.95	230	51
黑龙江省	2.78	2.26	410	68
上海市	1.06	0.86	89	119
江苏省	6.47	5.26	622	104
浙江省	4.65	3.78	445	105
安徽省	3.24	2.63	443	73
福建省	2.65	2.15	188	141
江西省	5.58	4.54	212	263
山东省	13.94	11.34	795	175
河南省	2.41	1.96	249	97
湖北省	4.31	3.50	301	143
湖南省	15.04	12.23	257	585
广东省	10.31	8.39	286	360
广西壮族自治区	2.69	2.19	249	108
海南省	1.45	1.18	55	263

续表

省级行政区	景区固定就业（万人）	固定就业分省比重（%）	景区数量（家）	景区平均固定就业（人）
重庆市	2.47	2.01	198	125
四川省	6.43	5.23	327	197
贵州省	2.00	1.63	135	148
云南省	5.74	4.67	199	289
西藏自治区	0.00	0.00	4	0
陕西省	4.05	3.30	313	129
甘肃省	1.83	1.49	217	85
青海省	0.47	0.40	79	60
宁夏回族自治区	0.33	0.27	40	84
新疆维吾尔自治区	1.63	1.33	262	62
新疆生产建设兵团	0.12	0.10	41	29
合　计	122.92	100.00	7951	155

注：因相关数据未填报导致西藏自治区 A 级景区固定就业人数为零。

4. 分类型 A 级旅游景区就业情况

2015 年，A 级旅游景区固定就业人数最多的景区类型是度假休闲类，其次为自然景观类和历史文化类，分别为 31.22 万人、26.50 万人和 18.71 万人，分别占 A 级旅游景区固定就业总人数的 25.40%、21.56% 和 15.22%。科技教育类景区吸纳固定就业人数最少，为 0.67 万人，占比 0.54%。

平均固定就业人数最多的景区类型是工业旅游类，其次为度假休闲和主题游乐类，分别达到 531 人、236 人和 207 人。博物馆类景区平均固定就业人数最少，为 40 人。

表 1-9-4　2015 年全国 A 级旅游景区就业情况分类型统计表

景区类型	景区固定就业（万人）	固定就业分类比重（%）	景区数量（家）	景区平均固定就业（人）
自然景观类	26.50	21.56	2295	115
主题游乐类	6.55	5.33	317	207
乡村旅游类	7.04	5.73	705	100
历史文化类	18.71	15.22	1484	126
科技教育类	0.67	0.54	93	72
红色旅游类	4.68	3.81	382	123
工业旅游类	9.77	7.94	184	531

续表

景区类型	景区固定就业（万人）	固定就业分类比重（%）	景区数量（家）	景区平均固定就业（人）
度假休闲类	31.22	25.40	1324	236
博物馆类	2.31	1.88	581	40
其　他	15.48	12.59	586	264
合　计	122.92	100.00	7951	155

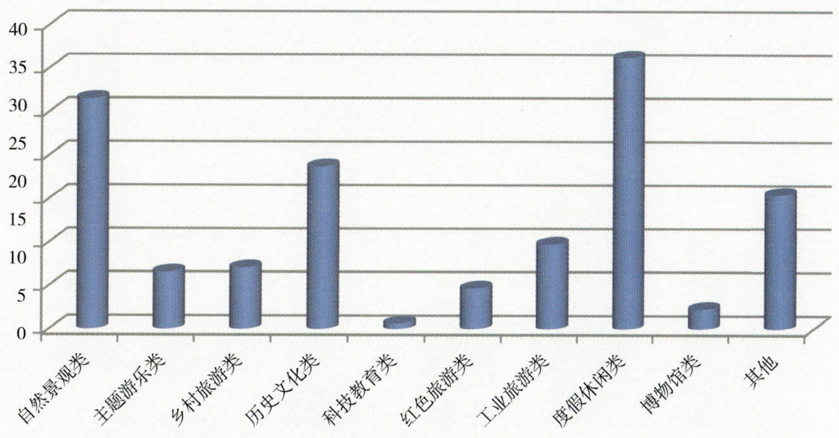

图 1-9-3　2015 年全国分类型 A 级旅游景区固定就业情况分类型统计图（单位：万人）

5. A 级旅游景区导游情况

2015 年全国 A 级旅游景区导游总人数为 64140 人，较上年增加 3725 人，增长 6.17%。A 级旅游景区平均导游人数为 8 人。

表 1-9-5　2014 ~ 2015 年全国 A 级旅游景区导游拥有情况统计表

景区等级	2014 年				2015 年			
	导游数量（人）	比重（%）	景区数量（家）	平均导游（人）	导游数量（人）	比重（%）	景区数量（家）	平均导游（人）
5A 级旅游景区	17752	29.38	184	96	19120	29.81	212	90
4A 级旅游景区	26295	43.52	2403	11	27745	43.26	2580	11
3A 级旅游景区	11990	19.85	2704	4	12962	20.21	3018	4
2A 级旅游景区	4209	6.97	1948	2	4156	6.48	2047	2
1A 级旅游景区	170	0.28	120	1	157	0.24	94	2
合　计	60415	100	7359	8	64140	100	7951	8

从等级结构来看，4A 级旅游景区导游人数最多，其次是 5A 级和 3A 级旅游景区，分别为 27745 人、19120 人和 12962 人，分别占 A 级旅游景区导游总数的 43.26%、29.81% 和 20.21%。1A 级景区导游人数最少，为 157 人，占比 0.24%。

此外，5A 级旅游景区平均导游人数最多，多达 90 人，远多于其他等级 A 级景区，其次是 4A 级和 3A 级旅游景区，导游人数分别为 11 人和 4 人，1A 级和 2A 级旅游景区导游人数最少，均为 2 人，低于全国 A 级景区平均导游人数 50%。

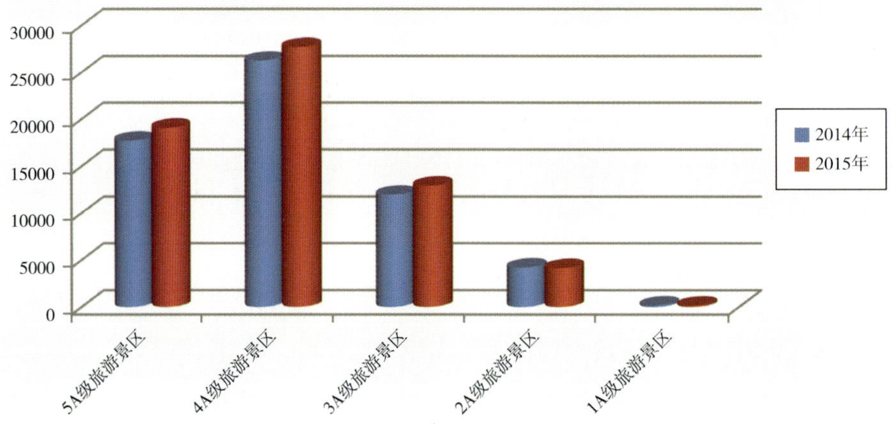

图 1-9-4　2014 ～ 2015 年全国 A 级旅游景区导游拥有情况统计图（单位：人）

从分区来看，华东地区 A 级景区导游人数最多，其次是中南地区和西南地区，分别为 21948 人、13826 人和 10399 人，分别占全国 A 级景区导游总数的 34.22%、21.56% 和 16.21%。西北地区 A 级景区导游人数最少，为 5403 人，占比 8.42%。西南地区和中南地区 A 级景区平均导游人数最多，分别为 12 人和 10 人，东北地区平均导游人数最少，为 5 人。

表 1-9-6　2015 年全国 A 级旅游景区导游拥有情况分区统计表

地区	专职导游人数（人）	比重（%）	景区数量（家）	平均导游人数（人）
华北	7679	11.97	1024	7
东北	4885	7.62	921	5
华东	21948	34.22	2794	8
中南	13826	21.56	1397	10
西南	10399	16.21	863	12
西北	5403	8.42	952	6
合计	64140	100.00	7951	8

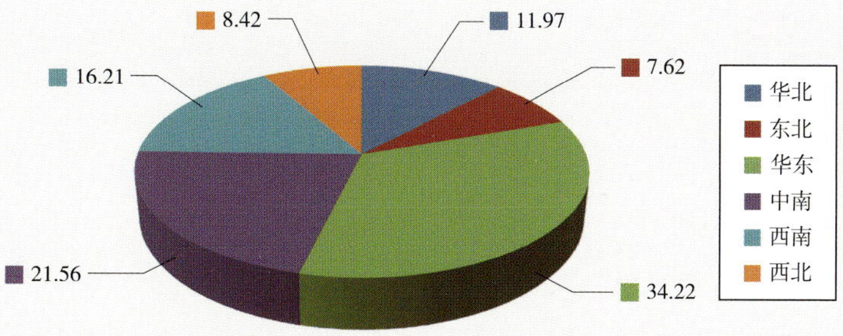

图 1-9-5 2015 年全国 A 级旅游景区导游拥有情况分区构成图（单位：%）

从分省来看，云南省 A 级景区导游人数相对最多，其次是山东省和江苏省，分别为 5130 人、4927 人和 3970 人，分别占全国 A 级景区导游总数的 8.00%、7.68% 和 6.19%；宁夏回族自治区和新疆生产建设兵团 A 级景区导游人数相对较少，分别为 288 人和 112 人，占比分别为 0.45% 和 0.17%。此外，云南省、山西省 A 级景区平均导游人数最多，为 26 人 / 景区，其次是海南省和江西省，分别为 23 人和 16 人，新疆维吾尔自治区和新疆生产建设兵团 A 级景区平均导游人数相对较少，均为 3 人。

表 1-9-7 2015 年全国 A 级旅游景区导游拥有情况分省统计表

省级行政区	专职导游人数（人）	比重（%）	景区数量（家）	平均导游人数（人）
北京市	1061	1.65	193	5
天津市	437	0.68	102	4
河北省	2374	3.70	329	7
山西省	2707	4.22	106	26
内蒙古自治区	1100	1.71	294	4
辽宁省	2105	3.28	281	7
吉林省	1047	1.63	230	5
黑龙江省	1733	2.70	410	4
上海市	414	0.65	89	5
江苏省	3970	6.19	622	6
浙江省	3254	5.07	445	7
安徽省	3464	5.40	443	8
福建省	2539	3.96	188	14
江西省	3380	5.27	212	16
山东省	4927	7.68	795	6
河南省	2199	3.43	249	9

续表

省级行政区	专职导游人数（人）	比重（%）	景区数量（家）	平均导游人数（人）
湖北省	3005	4.69	301	10
湖南省	3073	4.79	257	12
广东省	1784	2.78	286	6
广西壮族自治区	2508	3.91	249	10
海南省	1257	1.96	55	23
重庆市	1166	1.82	198	6
四川省	2780	4.33	327	9
贵州省	1323	2.06	135	10
云南省	5130	8.00	199	26
西藏自治区	0	0.00	4	0
陕西省	2607	4.06	313	8
甘肃省	1354	2.11	217	6
青海省	362	0.56	79	5
宁夏回族自治区	288	0.45	40	7
新疆维吾尔自治区	680	1.06	262	3
新疆生产建设兵团	112	0.17	41	3
合　计	64140	100.00	7951	8

注：因相关数据未填报导致西藏自治区 A 级景区导游人数为零。

从 A 级旅游景区类型来看，自然景观类和历史文化类景区导游人数相对较多，分别为 21338 人和 16727 人，分别占 A 级旅游景区导游总数的 33.27% 和 26.08%。科技教育类景区导游人数最少，为 623 人，占比 0.97%。此外，历史文化类 A 级景区平均导游人数最多，为 11 人，高于全国 A 级景区平均导游人数 37.50 个百分点，乡村旅游类和度假休闲类 A 级景区导游人数最少，仅 5 人。

表 1-9-8　2015 年全国 A 级旅游景区导游拥有情况分类型统计表

景区类型	专职导游人数（人）	比重（%）	景区数量（家）	平均导游人数（人）
自然景观类	21338	33.27	2295	9
主题游乐类	2571	4.01	317	8
乡村旅游类	3434	5.35	705	5
历史文化类	16727	26.08	1484	11
科技教育类	623	0.97	93	7
红色旅游类	3231	5.04	382	8
工业旅游类	1148	1.79	184	6

续表

景区类型	专职导游人数（人）	比重（%）	景区数量（家）	平均导游人数（人）
度假休闲类	6757	10.53	1324	5
博物馆类	3816	5.95	581	7
其　他	4495	7.01	586	8
合　计	64140	100.00	7951	8

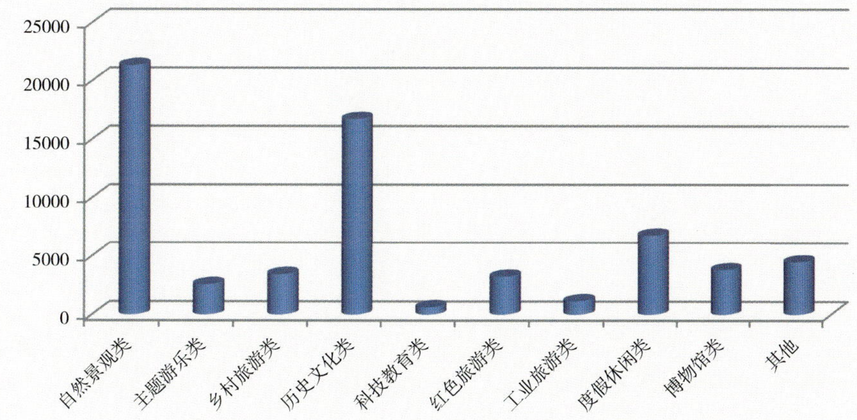

图 1-9-6　2015 年全国 A 级旅游景区导游拥有情况分类型统计图（单位：人）

（十）2015 年新增旅游景区统计

2015 年，全国 A 级旅游景区数量达到 7951 家，较上年增加 592 家，增长 8.04%。

1. 2015 年新增 A 级旅游景区等级统计

2015 年，除 1A 级景区外，其他四个等级 A 级景区数量均呈增长态势，其中 3A 级景区增加数量最多，其次是 4A 和 2A 级景区，分别为 314 家、177 家和 99 家，占比分别为 53.04%、29.90% 和 16.72%。5A 级景区数量新增 28 家，占比不足 5.00%。此外 1A 级景区较上年减少 26 家，下降 4.39%。

表 1-10-1　2015 年全国新增 A 级旅游景区等级统计表

	5A 级旅游景区	4A 级旅游景区	3A 级旅游景区	2A 级旅游景区	1A 级旅游景区	合计
数量（家）	28	177	314	99	-26	592
比重（%）	4.73	29.90	53.04	16.72	-4.39	100.00

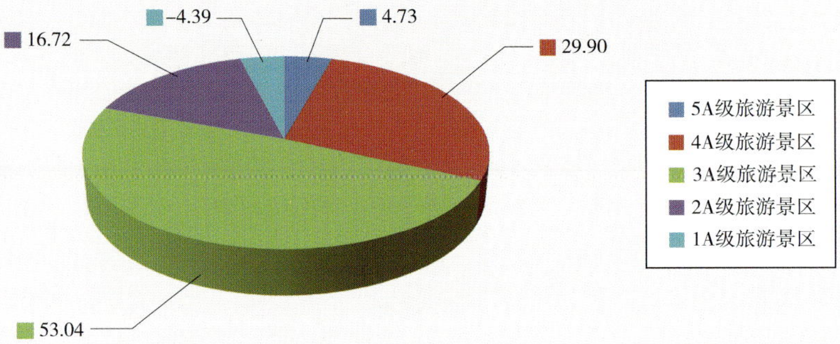

图 1-10-1　2015 年全国新增旅游景区等级构成图 (单位：%)

2. 2015 年新增 A 级旅游景区类型统计

2015 年，新增 A 级旅游景区以乡村旅游类最多，其次为历史文化类和自然景观类，三种类型景区分别新增 149 家、119 家和 111 家，分别占全国新增 A 级旅游景区总量的 25.17%，20.10% 和 18.75%。科技教育类景区新增数量最少，为 9 家，占比仅为 1.52%。

表 1-10-2　2015 年全国新增 A 级旅游景区类型统计表

	自然景观	主题游乐	乡村旅游	历史文化	科技教育	红色旅游	工业旅游	度假休闲	博物馆	其他	合计
数量 (家)	111	24	149	119	9	24	27	93	22	14	592
比重 (%)	18.75	4.05	25.17	20.10	1.52	4.05	4.56	15.72	3.72	2.36	100.00

3. 2015 年新增 A 级旅游景区空间分布统计

从区域来看，华东地区 A 级景区新增数量最多，其次是西北地区和中南地区，分别为 236 家、131 家和 98 家，分别占新增 A 级旅游景区总量的 39.86%、22.13% 和 16.55%。华北地区新增景区数量最少，为 19 家，占比 3.22%。

表 1-10-3　2015 年全国新增 A 级旅游景区分区统计表

地区	华北	东北	华东	中南	西南	西北	合计
数量 (家)	19	74	236	98	34	131	592
比重 (%)	3.22	12.50	39.86	16.55	5.74	22.13	100.00

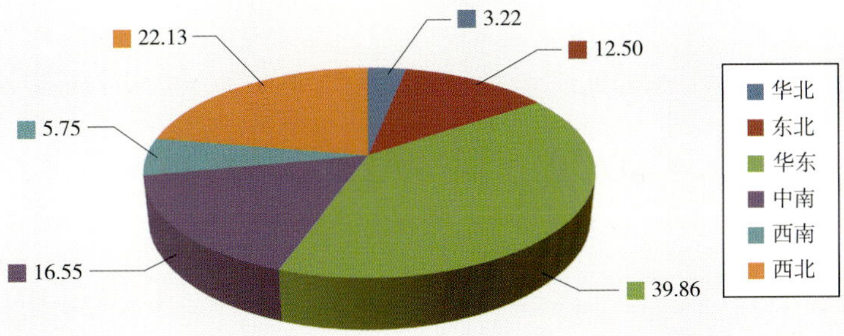

图 1-10-2　2015 年全国新增旅游景区分区构成图（单位：%）

从分省来看，山东省、浙江省、陕西省和吉林省四个省份新增 A 级旅游景区较多，均超过 50 家，分别为 144 家、67 家、56 家和 54 家，分别占全国新增 A 级旅游景区的 24.32%、11.32%、9.46% 和 9.12%。

表 1-10-4　2015 年全国新增旅游景区分省统计表

省级行政区	新增景区		省级行政区	新增景区	
	数量（家）	比重（%）		数量（家）	比重（%）
北京市	-14	-2.36	湖北省	13	2.20
天津市	1	0.17	湖南省	25	4.22
河北省	5	0.84	广东省	18	3.04
山西省	-2	-0.34	广西壮族自治区	25	4.22
内蒙古自治区	29	4.90	海南省	11	1.86
辽宁省	14	2.36	重庆市	23	3.89
吉林省	54	9.12	四川省	28	4.73
黑龙江省	6	1.01	贵州省	17	2.87
上海市	2	0.34	云南省	34	5.74
江苏省	20	3.38	西藏自治区	-25	-4.22
浙江省	67	11.32	陕西省	56	9.46
安徽省	-40	-6.76	甘肃省	20	3.38
福建省	20	3.38	青海省	0	0.00
江西省	23	3.89	宁夏回族自治区	4	0.68
山东省	144	24.32	新疆维吾尔自治区	10	1.69
河南省	6	1.01	新疆生产建设兵团	-2	-0.34

二、5A 级旅游景区情况

（一）5A 级旅游景区数量统计

2015 年，全国 5A 级旅游景区达到 212 家，较上年增加 28 家，增长 15.22%，高于全国 A 级景区平均增长率 7.18 个百分点。

1. 分区域 5A 级旅游景区数量情况

从区域来看，华东地区和中南地区 5A 级旅游景区数量较多，分别为 72 家和 48 家，占比分别为 33.96% 和 22.64%；东北地区 5A 级景区数量最少，共计 14 家，占比 6.60%。2015 年华东地区 5A 级旅游景区新增数量最多，新增 10 家，较上年增长了 16.13%；华北地区和西南地区 5A 级旅游景区新增景区数量相对较少，分别为 2 家和 3 家。

表 2-1-1　2014 ~ 2015 年全国 5A 级旅游景区数量情况分区域统计表

地区	2014 年景区数量（家）	比重（%）	2015 年景区数量（家）	比重（%）	增量（家）	增长率（%）
华北	21	11.41	23	10.85	2	9.52
东北	10	5.43	14	6.60	4	40.00
华东	62	33.7	72	33.96	10	16.13
中南	43	23.37	48	22.64	5	11.63
西南	26	14.13	29	13.68	3	11.54
西北	22	11.96	26	12.27	4	18.18
合计	184	100	212	100.00	28	15.22

2. 分省 5A 级旅游景区数量情况

从省域来看，5A 级旅游景区数量规模最大的是江苏省，达到 20 家，占全国 5A 级旅游景区总量的 9.43%，其次为浙江省和河南省，分别为 14 家和 11 家，占比分别为 6.60% 和 5.19%。天津市、内蒙古自治区、西藏自治区和青海省 5A 级旅游景区数量相对较少，均为 2 家，占比 0.94%。

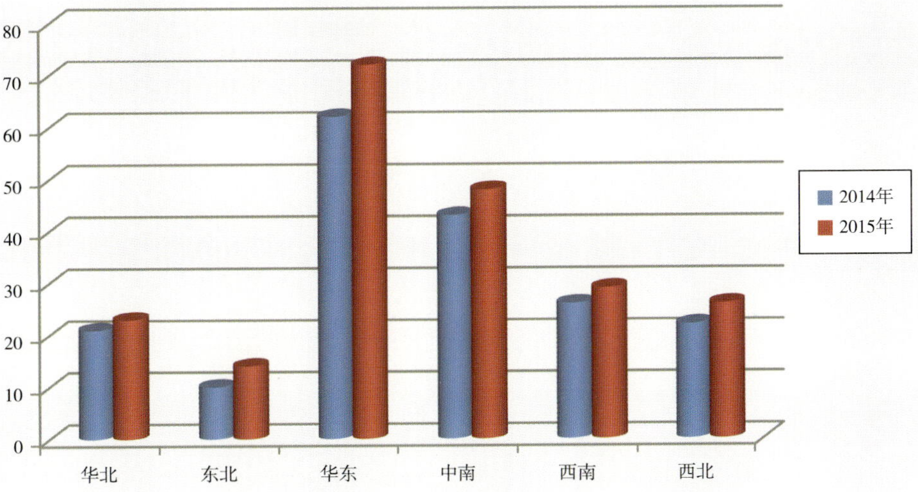

图 2-1-1　2014 ~ 2015 年全国 5A 级旅游景区数量情况分区域统计图（单位：家）

表 2-1-2　2014 ~ 2015 年全国 5A 级旅游景区数量情况分省统计表

省级行政区	2014 年		2015 年			
	数量（家）	比重（%）	数量（家）	比重（%）	增量（家）	增长率（%）
北京市	7	3.8	7	3.30	0	0.00
天津市	2	1.09	2	0.94	0	0.00
河北省	5	2.72	6	2.83	1	20.00
山西省	5	2.72	6	2.83	1	20.00
内蒙古自治区	2	1.09	2	0.94	0	0.00
辽宁省	3	1.63	4	1.89	1	33.33
吉林省	3	1.63	5	2.36	2	66.67
黑龙江省	4	2.17	5	2.36	1	25.00
上海市	3	1.63	3	1.42	0	0.00
江苏省	18	9.78	20	9.43	2	11.11
浙江省	11	5.98	14	6.60	3	27.27
安徽省	8	4.35	9	4.25	1	12.50
福建省	7	3.8	9	4.25	2	28.57
江西省	6	3.26	8	3.77	2	33.33
山东省	9	4.89	9	4.25	0	0.00
河南省	10	5.44	11	5.19	1	10.00
湖北省	9	4.89	10	4.72	1	11.11
湖南省	6	3.26	7	3.30	1	16.67

续表

省级行政区	2014年		2015年			
	数量	比重	数量	比重	增量	增长率
	（家）	（%）	（家）	（%）	（家）	（%）
广东省	10	5.44	11	5.19	1	10.00
广西壮族自治区	4	2.17	4	1.89	0	0.00
海南省	4	2.17	5	2.36	1	25.00
重庆市	6	3.26	7	3.30	1	16.67
四川省	9	4.89	10	4.72	1	11.11
贵州省	3	1.63	4	1.89	1	33.33
云南省	6	3.26	6	2.83	0	0.00
西藏自治区	2	1.09	2	0.94	0	0.00
陕西省	6	3.26	7	3.30	1	16.67
甘肃省	3	1.63	4	1.87	1	33.33
青海省	2	1.09	2	0.94	0	0.00
宁夏回族自治区	3	1.63	4	1.89	1	33.33
新疆维吾尔自治区	8	4.35	9	4.25	1	12.50
合　计	184	100	212	100.00	28	15.22

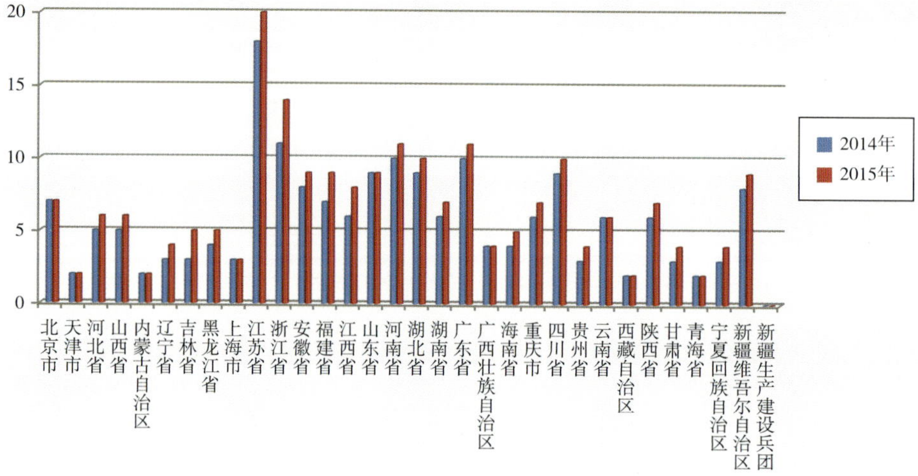

图 2-1-2　2014 ~ 2015 年全国 5A 级旅游景区数量情况分省统计图（单位：家）

3. 分类型 5A 级旅游景区数量情况

从 A 级旅游景区类型来看，5A 级旅游景区仍以自然景观类和历史文化类景区为主，两类景区共计 159 家，占 5A 级旅游景区总数的 75.00%，其中自然景观类景区 96 家，占比 45.28%；历史文化类景区 63 家，占比 29.72%。乡村旅游类景区所占比重仍偏低，仅有 1 家景区，占比 0.47%。

表 2-1-3　2014 ~ 2015 年全国 5A 级旅游景区数量情况分类型统计表

景区类型	2014 年景区数量（家）	比重（%）	2015 年景区数量（家）	比重（%）	增量（家）	增长率（%）
自然景观	84	45.65	96	45.28	12	14.29
主题游乐	5	2.72	6	2.83	1	20.00
乡村旅游	1	0.54	1	0.47	0	0.00
历史文化	55	29.89	63	29.72	8	14.55
红色旅游	5	2.72	8	3.77	3	60.00
度假休闲	14	7.61	17	8.02	3	21.43
博物馆	6	3.26	7	3.30	1	16.67
其　他	14	7.61	14	6.61	0	0.00
合　计	184	100	212	100.00	28	15.22

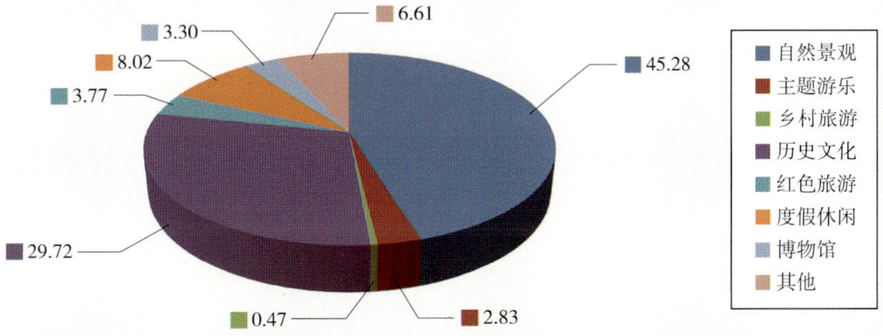

图 2-1-3　2015 年全国 5A 级旅游景区数量构成分类型统计图（单位：%）

（二）5A 级旅游景区门票价格统计

2015 年，全国 5A 级旅游景区门票价格总计 21500 元，平均门票价格为 101 元 /（联合申报景区门票价格合并），较上年下降 12.93%。

1. 分区域 5A 级旅游景区门票价格情况

从区域来看，华东地区和西南地区 5A 级旅游景区平均门票价格过百元，分别为 118 元和 109 元，分别高于全国 5A 级旅游景区平均门票价格 19.83 个百分点和 7.92 个百分点。

华北和西北地区 5A 级旅游景区平均门票价格相对较低，分别为 83 元和 80 元，分别低于全国 5A 级旅游景区平均门票价格 17.82 个百分点和 20.79 个百分点。

表 2-2-1　2015 年全国 5A 级旅游景区门票价格分区统计表

地区	累计门票价格（元）	景区数量（家）	景区平均门票价格（元）
华北	1903	23	83
东北	1207	14	86
华东	8468	72	118
中南	4687	48	98
西南	3157	29	109
西北	2078	26	80
合计	21500	212	101

2. 分省 5A 级旅游景区门票价格情况

从分省来看，江西省、贵州省、湖南省、安徽省、浙江省等 16 个省、市、自治区的 5A 级旅游景区的平均门票价格过百元。其中平均门票价格最高的是江西省，达到 151 元，高于全国 5A 级旅游景区平均门票价格 49.50 个百分点；其次是贵州省和湖南省，分别为 148 元和 147 元，分别高于全国 5A 级旅游景区平均门票价格 46.53 个百分点和 45.54 个百分点。

广西壮族自治区、北京市和天津市 5A 级旅游景区平均门票价格相对较低，分别为 60 元、46 元和 43 元，分别低于全国 5A 级旅游景区平均门票价格 40.59 个百分点、54.46 个百分点和 57.43 个百分点。

表 2-2-2　2015 年全国 5A 级旅游景区门票价格分省统计表

省级行政区	累计门票价格（元）	景区数量（家）	平均门票价格（元）
北京市	325	7	46
天津市	85	2	43
河北省	574	6	96
山西省	689	6	115
内蒙古自治区	230	2	115
辽宁省	340	4	85

续表

省级行政区	累计门票价格（元）	景区数量（家）	平均门票价格（元）
吉林省	545	5	109
黑龙江省	323	5	65
上海市	340	3	113
江苏省	2329	20	116
浙江省	1648	14	118
安徽省	1136	9	126
福建省	769	9	85
江西省	1210	8	151
山东省	1036	9	115
河南省	902	11	82
湖北省	1066	10	107
湖南省	1026	7	147
广东省	1015	11	92
广西壮族自治区	240	4	60
海南省	439	5	88
重庆市	796	7	114
四川省	921	10	92
贵州省	590	4	148
云南省	621	6	104
西藏自治区	230	2	115
陕西省	731	7	104
甘肃省	370	4	93
青海省	155	2	78
宁夏回族自治区	268	4	67
新疆维吾尔自治区	555	9	62
合　计	21500	212	101

3. 分类型 5A 级旅游景区门票价格情况

从景区类型来看，主题游乐类、乡村旅游类、历史文化类和自然景观类四类 5A 级旅游景区平均门票价格过百，分别为 187 元、180 元、105 元和 104 元，分别高于全国 5A 级旅游景区平均门票价格 85.15 个百分点、78.22 个百分点、3.96 个百分点和 2.97 个百分点。

红色旅游类 5A 级旅游景区平均门票价格最低，达到 72 元，低于全国 5A 级旅游景区平均门票价格 28.71 个百分点。

表 2-2-3　2015 年全国 5A 级旅游景区门票价格分类型统计表

景区类型	门票价格（元）	景区数量（家）	平均门票价格（元）
自然景观	9965	96	104
主题游乐	1120	6	187
乡村旅游	180	1	180
历史文化	6584	63	105
红色旅游	575	8	72
度假休闲	1458	17	86
博物馆	631	7	90
其　他	988	14	71
合　计	21500	212	101

（三）5A 级旅游景区游客接待统计

2015 年，全国 5A 级旅游景区游客接待总量共计 8.18 亿人次，较上年增加 0.94 亿人次，增长 12.98%。平均每家 5A 级旅游景区接待量为 385.96 万人次。

1. 分区域 5A 级旅游景区接待情况

从区域来看，华东地区 5A 级景区游客接待规模最大，其次是中南地区和华北地区，分别为 3.82 亿人次、1.60 亿人次和 1.23 亿人次，分别占全国 5A 级旅游景区游客接待总量的 46.7%、19.56% 和 15.04%；东北地区 5A 级旅游景区游客接待规模最小，达到 0.20 亿人次，占比 2.44%。

5A 级旅游景区平均游客接待量华北地区、华东地区和中南地区规模较大，分别为 534.11 万人次、529.89 万人次和 333.89 万人次，东北地区 5A 级旅游景区平均游客接待量最少，为 141.57 万人次。

表 2-3-1　2015 年全国 5A 级旅游景区游客接待分区域统计表

地区	游客接待量（亿人次）	比重（%）	景区数量（家）	平均接待量（万人次）
华北	1.23	15.04	23	534.11
东北	0.20	2.44	14	141.57
华东	3.82	46.70	72	529.89
中南	1.60	19.56	48	333.89
西南	0.69	8.44	29	239.55
西北	0.64	7.82	26	247.39
合计	8.18	100.00	212	385.96

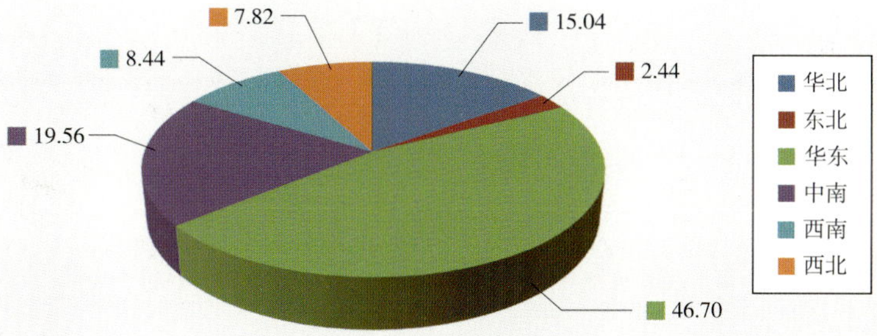

图 2-3-1　2015 年全国 5A 级旅游景区游客接待分区域构成图（单位：%）

2. 分省 5A 级旅游景区接待情况

从分省来看，5A 级旅游景区游客接待规模最大的是江苏省，其次是浙江省和北京市，分别为 1.39 亿人次、0.91 亿人次和 0.82 亿人次，分别占全国 5A 级旅游景区游客接待总量的 16.99%、11.12% 和 10.02%。青海省和内蒙古自治区 5A 级旅游景区游客接待规模相对较小，分别为 0.04 亿人次和 0.02 亿人次，占比分别为 0.49% 和 0.24%。

5A 级旅游景区平均游客接待量以北京市、江苏省和湖南省规模最大，分别为 1170.26 万人次、694.54 万人次和 670.38 万人次，新疆维吾尔自治区 5A 级旅游景区平均游客接待量最少，为 62.37 万人次。

表 2-3-2　2015 年全国 5A 级旅游景区游客接待分省统计表

省级行政区	游客接待量（亿人次）	比重（%）	景区数量（家）	平均接待量（万人次）
北京市	0.82	10.02	7	1171.43
天津市	0.13	1.59	2	650.00
河北省	0.15	1.83	6	250.00
山西省	0.12	1.47	6	200.00
内蒙古自治区	0.02	0.24	2	100.00
辽宁省	0.08	0.98	4	200.00
吉林省	0.06	0.73	5	120.00
黑龙江省	0.05	0.61	5	100.00
上海市	0.09	1.10	3	300.00
江苏省	1.39	16.99	20	695.00

续表

省级行政区	游客接待量（亿人次）	比重（%）	景区数量（家）	平均接待量（万人次）
浙江省	0.91	11.12	14	650.00
安徽省	0.29	3.55	9	322.22
福建省	0.30	3.67	9	333.33
江西省	0.44	5.38	8	550.00
山东省	0.39	4.77	9	433.33
河南省	0.24	2.93	11	218.18
湖北省	0.27	3.30	10	270.00
湖南省	0.47	5.75	7	671.43
广东省	0.48	5.87	11	436.36
广西壮族自治区	0.05	0.61	4	125.00
海南省	0.10	1.22	5	200.00
重庆市	0.08	0.98	7	114.29
四川省	0.34	4.16	10	340.00
贵州省	0.10	1.22	4	250.00
云南省	0.16	1.96	6	266.67
西藏自治区	0.00	0.00	2	0.00
陕西省	0.42	5.13	7	600.00
甘肃省	0.07	0.86	4	175.00
青海省	0.04	0.49	2	200.00
宁夏回族自治区	0.05	0.61	4	125.00
新疆维吾尔自治区	0.06	0.73	9	66.67
合　计	8.18	100.00	212	385.85

注：因相关数据未填报导致西藏自治区 5A 级旅游景区游客接待量为零。

3. 分类型 5A 级旅游景区接待情况

从景区类型来看，历史文化类和自然景观类 5A 级旅游景区游客接待规模较大，分别为 3.18 亿人次和 2.78 亿人次，分别占全国 5A 级旅游景区游客接待总量的 38.88% 和 33.99%。博物馆类和乡村旅游类 5A 级旅游景区游客接待规模相对较小，分别为 0.18 亿人次和 0.01 亿人次，占比分别为 2.20% 和 0.12%。

5A 级旅游景区平均游客接待量红色旅游类、主题游乐类和历史文化类景区规模较大，分别为 568.88 万人次、540.06 万人次和 504.24 万人次，乡村旅游类 5A 级旅游景区平均游客接待量最少，为 62.00 万人次。

表 2-3-3　2015 年全国 5A 级旅游景区游客接待分类型统计表

景区类型	游客接待量（亿人次）	比重（%）	景区数量（家）	景区平均接待量（万人次）
自然景观	2.78	33.99	96	289.58
主题游乐	0.32	3.91	6	533.33
乡村旅游	0.01	0.12	1	100.00
历史文化	3.18	38.88	63	504.76
红色旅游	0.46	5.62	8	575.00
度假休闲	0.43	5.26	17	252.94
博物馆	0.18	2.20	7	257.14
其　他	0.82	10.02	14	585.71
合　计	8.18	100.00	212	385.85

4. 政策性免票游客接待情况

2015 年，全国 5A 级旅游景区政策性免票游客接待量为 1.76 亿人次，较上年增加 0.68 亿人次，增长 62.96%，5A 级旅游景区平均政策性免票游客接待量为 82.93 万人次。

从地区来看，政策性免票游客接待量最大的是华东地区，达到 8791.89 万人次，占全国 A 级旅游景区政策性免票游客接待总量 50.01%，其次为华北地区和中南地区，分别为 3582.22 万人次和 3016.86 万人次，占比分别为 20.37% 和 17.16%。平均政策性免票游客规模最大地区是华北地区和华东地区，分别为 155.75 万人次和 122.11 万人次。

表 2-3-4　2015 年全国 5A 级旅游景区政策性免票游客接待分区域统计表

地区	政策性免票接待（万人次）	比重（%）	景区数量（家）	平均政策性免票接待（万人次）
华北	3582.22	20.37	23	155.75
东北	227.56	1.29	14	16.25
华东	8791.89	50.01	72	122.11
中南	3016.86	17.16	48	62.85
西南	1472.30	8.38	29	50.77
西北	491.00	2.79	26	18.88
合计	17581.81	100.00	212	82.93

从省份来看，江苏省5A级旅游景区政策性免票游客接待规模最大，其次是北京市和湖南省，分别为5259.60万人次、2724.24万人次和1923.85万人次，占比分别为29.92%、15.49%和10.94%。北京市、湖南省和江苏省5A级旅游景区平均政策性免票游客规模最大，分别为389.18万人次、274.84万人次和262.98万人次。

表2-3-5　2015年全国5A级旅游景区政策性免票游客接待分省统计表

省级行政区	政策性免票接待（万人次）	比重（%）	景区数量（家）	平均政策性免票接待（万人次）
北京市	2724.24	15.49	7	389.18
天津市	3.57	0.02	2	1.78
河北省	424.05	2.41	6	70.67
山西省	392.68	2.23	6	65.45
内蒙古自治区	37.68	0.21	2	18.84
黑龙江省	24.69	0.14	4	6.17
辽宁省	89.76	0.51	5	17.95
吉林省	113.11	0.64	5	22.62
上海市	55.54	0.32	3	18.51
江苏省	5259.60	29.92	20	262.98
浙江省	1523.71	8.67	14	108.84
安徽省	266.02	1.51	9	29.56
福建省	621.68	3.54	9	69.08
江西省	546.46	3.11	8	68.31
山东省	518.88	2.95	9	57.65
河南省	149.61	0.85	11	13.60
湖北省	234.34	1.33	10	23.43
湖南省	1923.85	10.94	7	274.84
广东省	640.48	3.64	11	58.23
广西壮族自治区	21.74	0.12	4	5.44
海南省	46.85	0.27	5	9.37
重庆市	75.55	0.43	7	10.79
四川省	783.79	4.46	10	78.38
贵州省	242.56	1.39	4	60.64
云南省	370.40	2.11	6	61.73
西藏自治区	0.00	0.00	2	0.00
陕西省	165.92	0.95	7	23.70
甘肃省	156.91	0.89	4	39.23
青海省	4.35	0.02	2	2.18
宁夏回族自治区	58.12	0.33	4	14.53

续表

省级行政区	政策性免票接待（万人次）	比重（%）	景区数量（家）	平均政策性免票接待（万人次）
新疆维吾尔自治区	105.69	0.60	9	11.74
合　计	17581.81	100.00	212	82.93

从景区类型来看，历史文化类和自然景观类 5A 级旅游景区政策性免票游客接待规模较大，分别为 7080.58 万人次和 3501.38 万人次，占比分别为 40.27% 和 19.91%。红色旅游类和历史文化类 5A 级旅游景区平均政策性免票规模较大，分别为 262.36 万人次和 112.39 万人次。

表 2-3-6　2015 年全国 5A 级旅游景区政策性免票游客接待分类型统计表

景区类型	政策性免票人数（万人次）	比重（%）	景区数量（家）	景区平均政策性免票人数（万人次）
自然景观	3501.38	19.91	96	36.47
主题游乐	177.04	1.01	6	29.51
乡村旅游	1.64	0.01	1	1.64
历史文化	7080.58	40.27	63	112.39
红色旅游	2098.84	11.94	8	262.36
度假休闲	729.07	4.15	17	42.89
博物馆	536.63	3.05	7	76.66
其　他	3456.63	19.66	14	246.90
合　计	17581.81	100.00	212	82.93

（四）5A 级旅游景区旅游收入统计

2015 年，全国 5A 级旅游景区旅游总收入为 1420.31 亿元，较上年增加 223.16 亿元，增长 18.64%。全国 5A 级旅游景区平均旅游总收入为 6.70 亿元。

1. 分区域 5A 级旅游景区收入情况

从区域来看，华东地区 5A 级旅游景区旅游总收入最多，其次是中南地区和西南地区，分别为 809.74 亿元、293.88 亿元和 114.75 亿元，分别占全国 5A 级旅游景区旅游总收入的 57.01%、20.69% 和 8.08%；东北地区 5A 级旅游景区旅游总收入较少，达到 31.90 亿元，占比 2.25%。

5A 级旅游景区平均旅游总收入以华东地区最多，达到 11.25 亿元；东北地区 5A 级旅游景区平均旅游总收入最少，为 2.28 亿元。

表 2-4-1　2015 年全国 5A 级旅游景区旅游收入情况分区统计表

地区	景区总收入（亿元）	比重（%）	景区数量（家）	平均总收入（亿元）
华北	102.38	7.21	23	4.45
东北	31.90	2.25	14	2.28
华东	809.74	57.01	72	11.25
中南	293.88	20.69	48	6.12
西南	114.75	8.08	29	3.96
西北	67.65	4.76	26	2.60
合计	1420.31	100.00	212	6.70

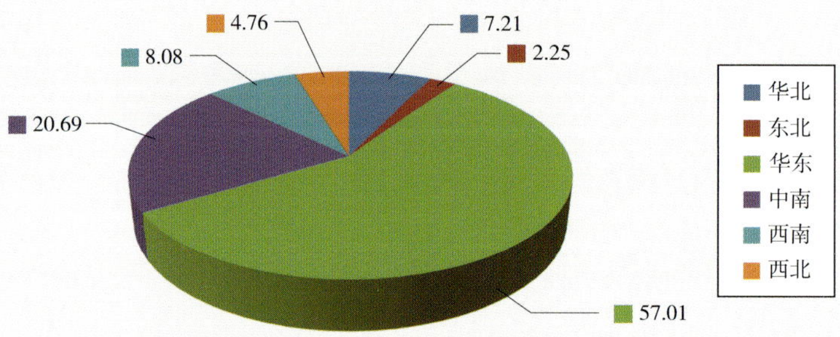

图 2-4-1　2015 年全国 5A 级旅游景区旅游收入情况分区构成图（单位：%）

2. 分省 5A 级旅游景区收入情况

从分省来看，江西省 5A 级旅游景区旅游总收入最多，其次是安徽省和湖南省，分别为 379.49 亿元、158.47 亿元和 136.97 亿元，分别占全国 5A 级旅游景区旅游总收入的 26.72%、11.16% 和 9.64%；内蒙古自治区和天津市 5A 级景区旅游总收入相对较少，分别为 2.43 亿元和 1.05 亿元，占比分别为 0.17% 和 0.07%。

5A 级旅游景区平均旅游总收入江西省和湖南省较多，分别为 47.44 亿元和 19.57 亿元，天津市 5A 级旅游景区平均旅游总收入最少，为 0.53 亿元。

表 2-4-2　2015 年全国 5A 级旅游景区旅游收入情况分省统计表

省级行政区	景区总收入（亿元）	比重（%）	景区数量（家）	平均总收入（亿元）
北京市	15.48	1.09	7	2.21
天津市	1.05	0.07	2	0.53
河北省	24.84	1.75	6	4.14
山西省	58.59	4.12	6	9.76
内蒙古自治区	2.43	0.17	2	1.22
辽宁省	20.35	1.43	4	5.09
吉林省	4.93	0.35	5	0.99
黑龙江省	6.62	0.47	5	1.32
上海市	8.20	0.58	3	2.73
江苏省	110.72	7.80	20	5.54
浙江省	85.57	6.03	14	6.11
安徽省	158.47	11.16	9	17.61
福建省	32.23	2.27	9	3.58
江西省	379.49	26.72	8	47.44
山东省	35.06	2.47	9	3.90
河南省	24.55	1.73	11	2.23
湖北省	56.41	3.97	10	5.64
湖南省	136.97	9.64	7	19.57
广东省	61.46	4.33	11	5.59
广西壮族自治区	4.84	0.34	4	1.21
海南省	9.64	0.68	5	1.93
重庆市	10.22	0.72	7	1.46
四川省	65.63	4.62	10	6.56
贵州省	15.61	1.10	4	3.90
云南省	23.29	1.64	6	3.88
西藏自治区	0.00	0.00	2	0.00
陕西省	19.44	1.37	7	2.78
甘肃省	6.59	0.46	4	1.65
青海省	7.30	0.51	2	3.65
宁夏回族	6.89	0.48	4	1.72
新疆维吾尔自治区	27.43	1.93	9	3.05
合　计	1420.31	100.00	212	6.70

注：因相关数据未填报导致西藏自治区 5A 级旅游景区旅游总收入为零。

从收入构成来看，门票收入仍是 5A 级旅游景区收入的主体。具体来看，全国共有 17 个省级行政区域的 5A 级旅游景区收入以门票收入为主，主要包括北京市、黑龙江省、辽宁省、上海市、浙江省、福建省等；天津市、吉林省、湖北省、广西壮族自治区和宁夏回族自治区五个省（市、区）5A 级旅游景区收入以门票收入和交通收入为主；内蒙古自治区 5A 级旅游景区收入以门票和餐饮收入为主；安徽省、四川省和江西省三个省份 5A 级旅游景区收入主要以餐饮收入和住宿收入为主；此外，河北省、山西省、湖南省、新疆维吾尔自治区和新疆生产建设兵团和江苏省六个省（区）5A 级旅游景区收入相对多元化，如江苏省 2015 年 5A 级旅游景区门票收入、商品收入、餐饮收入和住宿收入分别占 5A 级旅游景区旅游总收入的 26.00%、28.46%、21.44% 和 20.98%。

表 2-4-3　2015 年全国 5A 级旅游景区收入构成分省统计分析表（单位：%）

省级行政区	景区总收入	其中						
		门票收入	商品收入	餐饮收入	交通收入	住宿收入	演艺收入	其他收入
北京市	100.00	59.88	10.00	13.26	3.06	6.14	7.66	0.00
天津市	100.00	46.19	0.00	0.00	53.81	0.00	0.00	0.00
河北省	100.00	22.36	22.41	24.88	8.69	19.11	2.39	0.16
山西省	100.00	13.77	35.27	22.41	1.10	27.03	0.28	0.14
内蒙古自治区	100.00	40.10	7.66	9.20	1.34	41.29	0.41	0.00
黑龙江省	100.00	36.95	15.68	13.85	2.33	30.90	0.00	0.29
辽宁省	100.00	71.51	15.20	6.20	4.87	1.99	0.18	0.05
吉林省	100.00	24.94	15.62	15.91	21.56	16.22	4.64	1.11
上海市	100.00	73.59	20.52	5.89	0.00	0.00	0.00	0.00
江苏省	100.00	26.00	28.46	21.44	1.83	20.98	1.10	0.19
浙江省	100.00	37.22	6.55	4.92	21.86	29.02	0.29	0.14
安徽省	100.00	9.92	18.75	32.41	13.34	23.22	2.33	0.03
福建省	100.00	33.58	9.49	19.15	16.16	19.50	2.09	0.03
江西省	100.00	6.01	16.63	26.60	17.13	33.26	0.37	0.00
山东省	100.00	52.28	8.37	5.99	27.57	5.39	0.37	0.03
河南省	100.00	45.16	9.86	19.80	6.33	15.51	2.59	0.75
湖北省	100.00	25.08	12.56	16.44	24.86	18.34	2.66	0.06
湖南省	100.00	18.81	30.07	18.66	11.62	20.04	0.79	0.01
广东省	100.00	58.29	10.23	15.86	2.24	9.94	3.24	0.20
广西壮族自治区	100.00	48.07	1.91	7.02	39.79	0.63	0.35	2.23
海南省	100.00	48.78	9.65	16.60	17.47	7.41	0.02	0.07

续表

省级行政区	景区总收入	其中						
		门票收入	商品收入	餐饮收入	交通收入	住宿收入	演艺收入	其他收入
重庆市	100.00	49.43	6.37	7.51	26.66	9.04	0.16	0.83
四川省	100.00	38.06	12.46	26.00	9.23	13.54	0.59	0.12
贵州省	100.00	49.20	6.77	12.56	19.57	9.94	1.96	0.00
云南省	100.00	61.05	6.13	6.64	11.55	4.38	9.86	0.39
西藏自治区	100.00	0.00	0.00	0.00	0.00	0.00	0.00	0.00
陕西省	100.00	79.92	3.97	3.88	1.44	3.05	7.74	0.00
甘肃省	100.00	70.81	2.83	6.51	14.09	4.54	0.67	0.55
青海省	100.00	37.81	2.88	18.83	11.49	28.99	0.00	0.00
宁夏回族自治区	100.00	44.90	2.68	6.62	41.06	4.73	0.01	0.00
新疆维吾尔自治区	100.00	12.04	7.50	31.02	17.15	27.90	4.24	0.15
新疆生产建设兵团	100.00	24.40	17.13	21.05	13.26	22.61	1.45	0.10

3. 分类型 5A 级旅游景区收入情况

从景区类型来看，自然景观类和历史文化类 5A 级旅游景区旅游总收入较多，分别为 591.19 亿元和 373.78 亿元，占比分别为 41.62% 和 26.32%；博物馆类和乡村旅游类景区旅游总收入相对较少，分别为 8.68 亿元和 0.12 亿元，占比分别为 0.61% 和 0.01%。红色旅游类和主题游乐类 5A 级景区平均旅游总收入较多，分别为 20.62 亿元和 8.49 亿元。

表 2-4-4　2015 年全国 5A 级旅游景区旅游收入分类型统计表

景区类型	景区总收入（亿元）	比重（%）	景区数量（家）	平均总收入（亿元）
自然景观	591.19	41.62	96	6.16
主题游乐	50.91	3.58	6	8.49
乡村旅游	0.12	0.01	1	0.12
历史文化	373.78	26.32	63	5.93
红色旅游	165.00	11.62	8	20.62
度假休闲	57.13	4.02	17	3.36
博物馆	8.68	0.61	7	1.24
其　他	173.49	12.22	14	12.39
合　计	1420.31		212	6.70

（五）5A 级旅游景区投资统计

2015 年，全国 5A 级旅游景区当年建设投资为 319.04 亿元，较上年增加 52.37 亿元，增长 19.64%。5A 级旅游景区平均建设投资 1.50 亿元。

1. 分区域 5A 级旅游景区投资情况

从区域来看，华东地区 5A 级旅游景区当年建设投资规模最大，其次是中南地区和西南地区，分别为 155.52 亿元、78.74 亿元和 50.39 亿元，分别占全国 5A 级旅游景区当年建设投资总量的 48.75%、24.68% 和 15.80%；东北地区建设投资规模最小，达到 7.19 亿元，占比仅为 2.25%。

2015 年 5A 级旅游景区平均建设投资规模最大的地区仍是华东地区，达到 21600.00 万元，东北地区 5A 级旅游景区平均建设投资规模最小，为 5135.71 万元。

表 2-5-1　2015 年全国 5A 级旅游景区当年建设投资分区统计表

地区	当年建设投资（亿元）	增量（亿元）	增长率（%）	比重（%）	景区数量（家）	平均建设投资（万元）
华北	13.20	0.31	2.41	4.13	23	5739.13
东北	7.19	1.92	36.34	2.25	14	5135.71
华东	155.52	-6.44	-3.98	48.75	72	21600.00
中南	78.74	36.73	87.43	24.68	48	16404.17
西南	50.39	19.15	61.31	15.80	29	17375.86
西北	14.00	0.70	5.23	4.39	26	5384.62
合计	319.04	52.37	19.64	100.00	212	15049.06

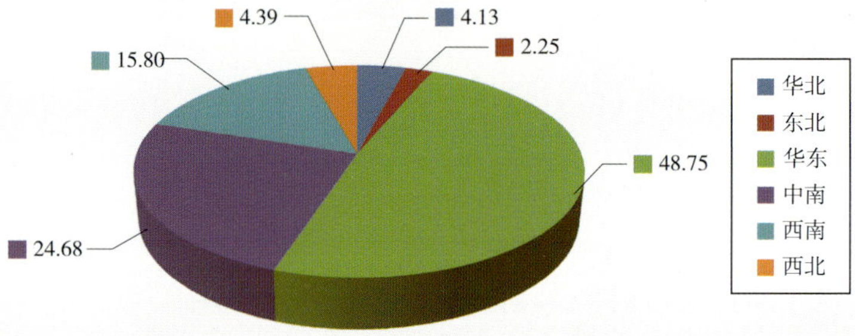

图 2-5-1　2015 年全国 5A 级旅游景区当年建设投资分区构成图 (单位：%)

2. 分省 5A 级旅游景区投资情况

从分省来看，江西省、江苏省和河南省三个省份 5A 级旅游景区建设投资规模较大，分别为 41.67 亿元、38.84 亿元和 28.73 亿元，分别占全国 5A 级旅游景区旅游总收入的 13.06%、12.17% 和 9.01%；天津市和青海省 5A 级景区建设投资相对较少，分别为 0.15 亿元和 0.10 亿元，占比分别为 0.05% 和 0.03%。

5A 级旅游景区平均建设投资江西省、贵州省和湖南省较多，分别为 52087.50 万元、40075.00 万元和 29300.00 万元，天津市和青海省 5A 级旅游景区平均建设投资相对较少，分别为 750.00 万元和 500.00 万元。

表 2-5-2　2015 年全国 5A 级旅游景区当年建设投资情况分省统计表

省级行政区	景区当年建设投资（亿元）	比重（%）	景区数量（家）	平均建设投资（万元）
北京市	4.53	1.42	7	6471.43
天津市	0.15	0.05	2	750.00
河北省	2.72	0.85	6	4533.33
山西省	3.61	1.13	6	6016.67
内蒙古自治区	2.19	0.69	2	10950.00
辽宁省	0.83	0.26	4	2075.00
吉林省	3.02	0.95	5	6040.00
黑龙江省	3.33	1.04	5	6660.00
上海市	0.95	0.30	3	3166.67
江苏省	38.84	12.17	20	19420.00
浙江省	26.84	8.41	14	19171.43
安徽省	17.95	5.63	9	19944.44
福建省	19.85	6.22	9	22055.56
江西省	41.67	13.06	8	52087.50
山东省	9.42	2.95	9	10466.67
河南省	28.73	9.01	11	26118.18
湖北省	16.82	5.27	10	16820.00
湖南省	20.51	6.43	7	29300.00
广东省	5.47	1.71	11	4972.73
广西壮族自治区	5.48	1.72	4	13700.00
海南省	1.73	0.54	5	3460.00
重庆市	19.83	6.22	7	28328.57

续表

省级行政区	景区当年建设投资（亿元）	比重（%）	景区数量（家）	平均建设投资（万元）
四川省	4.16	1.30	10	4160.00
贵州省	16.03	5.02	4	40075.00
云南省	10.38	3.25	6	17300.00
西藏自治区	0.00	0.00	2	0.00
陕西省	2.47	0.77	7	3528.57
甘肃省	1.74	0.55	4	4350.00
青海省	0.10	0.03	2	500.00
宁夏回族自治区	1.14	0.36	4	2850.00
新疆维吾尔自治区	8.55	2.68	9	9500.00
合　计	319.04	100.00	212	15049.06

注：因相关数据未填报导致西藏自治区 5A 级旅游景区建设投资额为零。

3. 分类型 5A 级旅游景区投资情况

从景区类型来看，自然景观类和历史文化类两个类型的 5A 级旅游景区建设投资规模较大，分别为 147.20 亿元和 93.35 亿元，分别占全国 5A 级旅游景区建设投资总额的 46.14% 和 29.26%；博物馆类和乡村旅游类 5A 级旅游景区建设投资相对较少，分别为 1.06 亿元和 0.16 亿元，占比均不足 0.50%。

5A 级旅游景区平均建设投资以度假休闲类景区最多，达到 23170.59 万元，乡村旅游类 5A 级旅游景区平均建设投资规模最小，为 1600.00 万元。

表 2-5-3　2015 年全国 5A 级旅游景区旅游投资分类型统计表

景区类型	当年建设投资（亿元）	比重（%）	景区数量（家）	平均建设投资（万元）
自然景观	147.20	46.14	96	15333.33
主题游乐	2.97	0.93	6	4950.00
乡村旅游	0.16	0.05	1	1600.00
历史文化	93.35	29.26	63	14817.46
红色旅游	10.20	3.20	8	12750.00
度假休闲	39.39	12.35	17	23170.59
博物馆	1.06	0.33	7	1514.29
其　他	24.71	7.75	14	17650.00
合　计	319.04	100.00	212	15049.06

（六）5A 级旅游景区经营管理主体统计

2015 年，5A 级旅游景区经营管理主体主要包括行政单位、事业单位、企业三种类型。其中，企业性质景区数量最多，共计 114 家，占景区总数的 53.77%，其次是事业单位和行政单位，分别为 76 家和 22 家，占比分别为 35.85% 和 10.38%。

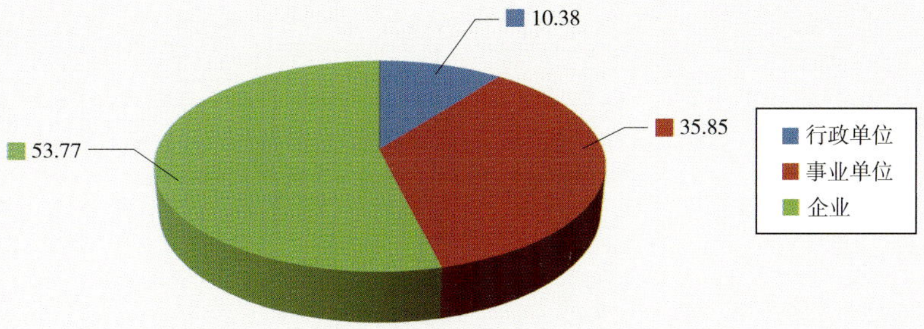

图 2-6-1　2015 年全国 5A 级旅游景区经营主体构成统计图（单位：%）

1. 分区域 5A 级旅游景区经营主体情况

通过对各地区 5A 级旅游景区运营主体的横向对比发现，华北地区和西南两个地区 5A 级旅游景区以事业单位经营主体为主，中南地区、东北地区、西北地区和华东地区 5A 级旅游景区以企业为主要经营主体。

具体来看，华北地区和西南地区事业单位性质 5A 级旅游景区数量分别为 17 家和 15 家，分别占各地区 5A 级旅游景区总数的 73.91% 和 51.72%。中南地区、东北地区、西北地区和华东地区企业性质景区 5A 级地区景区数量分别为 33 家、9 家、15 家和 40 家，占比分别为 68.75%、64.29%、57.69% 和 55.55%。

表 2-6-1　2015 年全国 5A 级旅游景区经营主体情况分区域统计表

地区	行政单位（家）	比重（%）	事业单位（家）	比重（%）	企业（家）	比重（%）	合计（家）	比重（%）
华北	2	8.70	17	73.91	4	17.39	23	100.00
东北	2	14.29	3	21.42	9	64.29	14	100.00

续表

地区	行政单位（家）	比重（%）	事业单位（家）	比重（%）	企业（家）	比重（%）	合计（家）	比重（%）
华东	10	13.89	22	30.56	40	55.55	72	100.00
中南	5	10.42	10	20.83	33	68.75	48	100.00
西南	1	3.45	15	51.72	13	44.83	29	100.00
西北	2	7.69	9	34.62	15	57.69	26	100.00
合计	22	10.38	76	35.85	114	53.77	212	100.00

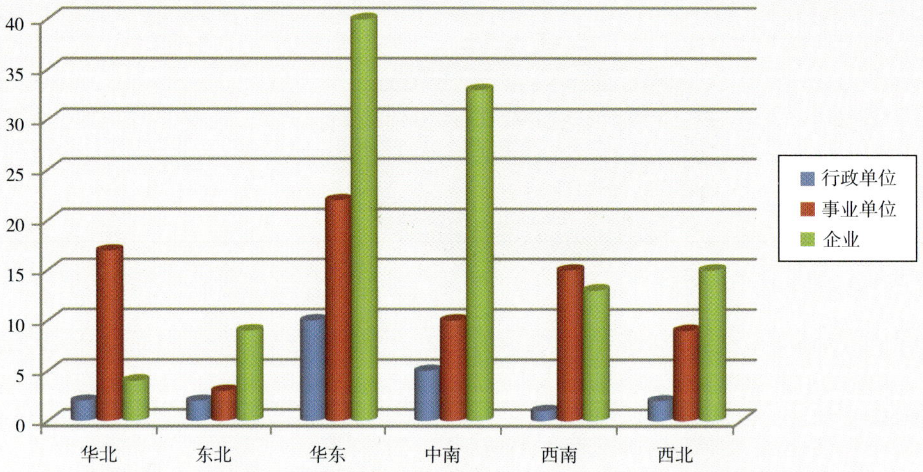

图 2-6-2　2015 年全国 5A 级旅游景区经营主体构成分区域统计图（单位：家）

2. 分省 5A 级旅游景区经营主体情况

通过对各省不同等级 5A 级旅游景区经营主体的横向对比发现，北京市、河北省、山西省、山东省、湖南省、四川省、贵州省和甘肃省八家省（市、区）事业单位性质 5A 级旅游景区所占比重较大；吉林省、黑龙江省、上海市和江苏省等 20 家省（市、区）5A 级旅游景区以企业为主要经营主体；天津市、内蒙古自治区和辽宁省三个省（市、区）以事业单位和企业为主要经营主体。

具体来看，河北省事业单位性质 5A 级景区所占比重最大，其数量为 6 家，占比为 100.00%，其次是北京市、贵州省和甘肃省，其数量分别为 6 家、3 家和 3 家，占比分比为 85.71%、75.00% 和 75.00%。海南省、西藏自治区、青海省和宁夏回族自治区四个省（市、区）企业性质 5A 级旅游景区所占比重较大，均为 100.00%，其次是安徽省、吉林省和湖北省，其数量分别为 8 家、4 家和 8 家，占比分别为 88.89%、80.00% 和 80.00%。

表 2-6-2　2015 年全国 5A 级旅游景区经营主体情况分省统计表

省级行政区	行政单位（家）	比重（%）	事业单位（家）	比重（%）	企业（家）	比重（%）
北京市	1	14.29	6	85.71	0	0.00
天津市	0	0.00	1	50.00	1	50.00
河北省	0	0.00	6	100.00	0	0.00
山西省	1	16.67	3	50.00	2	33.33
内蒙古自治区	0	0.00	1	50.00	1	50.00
辽宁省	0	0.00	2	50.00	2	50.00
吉林省	0	0.00	1	20.00	4	80.00
黑龙江省	2	40.00	0	0.00	3	60.00
上海市	0	0.00	1	33.33	2	66.67
江苏省	4	20.00	7	35.00	9	45.00
浙江省	2	14.28	3	21.43	9	64.29
安徽省	1	11.11	0	0.00	8	88.89
福建省	1	11.11	3	33.33	5	55.56
江西省	1	12.50	3	37.50	4	50.00
山东省	1	11.11	5	55.56	3	33.33
河南省	0	0.00	3	27.27	8	72.73
湖北省	1	10.00	1	10.00	8	80.00
湖南省	1	14.29	4	57.14	2	28.57
广东省	2	18.18	2	18.18	7	63.64
广西壮族自治区	1	25.00	0	0.00	3	75.00
海南省	0	0.00	0	0.00	5	100.00
重庆市	0	0.00	3	42.86	4	57.14
四川省	0	0.00	7	70.00	3	30.00
贵州省	0	0.00	3	75.00	1	25.00
云南省	1	16.67	2	33.33	3	50.00
西藏自治区	0	0.00	0	0.00	2	100.00
陕西省	0	0.00	3	42.86	4	57.14
甘肃省	0	0.00	3	75.00	1	25.00
青海省	0	0.00	0	0.00	2	100.00
宁夏回族自治区	0	0.00	0	0.00	4	100.00
新疆维吾尔自治区	2	22.23	3	33.33	4	44.44
合　计	22	10.38	76	35.85	114	53.77

3. 分类型 5A 级旅游景区经营主体情况

通过对各地区 5A 级旅游景区经营主体的横向对比发现，除博物馆类景区事业单位经营主体所占比重较大外，自然景观、主题游乐、乡村旅游、历史文化、红色旅游、度假休闲等七种类型景区均以企业为主要经营主体。

具体来看，博物馆类事业单位性质 5A 级旅游景区数量为 5 家，占该类型 5A 级旅游景区总数的 71.43%。

主题游乐类、乡村旅游类企业性质 5A 级旅游景区数量分别为 6 家和 1 家，占比均达到 100.00%，其次是度假休闲类、自然景观类、红色旅游类和历史文化类景区，其数量分别为 13 家、50 家、4 家和 29 家，占比分别为 76.47%、52.08%、50.00% 和 46.03%。

表 2-6-3　2015 年全国 5A 级旅游景区经营主体情况分类型统计表

省级行政区	行政单位（家）	比重（%）	事业单位（家）	比重（%）	企业（家）	比重（%）
自然景观	8	8.33	38	39.59	50	52.08
主题游乐	0	0	0	0	6	100.00
乡村旅游	0	0	0	0	1	100.00
历史文化	10	15.87	24	38.1	29	46.03
红色旅游	0	0	4	50	4	50.00
度假休闲	2	11.77	2	11.76	13	76.47
博物馆	0	0	5	71.43	2	28.57
其　他	2	14.29	3	21.43	9	64.28
合　计	22	10.38	76	35.85	114	53.77

（七）5A 级旅游景区就业统计

2015年，全国5A级旅游景区总就业54.50万人，其中固定就业人数为22.85万人，较上年增加 0.31 万人，增长 1.38%。5A 级旅游景区平均固定就业人数为 1078 人。

1. 分区域 5A 级旅游景区就业情况

从区域分布来看，华东地区固定就业人数最多，其次是中南地区和西南地区，分别为 91612 人、69232 人和 34906 人，分别占全国 5A 级旅游景区固定就业总人数的 40.09%、30.30% 和 15.27%。东北地区固定就业人数最少，为 6479 人，占比 2.83%。

5A 级旅游景区平均固定就业人数较多的是中南地区、华东地区和西南地区，分别为 1442 人、1272 人和 1204 人。西北地区 5A 级旅游景区平均固定就业人数最少，为 403 人。

表 2-7-1　2015 年全国 5A 级旅游景区固定就业情况分区域统计表

地区	固定就业（人）	固定就业分区比重（%）	景区数量（家）	景区平均固定就业人数（人）
华北	15838	6.93	23	689
东北	6479	2.83	14	463
华东	91612	40.09	72	1272
中南	69232	30.30	48	1442
西南	34906	15.27	29	1204
西北	10473	4.58	26	403
合计	228540	100.00	212	1078

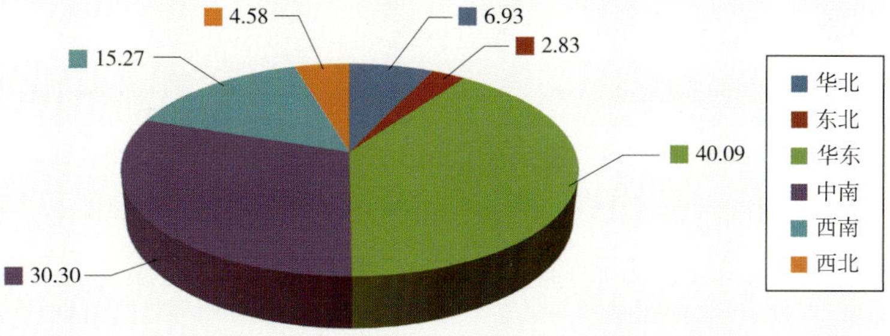

图 2-7-1　2015 年全国 5A 级旅游景区平均固定就业情况分区域统计图（单位：人）

2. 分省 5A 级旅游景区就业情况

从省域分布来看，江西省、云南省和湖南省三个省份 5A 级旅游景区固定就业人数较多，分别为 27895 人、23457 人和 23323 人，分别占全国 5A 级旅游景区固定就业人数的 12.21%、10.26% 和 10.21%。青海省和天津市 5A 级旅游景区固定就业人数较少，分别为 773 人和 489 人，占比分别为 0.34% 和 0.21%。

5A 级旅游景区平均固定就业人数较多的是云南省、江西省和湖南省，分别为 3910 人、3487 人和 3332 人；天津市和吉林省 5A 级景区平均固定就业人数较少，分别为 245 人 / 景区和 184 人。

表 2-7-2　2015 年全国 5A 级旅游景区固定就业情况分省统计表

省级行政区	景区固定就业（人）	比重（%）	景区数量（家）	景区平均固定就业人数（人）
北京市	6306	2.76	7	901
天津市	489	0.21	2	245
河北省	3217	1.41	6	536
山西省	4987	2.18	6	831
内蒙古自治区	839	0.37	2	420
辽宁省	2176	0.95	4	544
吉林省	922	0.40	5	184
黑龙江省	3381	1.48	5	676
上海市	1088	0.48	3	363
江苏省	22708	9.94	20	1135
浙江省	17112	7.48	14	1222
安徽省	10330	4.52	9	1148
福建省	5817	2.55	9	646
江西省	27895	12.21	8	3487
山东省	6662	2.92	9	740
河南省	3392	1.48	11	308
湖北省	13094	5.73	10	1309
湖南省	23323	10.21	7	3332
广东省	21476	9.40	11	1952
广西壮族自治区	3904	1.70	4	976
海南省	4043	1.77	5	809
重庆市	3824	1.66	7	546
四川省	4982	2.18	10	498
贵州省	2643	1.16	4	661
云南省	23457	10.26	6	3910
西藏自治区	0	0.00	2	0
陕西省	4614	2.02	7	659
甘肃省	1026	0.45	4	257
青海省	773	0.34	2	387
宁夏回族自治区	1601	0.70	4	400
新疆维吾尔自治区	2459	1.08	9	273
合　计	228540	100.00	212	1078

注：因相关数据未填报导致西藏自治区 5A 级旅游景区固定就业人数为零。

3. 分类型 5A 级旅游景区就业情况

从景区类型来看，历史文化类和自然景观类两个类型的 5A 级旅游景区固定就业人数较多，分别为 76860 人和 66277 人，分别占全国 5A 级旅游景区固定就业总数的 33.63% 和 29.00%；博物馆类和乡村旅游类 5A 级旅游景区固定就业人数相对较少，分别为 1471 人和 132 人，占比均不足 0.70%。

5A 级旅游景区平均固定就业人数以红色旅游类景区最多，达到 4369 人，乡村旅游类 5A 级旅游景区平均固定就业人数最少，为 132 人。

表 2-7-3　2015 年全国 5A 级旅游景区固定就业情况分类型统计表

景区类型	景区固定就业（人）	比重（%）	景区数量（家）	景区平均固定就业人数（人）
自然景观	66277	29.00	96	690
主题游乐	16023	7.01	6	2671
乡村旅游	132	0.06	1	132
历史文化	76860	33.63	63	1220
红色旅游	34955	15.29	8	4369
度假休闲	11421	5.01	17	672
博物馆	1471	0.64	7	210
其　他	21401	9.36	14	1529
合　计	228540	100.00	212	1078

4. 5A 级旅游景区导游情况

2015 年 5A 级旅游景区导游总人数为 19120 人，占当年全国 A 级旅游景区导游总数的 29.81%，较上年增加 1368 人，增长 7.71%。5A 级旅游景区平均导游人数为 90 人。

从地区来看，5A 级旅游景区导游人数最多的地区是华东地区，其次是西南地区和中南地区，分别为 7478 人、4403 人和 3676 人，占比分别为 39.11%、23.02% 和 19.23%；东北地区 5A 级旅游景区导游人数最少，为 458 人，占比 2.40%。5A 级旅游景区平均导游人数较多的地区是西南地区和华东地区，分别为 152 人和 104 人，东北地区 5A 级旅游景区平均导游人数最少，为 33 人。

表 2-7-4　2015 年全国 5A 级旅游景区导游拥有情况分区域统计表

地区	专职导游人数（人）	比重（%）	景区数量（家）	景区平均导游人数（人）
华北	2231	11.67	23	97
东北	458	2.40	14	33
华东	7478	39.11	72	104
中南	3676	19.23	48	77
西南	4403	23.02	29	152
西北	874	4.57	26	34
合计	19120	100.00	212	90

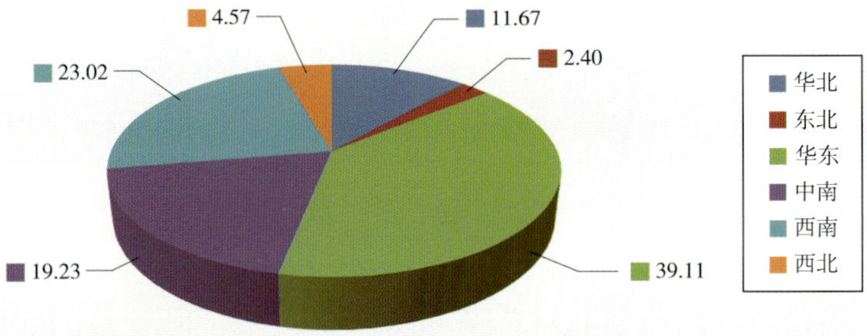

图 2-7-2　2015 年全国 5A 级旅游景区导游拥有情况分区统计图（单位：%）

从省份来看，5A 级旅游景区导游人数最多的地区是云南省，其次是安徽省和江西省，分别为 3310 人、1897 人和 1511 人，占比分别为 17.31%、9.92% 和 7.90%；云南省 5A 级旅游景区平均导游人数最多，达到 552 人，其次是山西省和安徽省，分别为 241 人和 211 人。

表 2-7-5　2015 年全国 5A 级旅游景区导游拥有情况分省统计表

省级行政区	专职导游人数（人）	比重（%）	景区数量（家）	景区平均导游人数（人）
北京市	260	1.36	7	37
天津市	10	0.05	2	5
河北省	468	2.45	6	78
山西省	1445	7.56	6	241
内蒙古自治区	48	0.25	2	24

续表

省级行政区	专职导游人数（人）	比重（%）	景区数量（家）	景区平均导游人数（人）
辽宁省	85	0.44	4	21
吉林省	148	0.77	5	30
黑龙江省	225	1.18	5	45
上海市	6	0.03	3	2
江苏省	1125	5.88	20	56
浙江省	972	5.08	14	69
安徽省	1897	9.92	9	211
福建省	1241	6.49	9	138
江西省	1511	7.90	8	189
山东省	726	3.80	9	81
河南省	445	2.33	11	40
湖北省	1375	7.20	10	138
湖南省	854	4.47	7	122
广东省	162	0.85	11	15
广西壮族自治区	465	2.43	4	116
海南省	375	1.97	5	75
重庆市	299	1.56	7	43
四川省	498	2.60	10	50
贵州省	296	1.56	4	74
云南省	3310	17.31	6	552
西藏自治区	0	0.00	2	0
陕西省	366	1.91	7	52
甘肃省	194	1.01	4	49
青海省	92	0.48	2	46
宁夏回族自治区	99	0.52	4	25
新疆维吾尔自治区	123	0.64	9	14
合　计	19120	100.00	212	90

注：因相关数据未填报导致西藏自治区 5A 级旅游景区导游人数为零。

从景区类型来看，历史文化类和自然景观类 5A 级旅游景区导游人数较多，分别为 8113 人和 7070 人，占比分别为 42.43% 和 36.98%。红色旅游类和历史文化类 5A 级景区平均导游人数较多，分别为 143 人和 129 人。

表 2-7-6　2015 年全国 5A 级旅游景区导游拥有情况分类型统计表

景区类型	专职导游人数（人）	比重（%）	景区数量（家）	景区平均导游人数（人）
自然景观	7070	36.98	96	74
主题游乐	198	1.04	6	33
乡村旅游	10	0.05	1	10
历史文化	8113	42.43	63	129
红色旅游	1143	5.98	8	143
度假休闲	521	2.72	17	31
博物馆	334	1.75	7	48
其　他	1731	9.05	14	124
合　计	19120	100.00	212	90

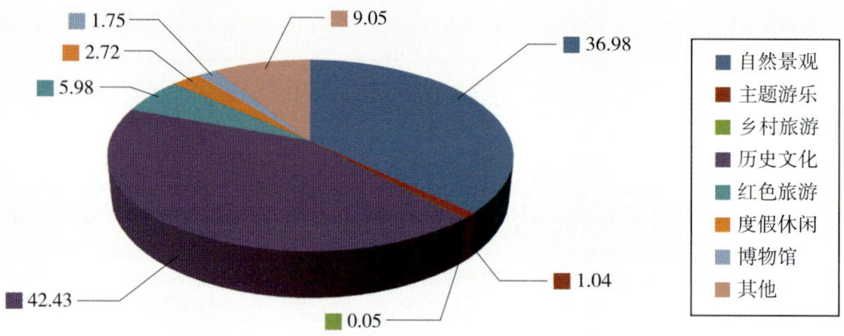

图 2-7-3　2015 年全国 5A 级旅游景区导游拥有情况分类型统计图（单位：人）

三、华北地区 A 级旅游景区情况

（一）旅游景区数量、等级、类型及门票价格情况

2015 年，华北地区 A 级旅游景区共计 1024 家，占全国 A 级景区总量的 12.88%，较上年增加 19 家，增长 1.89%。

1. 等级构成

（1）数量及比重

从景区等级来看，华北地区 A 级旅游景区等级结构与全国 A 级旅游景区等级结构类似，均呈现“中间大、两头小”的橄榄形结构。具体来看，5A 级旅游景区 23 家，占该区 A 级旅游景区总量的 2.25% ；4A 级旅游景区 347 家，占比 33.89% ；3A 级旅游景区 329 家，占比 32.13% ；2A 级旅游景区 316 家，占 30.85%；1A 级旅游景区 9 家，占比 0.88%。

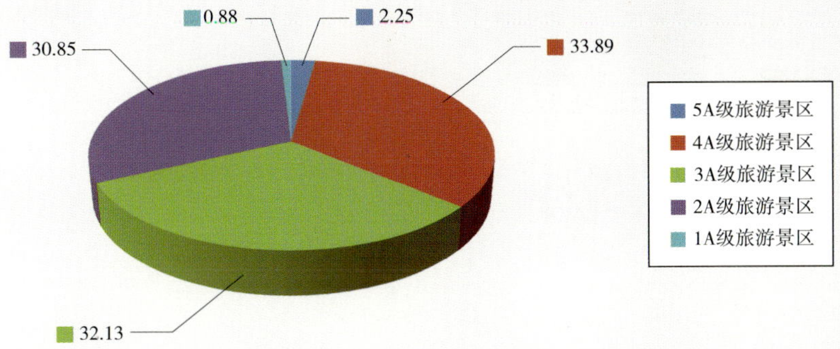

图 3-1-1　2015 年华北地区 A 级旅游景区等级分布占比图（单位：%）

（2）增量及增长率

2015 年，华北地区除 1A 级旅游景区数量下降外，其他各等级 A 级旅游景区均有不同幅度的增长，其中5A 级旅游景区增长最显著，较上年增加2家，增长9.52%；其次是 4A 级和 2A 级旅游景区，分别增加 16 家和 6 家，分别增长 4.83% 和 1.94%；1A 级旅游景区数量均较上年减少 8 家，下降 47.06%。

表 3-1-1　2014 ~ 2015 年华北地区 A 级旅游景区分级数量统计表

景区等级	2014 年数量（家）	2015 年数量（家）	比重（%）	增量（家）	增长率（%）
5A 级旅游景区	21	23	2.25	2	9.52
4A 级旅游景区	331	347	33.89	16	4.83
3A 级旅游景区	326	329	32.13	3	0.92
2A 级旅游景区	310	316	30.85	6	1.94
1A 级旅游景区	17	9	0.88	-8	-47.06
合　计	1005	1024	100.00	19	1.89

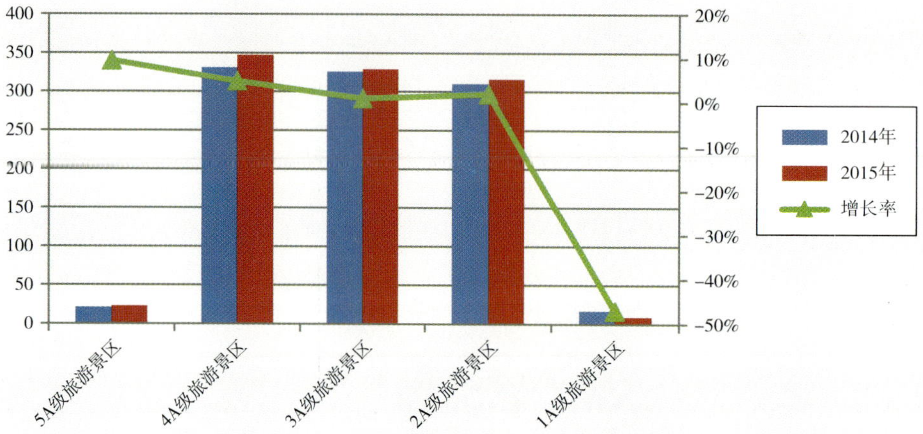

图 3-1-2 2014 ~ 2015 年华北地区 A 级旅游景区等级分布（单位：家）

2. 类型构成

华北地区 A 级旅游景区以自然景观类数量最多，其次是历史文化类和度假休闲类景区，分别为 290 家、214 家和 178 家，分别占全国 A 级景区总数的 28.32%、20.90% 和 17.38%。科技教育类旅游景区数量最少，仅 6 家，占比 0.59%。

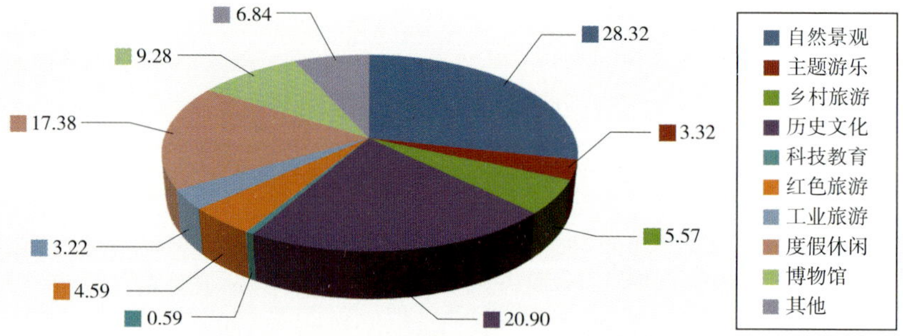

图 3-1-3 2015 年华北地区 A 级旅游景区类型分布占比图（单位：%）

从景区等级和类型来看，自然景观类以 4A 级旅游景区数量最多，共计 118 家，其次是 3A 级和 2A 级景区，分别为 86 家和 77 家；历史文化类中也是 4A 级旅游景区数量最多，其次是 2A 级和 3A 级景区，分别为 71 家、66 家和 60 家。

表 3-1-2　2015 年华北地区 A 级旅游景区分类型等级数量统计表（单位：家）

景区类型	5A 级旅游景区	4A 级旅游景区	3A 级旅游景区	2A 级旅游景区	1A 级旅游景区	合计
自然景观	4	118	86	77	5	290
主题游乐	0	18	10	6	0	34
乡村旅游	0	9	16	32	0	57
历史文化	14	71	60	66	3	214
科技教育	0	1	1	4	0	6
红色旅游	0	17	12	18	0	47
工业旅游	0	11	12	10	0	33
度假休闲	1	59	56	61	1	178
博物馆	3	20	45	27	0	95
其　他	1	23	31	15	0	70
合　计	23	347	329	316	9	1024

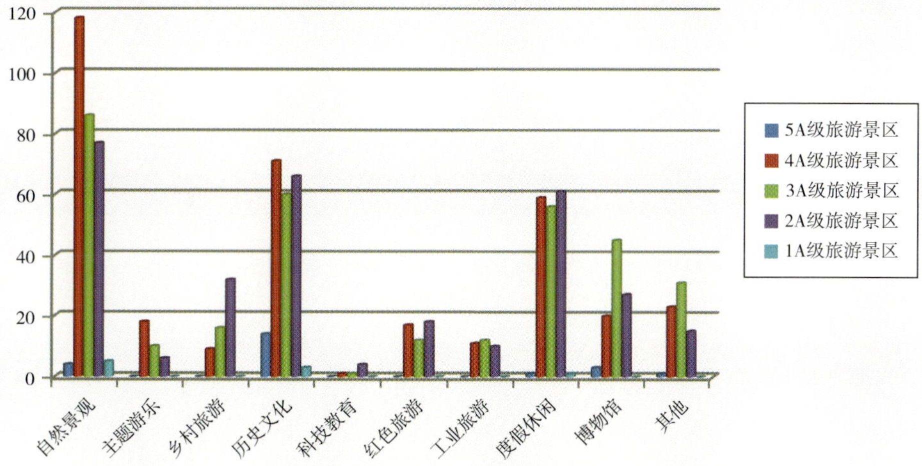

图 3-1-4　2015 年华北地区 A 级旅游景区类型等级收入分布图（单位：亿元）

3. 门票价格

2015 年，华北地区 1024 家 A 级旅游景区的门票价格总计 37223 元，平均门票价格为 36 元，较全国平均水平增加 5 元。

从景区等级来看，A 级旅游景区的平均门票价格水平与景区等级结构呈正相关，即高 A 级旅游景区平均门票价格相对较高，低 A 级旅游景区平均门票价格相对较低。其中，5A 级旅游景区的平均门票价格最高，达到 83 元；其次是 4A 级和

3A 级景区，平均门票价格分别为 49 元和 44 元；2A 级和 1A 级旅游景区的平均门票价格相对最低，分别为 12 元和 19 元。

表 3-1-3　2015 年华北地区 A 级旅游景区门票价格分等级统计表

景区等级	门票价格总额（元）	景区数量（家）	平均门票价格（元）
5A 级旅游景区	1903	23	83
4A 级旅游景区	16873	347	49
3A 级旅游景区	14447	329	44
2A 级旅游景区	3825	316	12
1A 级旅游景区	175	9	19
合　计	37223	1024	36

从类型来看，2015 年华北地区工业旅游类景区平均门票价格最高，高达 243 元，其次是主题游乐类和科技教育类，分别为 71 元和 52 元；红色旅游类景区平均门票价格最低，仅 10 元。

表 3-1-4　2015 年华北地区 A 级旅游景区门票价格分类型统计表

景区类型	门票价格总额（元）	景区数量（家）	平均门票价格（元）
自然景观	10968	290	38
主题游乐	2408	34	71
乡村旅游	984	57	17
历史文化	6421	214	30
科技教育	314	6	52
红色旅游	454	47	10
工业旅游	8024	33	243
度假休闲	5111	178	29
博物馆	1536	95	16
其　他	1002	70	14
总　计	37223	1024	36

（二）旅游景区游客接待量情况

2015 年，华北地区 A 级旅游景区旅游总接待量为 3.99 亿人次，占全国 A 级旅游景区接待总量的 10.56%，较上年增加 7780.93 万人次，平均游客接待量为 38.99 万人次。其中政策性免票人数为 1.56 亿人次，较上年增长 64.16%。

1. 分等级接待量

（1）数量及比重

2015 年，华北地区 A 级旅游景区游客接待量仍以 4A 级旅游景区最多，共计 17441.54 万人次，占华北地区 A 级旅游景区游客接待总量的 43.69%；其次是 5A 级和 3A 级旅游景区，游客接待量分别为 12284.51 万人次和 6837.56 万人次，占比分别为 30.77% 和 17.13%；2A 级和 1A 级旅游景区游客接待量相对较少，接待人数分别为 3315.68 万人次和 43.98 万人次，占比分别为 8.31% 和 0.10%。

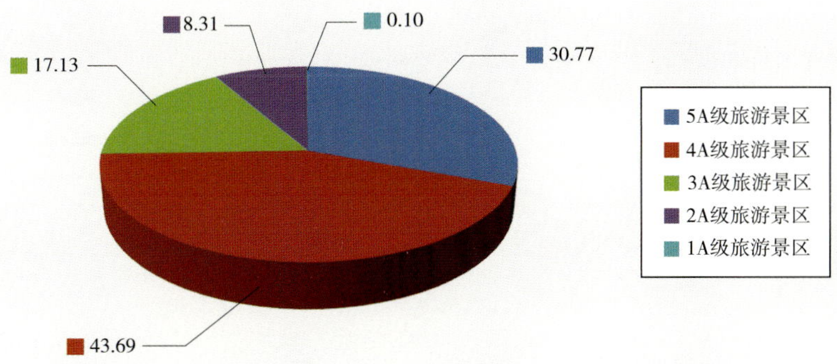

图 3-2-1　2015 年华北地区 A 级旅游景区游客接待量分布图（单位：%）

（2）增量及增长率

2015 年，华北地区除 1A 级旅游景区游客量较上年下降外，其他等级景区的游客接待量均实现不同程度的增长。其中，5A 级和 3A 级旅游景区游客接待量增长较为显著，分别较上年增加 3329.07 万人次和 1732.59 万人次，分别增长 37.17% 和 33.94%；2A 级旅游景区游客接待量增长最少，较上年增长 403.57 万人次，增长 13.86%。此外，1A 级旅游景区游客接待量较上年减少 260.67 万人次，下降 85.56%。

表 3-2-1　2014 ~ 2015 年华北地区 A 级旅游景区游客接待情况统计表

景区等级	2014 年接待量（万人次）	2015 年接待量（万人次）	比重（%）	增量（万人次）	增长率（%）
5A 级旅游景区	8955.44	12284.51	30.77	3329.07	37.17
4A 级旅游景区	14865.14	17441.54	43.69	2576.40	17.33
3A 级旅游景区	5104.97	6837.56	17.13	1732.59	33.94
2A 级旅游景区	2912.12	3315.68	8.31	403.57	13.86
1A 级旅游景区	304.65	43.98	0.10	-260.67	-85.56
合　计	32142.33	39923.26	100.00	7780.93	24.21

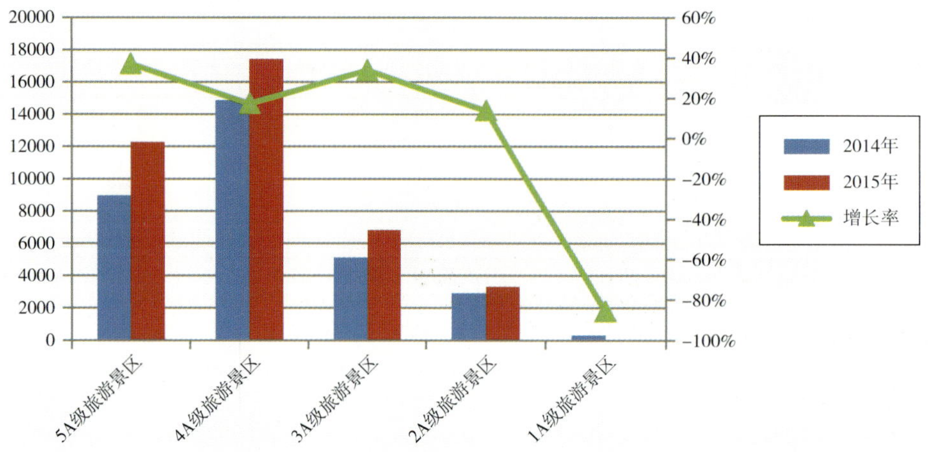

图 3-2-2　2014 ~ 2015 年华北地区 A 级旅游景区游客接待量分布图（单位：万人次）

2. 分类型接待量

2015 年，华北地区历史文化类景区游客接待量最多，其次是自然景观类和度假休闲类景区，分别为 13905.98 万人次、8789.90 万人次和 3676.58 万人次，分别占全国 A 级景区游客接待总量的 34.83%、22.02% 和 9.21%。工业旅游类和科技教育类景区游客接待量相对较少，分别为 537.75 万人次和 56.84 万人次，占比分别为 1.35% 和 0.14%。

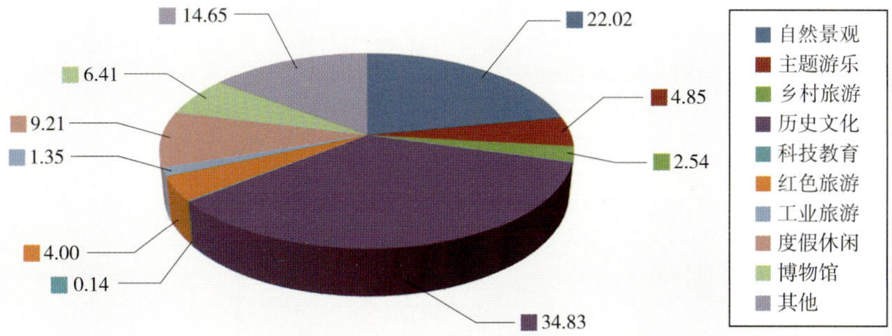

图 3-2-3　2015 年华北地区 A 级旅游景区分类型游客接待量分布图（单位：%）

从景区类型和等级综合来看，历史文化类以 5A 级旅游景区的游客接待量最多，共计 7076.23 万人次，其次是 4A 级和 3A 级旅游景区，分别为 4399.50 万人次和 1687.88 万人次；自然景观类中 4A 级旅游景区游客接待量最多，共计 5378.41 万人次，其次是 3A 级和 2A 级旅游景区，分别为 1649.84 万人次和 932.75 万人次。

表 3-2-2　2015 年华北地区 A 级旅游景区游客接待量分类分级统计表（单位：万人次）

	5A 级旅游景区	4A 级旅游景区	3A 级旅游景区	2A 级旅游景区	1A 级旅游景区	合计
自然景观	797.44	5378.41	1649.84	932.75	31.46	8789.90
主题游乐	0.00	1270.18	542.69	123.70	0.00	1936.58
乡村旅游	0.00	423.35	149.15	443.08	0.00	1015.58
历史文化	7076.23	4399.50	1687.88	731.37	11.01	13905.98
科技教育	0.00	13.58	10.81	32.45	0.00	56.84
红色旅游	0.00	1126.98	212.66	258.13	0.00	1597.77
工业旅游	0.00	359.13	126.99	51.62	0.00	537.74
度假休闲	71.12	2341.45	827.59	434.90	1.51	3676.58
博物馆	572.68	971.64	844.11	0.00	0.00	2388.44
其　他	3767.04	1157.31	785.83	307.69	0.00	6017.85
合　计	12284.51	17441.54	6837.56	3315.68	43.98	39923.26

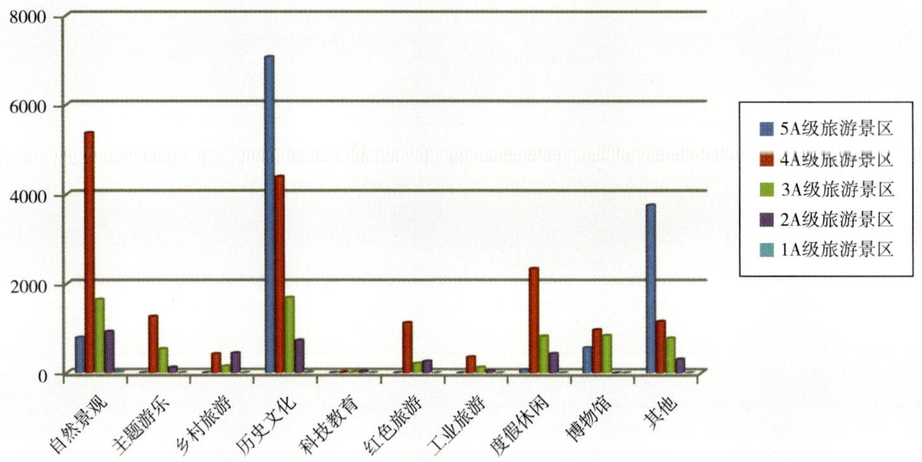

图 3-2-4 2015 年华北地区 A 级旅游景区接待量类型等级分布图（单位：万人次）

（三）旅游景区经营与投资情况

1. 旅游景区总收入情况

2015 年，华北地区 A 级旅游景区旅游总收入为 280.13 亿元，占全国 A 级景区旅游总收入的 8.05%，较上年增加 10.63 亿元，增长 3.95%，平均旅游总收入为 2735.64 万元。

（1）分等级收入

2015 年华北地区 A 级旅游景区收入仍以 4A 级旅游景区最高，共计 138.92 亿元，占该地区 A 级景区总收入的 49.58%；其次是 5A 级和 3A 级旅游景区，分别为 102.38 亿元和 23.58 亿元，占比分别为 36.55% 和 8.42%；1A 级旅游景区收入最少，仅 0.16 亿元，占比 0.06%。

此外，2015 年除 3A 级和 1A 级旅游景区总收入下降外，其他等级旅游景区总收入均出现增长态势。其中，2A 级和 5A 级景区旅游总收入相对增长较快，分别较上年增加 3.96 亿元和 12.50 亿元，分别增长 35.60% 和 13.91%。3A 级和 1A 级景区旅游总收入相对下降，分别较上年减少 13.12 亿元和 4.15 亿元，分别下降 35.75% 和 96.24%。

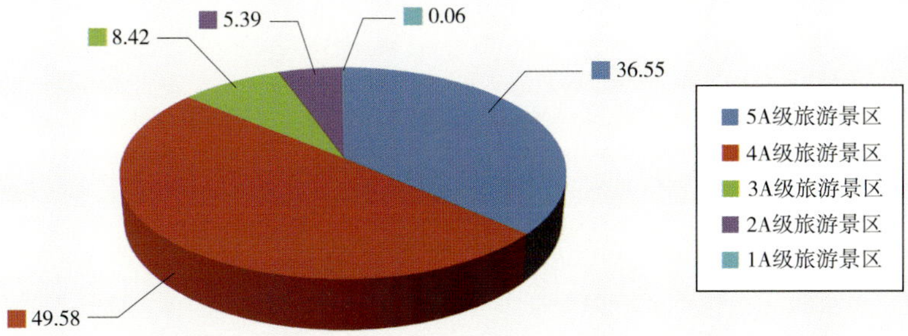

图 3-3-1　2015 年华北地区 A 级旅游景区等级收入分布图（单位：%）

表 3-3-1　2014 ~ 2015 年华北地区 A 级旅游景区等级收入统计表

景区等级	2014 年景区总收入（亿元）	2015 年景区总收入（亿元）	比重（%）	增量（亿元）	增长率（%）
5A 级旅游景区	89.88	102.38	36.55	12.50	13.91
4A 级旅游景区	127.48	138.92	49.58	11.44	8.97
3A 级旅游景区	36.70	23.58	8.42	-13.12	-35.75
2A 级旅游景区	11.13	15.09	5.39	3.96	35.60
1A 级旅游景区	4.31	0.16	0.06	-4.15	-96.24
合　计	269.50	280.13	100.00	10.63	3.95

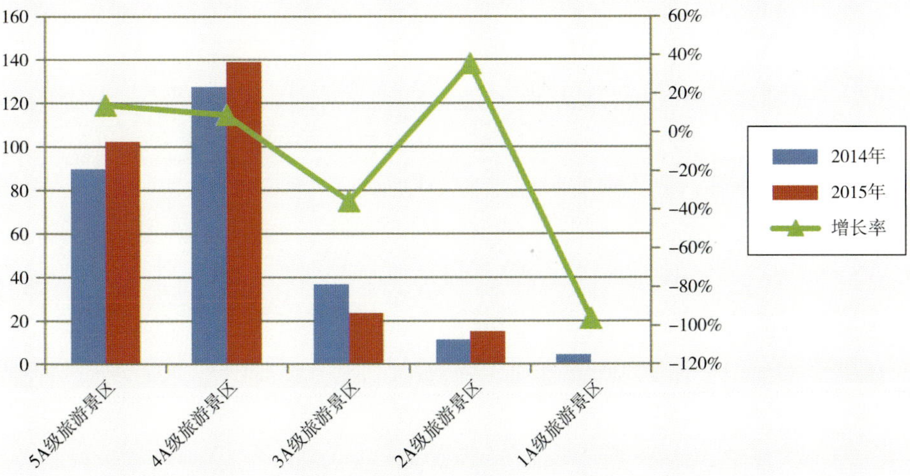

图 3-3-2　2014 ~ 2015 年华北地区 A 级旅游景区等级收入分布图（单位：亿元）

（2）分类型收入

从景区类型看，2015 年华北地区自然景观和历史文化类景区旅游总收入相对较多，其次是度假休闲类景区，分别为 99.00 亿元、96.14 亿元和 41.05 亿元，分别占全国 A 级景区旅游总收入的 35.34%、34.32% 和 14.65%。科技教育类景区旅游总收入最少，为 0.22 亿元，占比 0.08%。

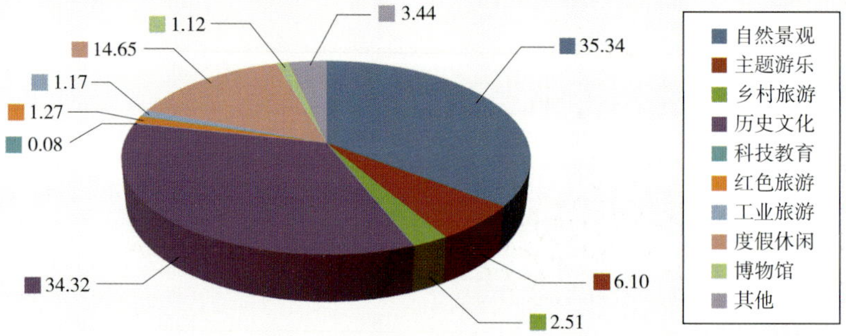

图 3-3-3　2015 年华北地区 A 级旅游景区分类型收入占比图（单位：%）

从景区类型和等级综合来看，自然景观类景区中仍以 4A 级旅游景区收入最多，其次是 5A 级和 3A 级景区，分别为 62.27 亿元、22.72 亿元和 10.31 亿元。历史文化类景区中 5A 级旅游景区收入最多，其次是 4A 级和 2A 景区，分别为 75.28 亿元、16.90 亿元和 2.62 亿元。

表 3-3-2　2015 年华北地区 A 级旅游景区总收入类型等级统计表（单位：亿元）

景区类型	5A 级旅游景区	4A 级旅游景区	3A 级旅游景区	2A 级旅游景区	1A 级旅游景区	合计
自然景观	22.72	62.27	10.31	3.56	0.14	99.00
主题游乐	0.00	15.44	1.52	0.15	0.00	17.10
乡村旅游	0.00	2.73	0.67	3.62	0.00	7.02
历史文化	75.28	16.90	1.32	2.62	0.02	96.14
科技教育	0.00	0.11	0.11	0.00	0.00	0.22
红色旅游	0.00	3.18	0.11	0.26	0.00	3.55
工业旅游	0.00	0.61	1.56	1.12	0.00	3.29
度假休闲	1.46	32.12	4.36	3.09	0.01	41.05
博物馆	0.66	1.35	1.12	0.00	0.00	3.13
其　他	2.27	4.21	2.50	0.65	0.00	9.63
合　计	102.38	138.92	23.58	15.07	0.17	280.13

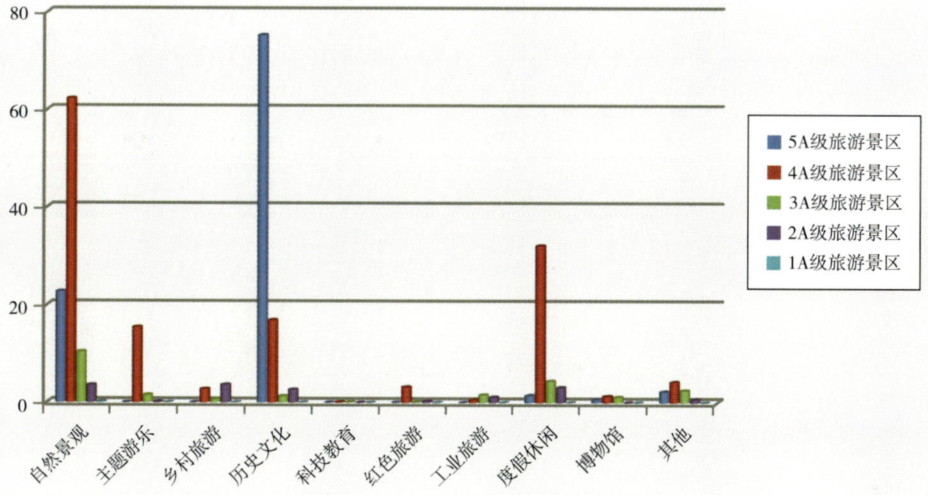

图 3-3-4　2015 年华北地区 A 级旅游景区总投资类型等级分布图（单位：亿元）

2. 旅游景区分项收入

2015 年，门票收入仍是华北地区 A 级旅游景区的首要来源，共计 70.72 亿元，占本地区 A 级景区总收入的 25.25%，较上年增加 6.95 亿元，增长 10.91%；其次是餐饮收入和商品收入，分别为 68.18 亿元和 59.93 亿元，占比分别为 24.34% 和 21.39%；演艺收入相对较少，为 6.42 亿元，占比 2.29%。

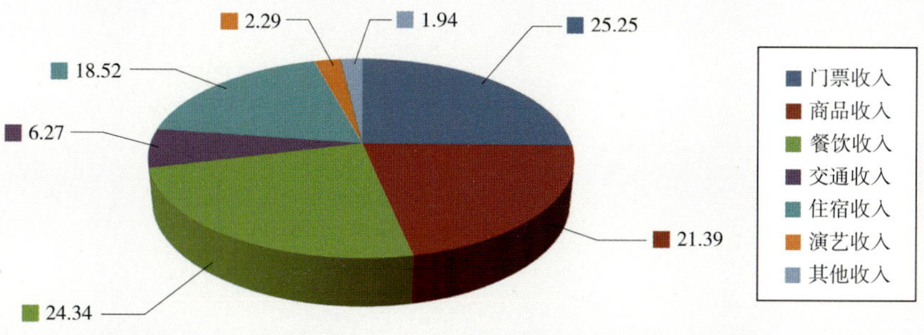

图 3-3-5　2015 年华北地区 A 级旅游景区收入构成分布图（单位：%）

与上年相比，除交通收入下降外，其余各项收入均呈增长态势。其中以商品收入和餐饮收入相对增长较快，分别较上年增加 6.59 亿元和 7.37 亿元，分别增长 12.35% 和 12.12%；演艺收入相对增长最慢，较上年增加 0.23 亿元，增长 3.78%；交通收入较上年减少 17.05 亿元，下降 49.26%。

表 3-3-3　2014 ~ 2015 年华北地区 A 级旅游景区收入构成统计表

类别	2014 年景区分项收入（亿元）	2015 年景区分项收入（亿元）	比重（%）	增量（亿元）	增长率（%）
门票收入	63.77	70.72	25.25	6.95	10.91
商品收入	53.34	59.93	21.39	6.59	12.35
餐饮收入	60.81	68.18	24.34	7.37	12.12
交通收入	34.61	17.56	6.27	-17.05	-49.26
住宿收入	48.41	51.89	18.52	3.48	7.18
演艺收入	6.19	6.42	2.29	0.23	3.78
其他收入	2.37	5.43	1.94	3.06	129.05
合　计	269.50	280.13	100.00	10.63	3.95

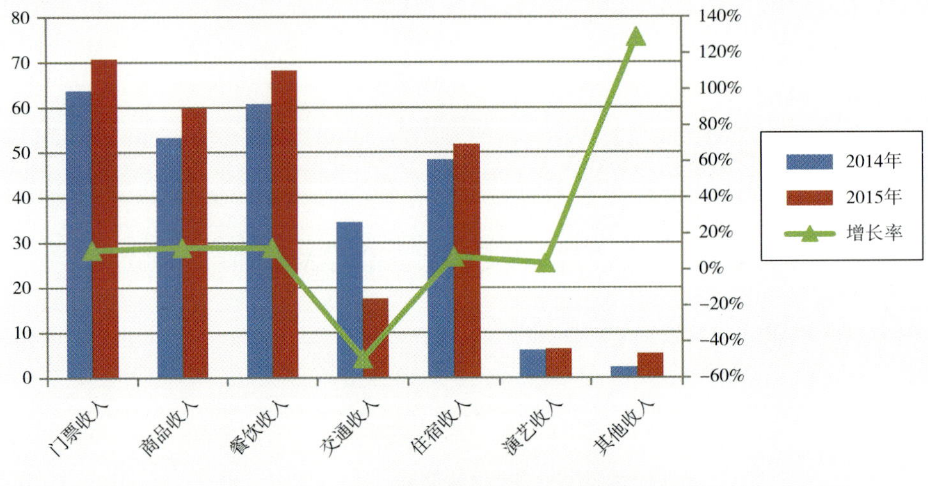

图 3-3-6　2014 ~ 2015 年华北地区 A 级旅游景区收入构成分布图（单位：亿元）

（1）分等级收入

华北地区不同等级 A 级旅游景区总收入构成中，4A 级和 5A 级旅游景区总收入所占比重较大，两者共占本地区 A 级景区总收入的 86.14%。其中，4A 级旅游景区收入构成中以门票收入、餐饮收入、住宿收入和商品收入为主，分别为 38.71 亿元、36.65 亿元、24.09 亿元和 21.85 亿元。5A 级旅游景区以商品收入、门票收入、住宿收入和餐饮收入为主，分别是 27.96 亿元、24.35 亿元、22.53 亿元和 21.58 亿元。

表 3-3-4　2015 年华北地区 A 级旅游景区等级收入构成统计表（单位：亿元）

景区等级	门票收入	商品收入	餐饮收入	交通收入	住宿收入	演艺收入	其他收入	合计
5A 级旅游景区	24.35	27.96	21.58	3.87	22.53	1.96	0.12	102.37
4A 级旅游景区	38.71	21.85	36.65	11.39	24.09	3.69	2.55	138.93
3A 级旅游景区	5.21	5.63	5.89	1.51	3.38	0.18	1.78	23.58
2A 级旅游景区	2.33	4.49	4.05	0.79	1.87	0.6	0.97	15.09
1A 级旅游景区	0.13	0	0.02	0	0.01	0	0	0.16
合　计	70.73	59.93	68.19	17.56	51.88	6.43	5.41	280.13

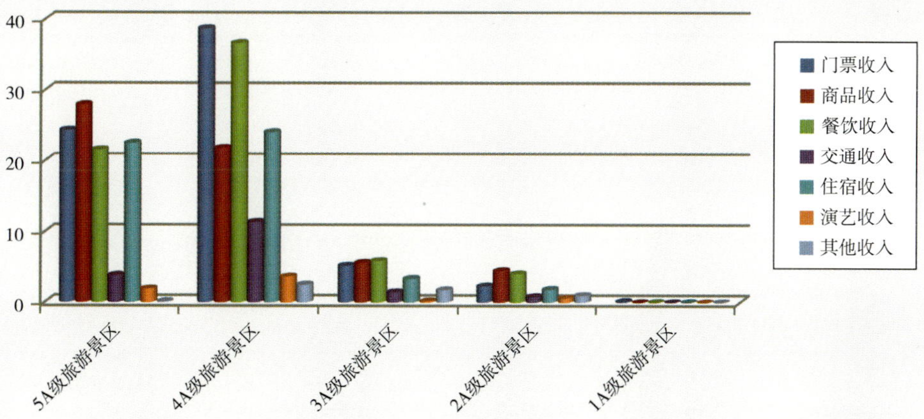

图 3-3-7　2015 年华北地区 A 级旅游景区分等级收入构成分布图（单位：亿元）

（2）分类型收入

华北地区不同类型 A 级旅游景区总收入构成中，自然景观类和历史文化类景区总收入所占比重较大，两者共占本地区 A 级景区总收入的 69.66%。其中，自然景观类旅游景区以餐饮收入、门票收入、住宿收入和商品收入为主，分别为 24.01 亿元、21.42 亿元、18.37 亿元和 18.22 亿元。历史文化类景区以门票收入、商品收入、餐饮收入和住宿收入为主，分别为 27.40 亿元、24.78 亿元、21.22 亿元和 18.52 亿元。

表 3-3-5　2015 年华北地区 A 级旅游景区分类型收入构成统计表（单位：亿元）

景区类型	门票收入	商品收入	餐饮收入	交通收入	住宿收入	演艺收入	其他收入	合计
自然景观	21.42	18.22	24.01	11.52	18.37	3.46	2.00	99.00
主题游乐	9.59	3.17	2.63	0.36	0.20	0.74	0.41	17.10
乡村旅游	1.11	2.27	2.03	0.08	0.89	0.39	0.25	7.02
历史文化	27.40	24.78	21.22	3.07	18.52	0.44	0.71	96.14
科技教育	0.12	0.00	0.02	0.00	0.01	0.00	0.06	0.21
红色旅游	0.54	0.66	1.34	0.31	0.64	0.05	0.01	3.55
工业旅游	0.07	2.39	0.35	0.14	0.24	0.04	0.06	3.29
度假休闲	6.46	5.85	14.02	1.22	11.86	0.11	1.52	41.04
博物馆	2.15	0.34	0.27	0.13	0.24	0.02	0.08	3.23
其　他	1.86	2.24	2.29	0.75	0.91	1.18	0.32	9.55
合　计	70.72	59.92	68.18	17.58	51.88	6.43	5.42	280.13

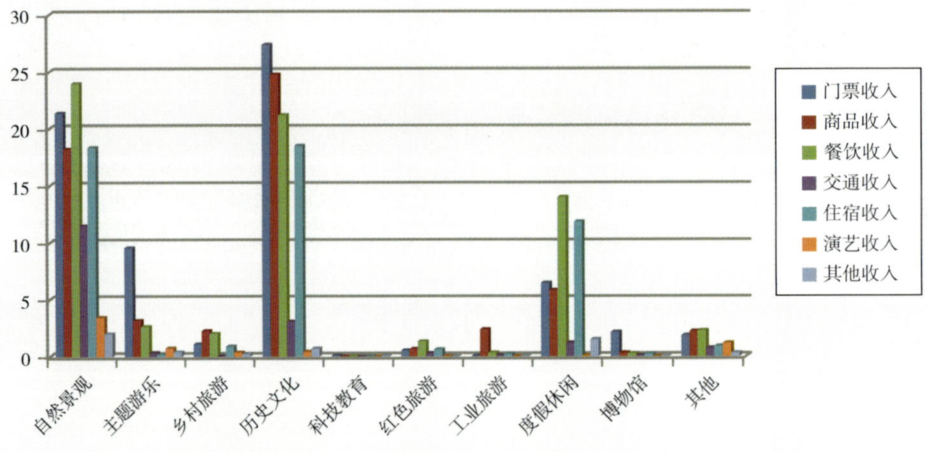

图 3-3-8　2015 年华北地区 A 级旅游景区分类型收入细分结构图（单位：亿元）

3. 旅游景区投资

2015 年华北地区 A 级旅游景区总投资为 159.06 亿元，较上年减少 34.46 亿元，下降 17.81%。其中景区内部投资为 131.77 亿元，外部投资为 27.29 亿元。

从景区等级来看，2015 年 4A 级旅游景区建设投资比重最大，其次是 3A 级和 2A 级景区，建设投资额分别为 98.19 亿元、24.79 亿元和 22.59 亿元，分别占华北地区所有 A 级旅游景区建设总投资的 61.73%、15.59% 和 14.20%。从景区类型来看，自然景观类和度假休闲类景区的建设投资比重较大，建设投资额分别为 40.19 亿元和 34.25 亿元，占比分别为 25.27% 和 21.53%。

从景区等级和类型综合来看，自然景观类景区中 4A 级旅游景区的建设投资最多，达 28.22 亿元；度假休闲类景区中 4A 级旅游景区的建设投资最多，为 19.47 亿元。

表 3-3-6　2015 年华北地区 A 级旅游景区建设投资分类型等级统计表（单位：亿元）

景区类型	5A 级旅游景区	4A 级旅游景区	3A 级旅游景区	2A 级旅游景区	1A 级旅游景区	合计
自然景观	1.76	28.22	5.58	4.38	0.25	40.19
主题游乐	0.00	22.15	2.72	0.06	0.00	24.93
乡村旅游	0.00	3.05	0.92	2.78	0.00	6.75
历史文化	8.04	14.44	5.98	2.78	0.03	31.27
科技教育	0.00	0.00	0.03	0.06	0.00	0.09
红色旅游	0.00	3.38	1.40	0.11	0.00	4.89
工业旅游	0.00	4.52	0.83	0.95	0.00	6.30
度假休闲	2.15	19.47	3.85	8.78	0.00	34.25
博物馆	0.04	0.29	2.02	0.00	0.00	2.35
其　他	1.22	2.67	1.46	2.69	0.00	8.04
合　计	13.21	98.19	24.79	22.59	0.28	159.06

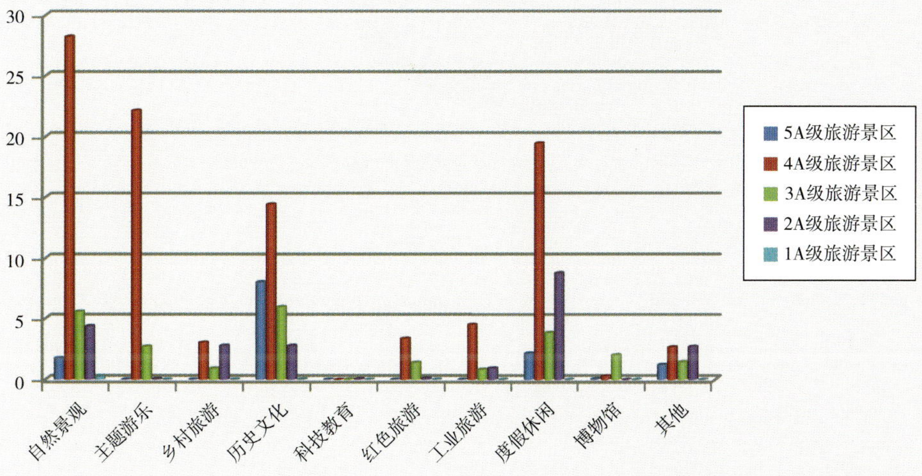

图 3-3-9　2015 年华北地区 A 级旅游景区总投资类型等级统计（单位：亿元）

（四）旅游景区经营管理机构与人员情况

1. 经营机构

2015 年，华北地区 A 级旅游景区经营机构共 1024 家，较上年增长 1.89%。其中企业类经营机构最多，为 723 家，占经营主体总量的 70.61%；其次是事业单位类型经营机构 286 家，占比 27.92%；行政单位和部队类型的经营管理数量较少，分别为 14 家和 1 家，占比分别为 1. 37% 和 0.10%。

表 3-4-1　2015 年华北地区 A 级旅游景区经营管理机构情况统计表

经营管理机构类型	数量（家）	比重（%）
行政单位	14	1.37
事业单位	286	27.92
企　业	723	70.61
部　队	1	0.10
合　计	1024	100.00

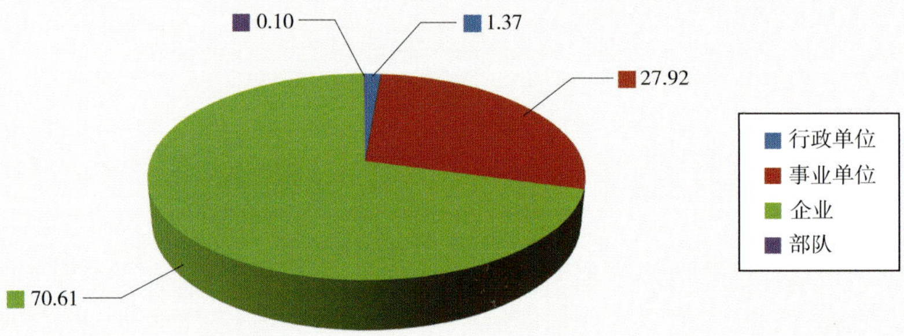

图 3-4-1　2015 年华北地区 A 级旅游景区经营管理机构数量分布图（单位：%）

从景区不同等级结构来看，除 5A 级旅游景区以事业单位经营主体为主外，其他等级景区经营主体均以企业为主。5A 级景区事业单位经营主体共计 17 家，行政单位和企业分别为 2 家和 4 家；4A 级、3A 级、2A 级和 1A 级旅游景区企业经营主体分别为 246 家、235 家、231 家和 7 家。

表 3-4-2　2015 年华北地区 A 级旅游景区经营主体统计表（单位：家）

景区类型	5A 级旅游景区	4A 级旅游景区	3A 级旅游景区	2A 级旅游景区	1A 级旅游景区	合　计
行政单位	2	3	7	2	0	14
事业单位	17	97	87	83	2	286
企　业	4	246	235	231	7	723
部　队	0	1	0	0	0	1
合　计	23	347	329	316	9	1024

2. 就业情况

2015 年，华北地区 A 级旅游景区总就业 21.27 万人，其中固定就业人数共计 12.63 万人，临时（季节性）就业 8.64 万人。该地区固定就业人数占全国 A 级景区固定就业总人数的 10.28%，较上年增加 1.81 万人，增长 16.73%，平均固定就业人数 123 人。其中，4A 级和 3A 级旅游景区固定就业人数最多，分别为 61512 人和 36647 人，分别占华北地区 A 级景区固定就业总人数的 48.69% 和 29.01%。

表 3-4-3　2015 年华北地区 A 级旅游景区分等级固定用工统计表

景区等级	5A 级旅游景区	4A 级旅游景区	3A 级旅游景区	2A 级旅游景区	1A 级旅游景区	合　计
固定用工人数（人）	15838	61512	36647	12191	143	126331
比例（%）	12.54	48.69	29.01	9.65	0.11	100.00

从景区类型看，度假休闲和工业旅游两类景区的固定就业人数最多，分别为 28265 人和 27078 人，分别占本地区 A 级旅游景区固定就业总人数的 22.37% 和 21.43%。其中，度假休闲类景区以 4A 和 3A 级固定就业人数较多，分别为 22245 人和 3767 人。工业旅游类景区则以 3A 级和 4A 级固定就业较多，分别为 16735 人和 6545 人。

表 3-4-4　2015 年华北地区 A 级旅游景区固定用工分类型分等级统计表（单位：人）

景区类型	5A 级旅游景区	4A 级旅游景区	3A 级旅游景区	2A 级旅游景区	1A 级旅游景区	合计
自然景观	1962	10846	5275	2109	82	20274
主题游乐	0	5676	618	178	0	6472
乡村旅游	0	1291	719	1649	0	3659
历史文化	10107	8877	4291	1460	34	24769
科技教育	0	97	92	136	0	325
红色旅游	0	893	141	96	0	1130
工业旅游	0	6545	16735	3798	0	27078
度假休闲	525	22245	3767	1701	27	28265
博物馆	384	1342	1194	368	0	3288
其　他	2860	3700	3815	696	0	11071
合　计	15838	61512	36647	12191	143	126331

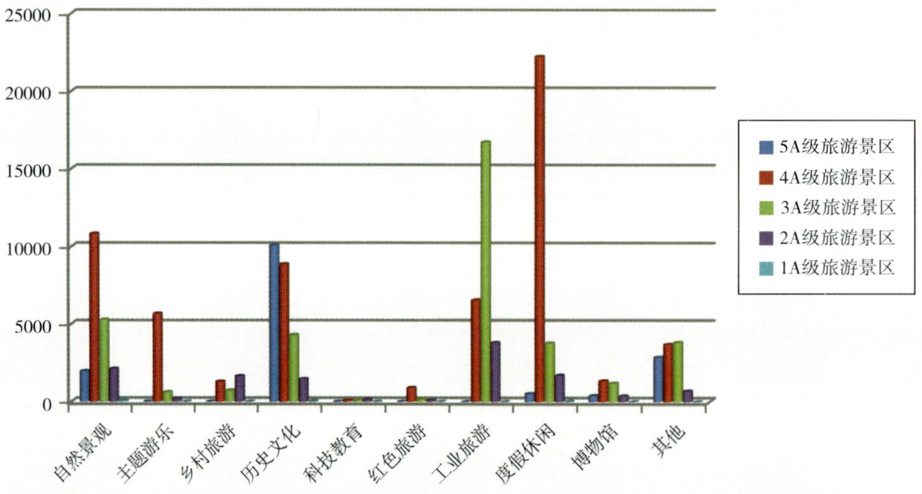

图 3-4-2　2015 年华北地区 A 级旅游景区固定用工分类型分等级分布图（单位：人）

3. 导游情况

2015 华北地区 A 级旅游景区导游总数为 7679 人，较上年增加 772 人，增长 11.18%，占全国 A 级旅游景区导游总数的 11.97%，平均导游人数 7 人。其中 4A 级和 5A 级旅游景区导游人数所占比重最大，分别为 3529 人和 2231 人，分别占华北地区 A 级旅游景区导游总量的 45.96% 和 29.05%。

表 3-4-5　2015 年华北地区 A 级旅游景区导游数量分等级统计表

	5A 级旅游景区	4A 级旅游景区	3A 级旅游景区	2A 级旅游景区	1A 级旅游景区	合计
导游人数（人）	2231	3529	1089	818	12	7679
比例（%）	29.05	45.96	14.18	10.65	0.16	100.00

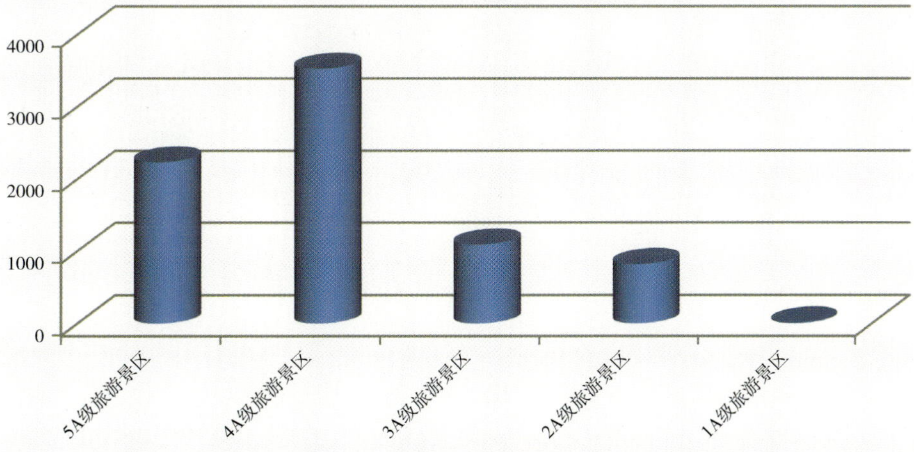

图 3-4-3　2015 年华北地区 A 级旅游景区导游人员分等级分布图（单位：人）

四、东北地区 A 级旅游景区情况

（一）旅游景区数量、等级、类型及门票价格情况

2015 年，东北地区 A 级旅游景区共 921 家，占全国 A 级旅游景区总量的 11.58%，较上年增加 74 家，增长 8.74%。

1. 等级构成

（1）数量及比重

从不同等级景区数量来看，4A 级、3A 级、2A 级三个级别景区数量相对较多，分别为 222 家、373 家和 266 家，分别占东北地区 A 级旅游景区总数的 24.10%、40.50% 和 28.88%；5A 级和 1A 级两个级别景区数量相对较少，分别为 14 家和 46 家，占比分别为 1.52% 和 4.99%。

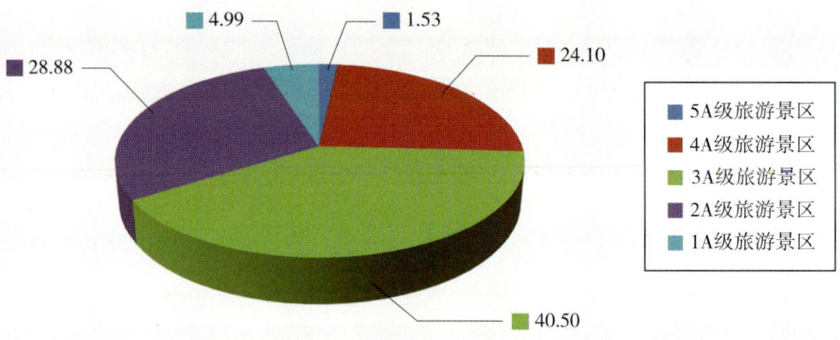

图 4-1-1　2015 年东北地区 A 级旅游景区等级分布图（单位：%）

（2）增量及增长率

2015 年，东北地区除 1A 级景区数量有所减少外，其他各等级景区均呈现不同幅度的增长，其中 5A 级旅游景区增长速度最快，高达 40.00%；其次是 3A 级和 4A 级景区，分别较上年增加 50 家和 21 家，分别增长 15.48% 和 10.45%；1A 级旅游景区数量较上年下降，减少 11 家景区，下降 19.30%。

表 4-1-1　2014 ~ 2015 年东北地区 A 级旅游景区分等级数量统计表

景区等级	2014 年数量（家）	2015 年数量（家）	比重（%）	增量（家）	增长率（%）
5A 级旅游景区	10	14	1.53	4	40.00
4A 级旅游景区	201	222	24.10	21	10.45
3A 级旅游景区	323	373	40.50	50	15.48
2A 级旅游景区	256	266	28.88	10	3.91
1A 级旅游景区	57	46	4.99	-11	-19.30
合　计	847	921	100.00	76	8.74

2. 类型构成

2015 年，东北地区自然景观类和度假休闲类两类景区的数量相对较多，分别为 299 家和 207 家，分别占本地区 A 级旅游景区总数的 32.46% 和 22.48%；其次是乡村旅游类、历史文化类和博物馆类三类景区，分别为 86 家、85 家和 65 家，占比分别为 9.34%、9.23% 和 7.06%；科技教育类景区数量最少，仅 16 家，占比仅为 1.74%。

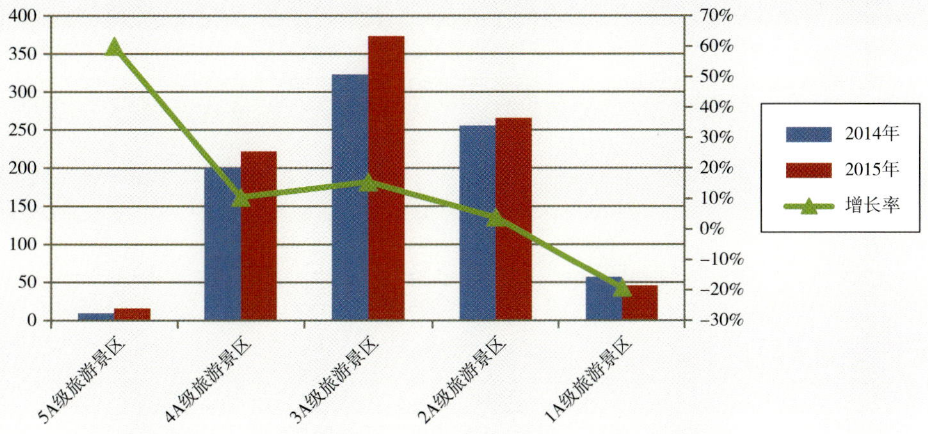

图 4-1-2 2014 ~ 2015 年东北地区 A 级旅游景区等级分布图（单位：家）

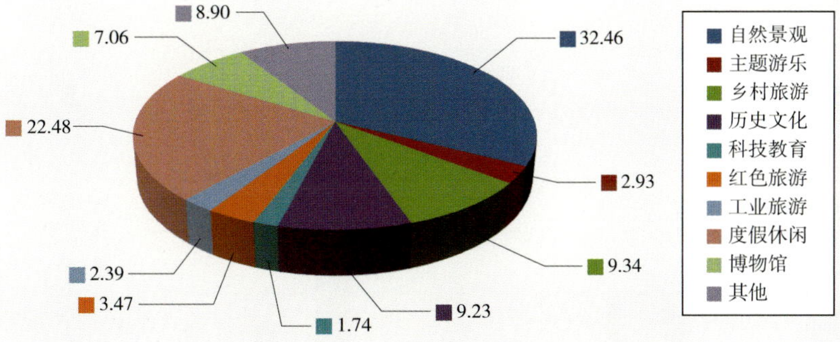

图 4-1-3 2015 年东北地区 A 级旅游景区类型分布图（单位：%）

从景区类型和等级综合看，自然景观类中 3A 级和 2A 级两个级别旅游景区数量所占比重较大，两者数量分别为 111 家和 94 家，分别占该类型 A 级景区总数的 37.12% 和 31.44%；度假休闲类景区中 3A 级和 2A 级两个级别旅游景区数量所占比重较大，两者数量分别为 78 家和 62 家，分别占该类型 A 级景区总数的 37.68% 和 29.95%。

表 4-1-2　2015 年东北地区 A 级旅游景区分类型分等级数量统计表（单位：家）

景区类型	5A 级旅游景区	4A 级旅游景区	3A 级旅游景区	2A 级旅游景区	1A 级旅游景区	合计
自然景观	9	74	111	94	11	299
主题游乐	1	13	10	3	0	27
乡村旅游	0	7	33	41	5	86
历史文化	1	23	39	18	4	85
科技教育	0	6	7	3	0	16
红色旅游	0	6	21	5	0	32
工业旅游	0	4	12	5	1	22
度假休闲	2	49	78	62	16	207
博物馆	1	22	31	11	0	65
其　他	0	18	31	24	9	82
合　计	14	222	373	266	46	921

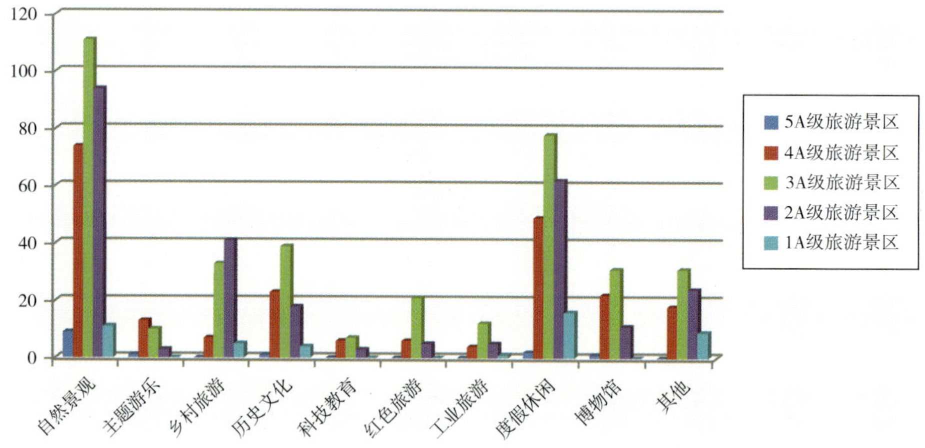

图 4-1-4　2015 年东北地区 A 级旅游景区分类型分等级分布图（单位：家）

3. 门票价格

2015 年，东北地区 921 家 A 级旅游景区的门票价格总计 21614 元，平均门票价格为 23 元，较全国平均水平降低了 8 元。

从景区等级来看，5A 级旅游景区的平均门票价格最高，达到 86 元；其次是

4A 级和 3A 级旅游景区，平均门票价格分别为 45 元和 19 元；2A 级和 1A 级景区平均门票价格相对最低，分别为 11 元和 4 元。

表 4-1-3　2015 年东北地区 A 级旅游景区门票价格分等级统计表

景区等级	门票价格总额（元）	景区数量（家）	平均门票价格（元）
5A 级旅游景区	1207	14	86
4A 级旅游景区	10090	222	45
3A 级旅游景区	7198	373	19
2A 级旅游景区	2926	266	11
1A 级旅游景区	193	46	4
合　计	21614	921	23

从景区类型来看，2015 年东北地区主题游乐类景区平均门票价格最高，为 68 元，其次是度假休闲类、自然景观类和科技教育类三类景区，平均门票价格分别为 29 元、27 元和 23 元；历史文化类、乡村旅游类、工业旅游类、博物馆类和红色旅游类五类景区的平均门票价格相对较低，分别为 19 元、13 元、11 元、10 元和 6 元。

表 4-1-4　2015 年东北地区 A 级旅游景区门票价格分类型统计表

景区类型	门票价格总额（元）	景区数量（家）	平均门票价格（元）
自然景观	7936	299	27
主题游乐	1829	27	68
乡村旅游	1160	86	13
历史文化	1646	85	19
科技教育	364	16	23
红色旅游	201	32	6
工业旅游	240	22	11
度假休闲	6057	207	29
博物馆	621	65	10
其　他	1560	82	19
总　计	21614	921	23

（二）旅游景区游客接待量情况

2015 年，东北地区 A 级旅游景区旅游总接待量为 1.97 亿人次，占全国 A 级旅游景区接待总量的 5.21%，较上年增加 3108.22 万人次，平均游客接待量为 21.39 万人。其中政策性免票人数为 8343.31 万人次。

1. 分等级接待量

（1）数量及比重

2015 年，东北地区 A 级旅游景区游客接待量以 4A 级旅游景区最多，共计 9239.77 万人次，占该地区 A 级旅游景区游客接待总量的 47.00%；其次是 3A 级和 2A 级旅游景区，游客接待量分别为 6052.91 万人次和 2093.30 万人次，占比分别为 30.79% 和 10.65%；5A 级和 1A 级旅游景区游客接待量相对较少，分别为 1981.96 万人次和 292.23 万人次，占比分别为 10.08% 和 1.48%。

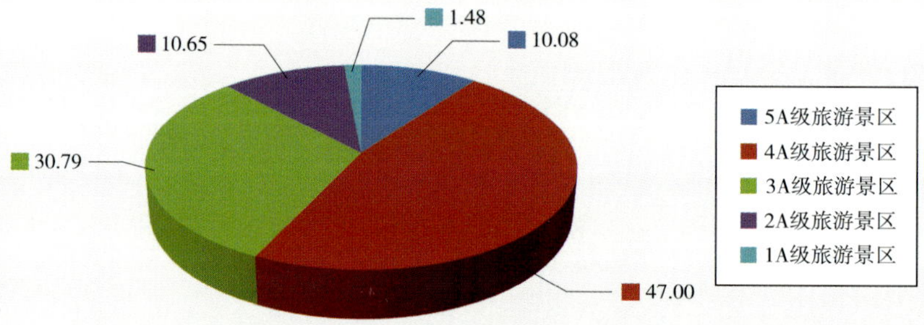

图 4-2-1　2015 年东北地区 A 级旅游景区游客接待量分布图（单位：%）

（2）增量及增长率

2015 年，东北地区除 5A 级旅游景区外，其他等级 A 级景区的游客接待量较上年呈现不同程度的增长。其中 4A 级旅游景区游客接待量增速最快，较上年增加 1852.09 万人次，增长 25.07%；其次是 3A 级、2A 级和 1A 级旅游景区，分别较上年增加 1060.23 万人次、366.04 万人次和 5.70 万人次，分别增长 21.24%、21.19% 和 1.99%；5A 级旅游景区接待量较上年减少 175.84 万人次，下降 8.15%。

表 4-2-1 2014 ~ 2015 年东北地区 A 级旅游景区游客接待情况统计表

景区等级	2014 年接待量（万人次）	2015 年接待量（万人次）	比重（%）	增量（万人次）	增长率（%）
5A 级旅游景区	2157.80	1981.96	10.08	-175.84	-8.15
4A 级旅游景区	7387.68	9239.77	47.00	1852.09	25.07
3A 级旅游景区	4992.68	6052.91	30.79	1060.23	21.24
2A 级旅游景区	1727.26	2093.30	10.65	366.04	21.19
1A 级旅游景区	286.53	292.23	1.48	5.70	1.99
合　计	16551.95	19660.17	100.00	3108.22	18.78

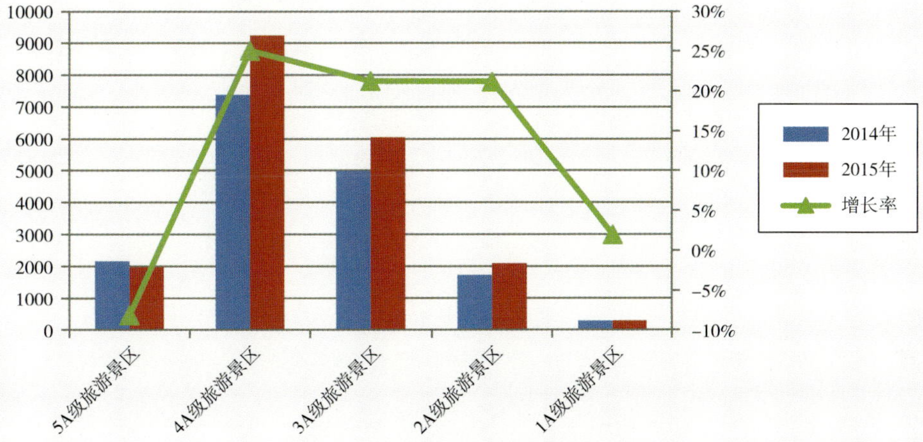

图 4-2-2 2014 ~ 2015 年东北地区 A 级旅游景区游客接待量分布图（单位：万人次）

2. 分类型接待量

2015 年，东北地区游客接待量较多的四个 A 级旅游景区类型分别是自然景观类、度假休闲类、历史文化类和博物馆类，其游客接待量分别为 6707.48 万人次、3979.22 万人次、2183.27 万人次和 1867.28 万人次，分别占该地区总接待量的 34.11%、20.24%、11.10% 和 9.50%；科技教育类和工业旅游类 A 级旅游景区的游客接待量相对较低，分别为 261.97 万人和 123.49 万人，占比分别为 1.33% 和 0.63%。

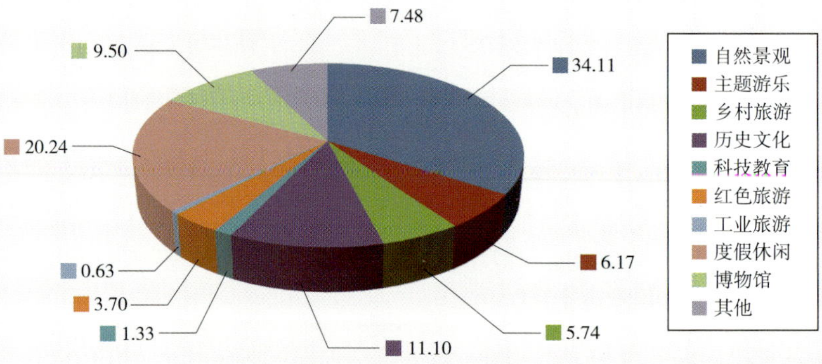

图 4-2-3　2015 年东北地区 A 级旅游景区分类型游客接待量分布图（单位：%）

从景区类型和级别综合来看，自然景观类旅游景区 4A 级、3A 级和 5A 级三个等级 A 级旅游景区接待量相对较多，分别为 3042.77 万人次、1762.10 万人次和 1046.21 万人次；度假休闲类景区以 4A 级和 3A 级旅游景区接待量相对较多，分别为 1631.38 万人次和 1283.09 万人次。

表 4-2-2　2015 年东北地区 A 级旅游景区游客接待量分类型等级统计表（单位：万人次）

景区类型	5A 级旅游景区	4A 级旅游景区	3A 级旅游景区	2A 级旅游景区	1A 级旅游景区	合计
自然景观	1046.21	3042.77	1762.10	810.68	45.72	6707.48
主题游乐	39.00	812.24	339.05	21.82	0.00	1212.11
乡村旅游	0.00	192.92	625.81	295.09	14.13	1127.95
历史文化	104.75	1033.63	833.74	164.92	46.23	2183.27
科技教育	0.00	180.79	42.75	10.63	27.80	261.97
红色旅游	0.00	466.41	198.78	62.26	0.00	727.45
工业旅游	0.00	37.10	69.99	15.00	1.40	123.49
度假休闲	671.00	1631.38	1283.09	283.03	110.72	3979.22
博物馆	121.00	1026.97	590.53	128.78	0.00	1867.28
其　他	0.00	815.56	307.07	301.09	46.23	1469.95
合　计	1981.96	9239.77	6052.91	2093.30	292.23	19660.17

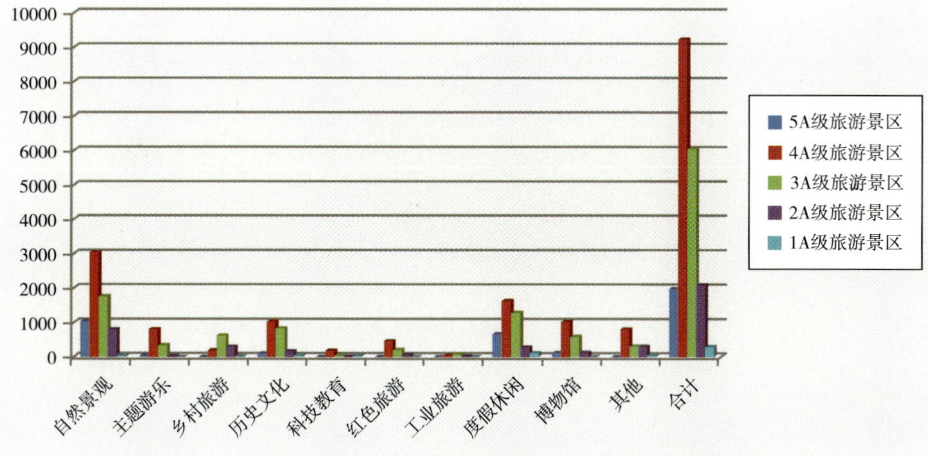

图 4-2-4　2015 年东北地区 A 级旅游景区接待量类型等级分布图（单位：万人次）

（三）旅游景区经营与投资情况

1. 旅游景区总收入情况

2015 年，东北地区 A 级旅游景区旅游总收入为 175.25 亿元，较上年增加 3.75 亿元，增长 2.18%，占全国 A 级景区旅游总收入的 5.03%。平均旅游总收入为 1902.82 万元。

（1）分等级收入

2015 年，东北地区旅游景区收入以 4A 级旅游景区最多，共计 77.17 亿元，占该地区 A 级旅游景区总收入的 44.03%；其次是 3A 级和 5A 级旅游景区，景区收入分别为 58.64 亿元、31.90 亿元，占比分别为 33.46% 和 18.20%；2A 级和 1A 级旅游景区收入相对较少，景区收入分别为 6.06 亿元和 1.49 亿元，占比分别为 3.46% 和 0.85%。

与上年相比，除 3A 级和 2A 级旅游景区外，5A 级、4A 级和 1A 级旅游景区收入均呈现不同程度增长，分别增加 8.00 亿元、3.38 亿元和 0.46 亿元，分别增长 33.50% 、4.59% 和 45.33%；3A 级和 2A 级旅游景区收入则出现下滑，较上年分别减少了 6.85 亿元和 1.24 亿元，分别下降 10.46% 和 17.04%。

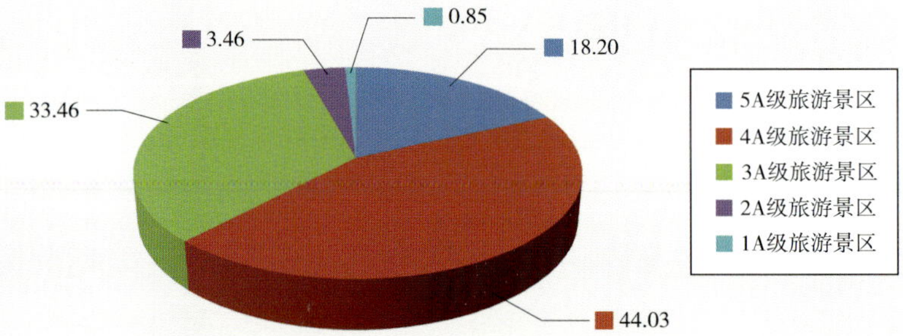

图 4-3-1　2015 年东北地区 A 级旅游景区分等级收入占比图（单位：%）

表 4-3-1　2014 ~ 2015 年东北地区 A 级旅游景区分等级收入统计表

景区等级	2014 年景区总收入（亿元）	2015 年景区总收入（亿元）	比重（%）	增量（亿元）	增长率（%）
5A 级旅游景区	23.90	31.90	18.20	8.00	33.50
4A 级旅游景区	73.79	77.17	44.03	3.38	4.59
3A 级旅游景区	65.49	58.64	33.46	-6.85	-10.46
2A 级旅游景区	7.30	6.06	3.46	-1.24	-17.04
1A 级旅游景区	1.03	1.49	0.85	0.46	45.33
合　计	171.50	175.25	100.00	3.75	2.18

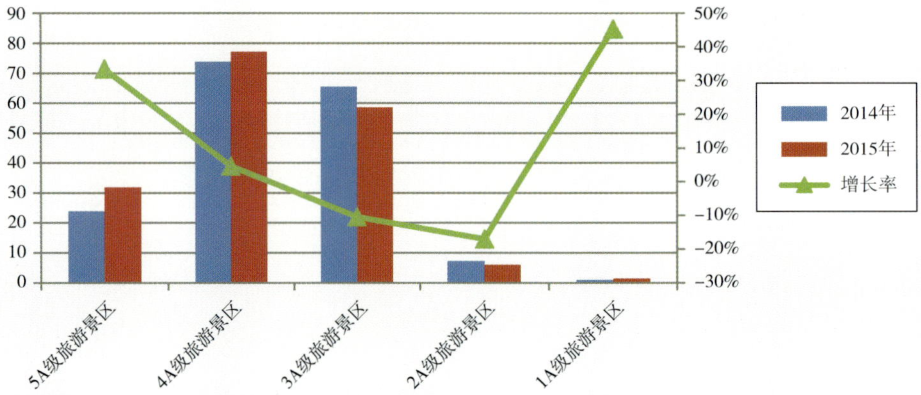

图 4-3-2　2014 ~ 2015 年东北地区 A 级旅游景区分等级收入分布图（单位：亿元）

（2）分类型收入

从景区类型看，度假休闲类景区收入位居榜首，为 98.01 亿元，占各类型景区总收入的 55.93%；其次是自然景观类和主题游乐类景区，景区收入分别为 39.54 亿元和 10.40 亿元，占比分别为 22.56% 和 5.93%；科技教育类、工业旅游类和红色旅游类旅游景区收入较少，仅为 0.81 亿元、0.66 亿元和 0.40 亿元，占比分别为 0.46%、0.38% 和 0.23%。

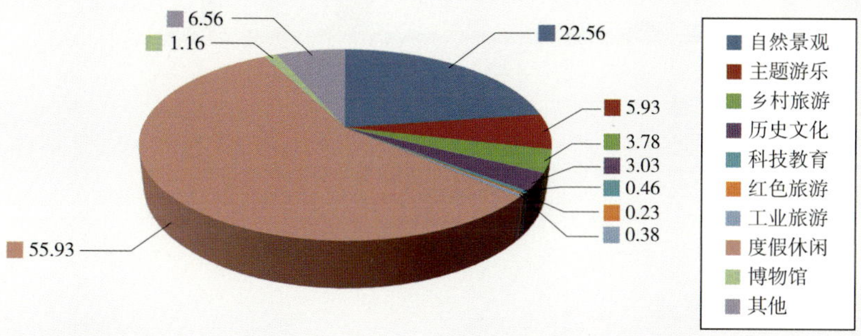

图 4-3-3　2015 年东北地区 A 级旅游景区分类型收入占比图（单位：%）

从景区类型和等级综合来看，度假休闲类景区收入以 3A 级旅游景区最多，为 40.57 亿元，其次是 4A 级旅游景区，收入为 35.88 亿元；自然景观类景区中 4A 级旅游景区收入最多，为 17.68 亿元，5A 级和 3A 级旅游景区次之，收入为 10.35 亿元和 10.19 亿元。

表 4-3-2　2015 年东北地区 A 级旅游景区分类型分等级收入统计表（单位：亿元）

景区类型	5A 级旅游景区	4A 级旅游景区	3A 级旅游景区	2A 级旅游景区	1A 级旅游景区	合　计
自然景观	10.35	17.68	10.19	1.12	0.2	39.54
主题游乐	0.74	9.2	0.44	0.02	0	10.40
乡村旅游	0	1.6	3.02	1.86	0.14	6.62
历史文化	1.13	2.62	1.37	0.04	0.15	5.31
科技教育	0	0.57	0.02	0.22	0	0.81
红色旅游	0	0	0.38	0.02	0	0.40
工业旅游	0	0.02	0.64	0	0	0.66
度假休闲	19.27	35.88	40.57	2.03	0.26	98.01
博物馆	0.41	1.47	0.1	0.05	0	2.03
其　他	0	8.13	1.91	0.71	0.72	11.44
合　计	31.9	77.17	58.64	6.07	1.47	175.25

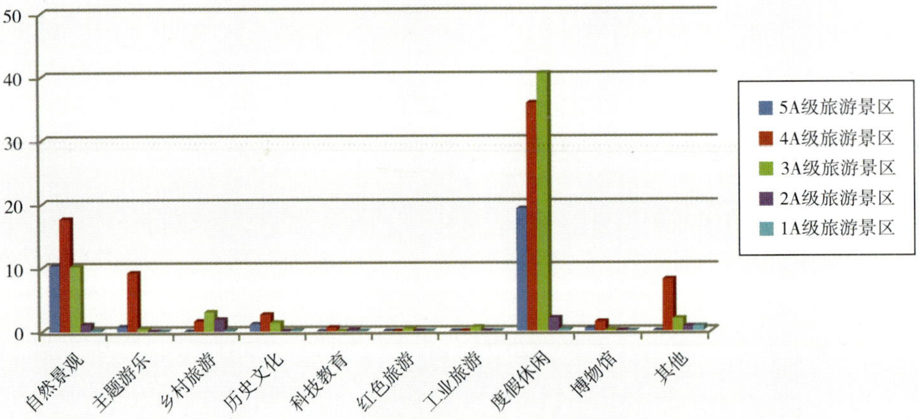

图 4-3-4　2015 年东北地区 A 级旅游景区类型等级收入分布图（单位：亿元）

2. 旅游景区分项收入

门票收入是 2015 年东北地区景区旅游总收入的首要来源，共计 64.48 亿元，占总收入的 36.79%；其次是餐饮收入，共计 40.32 亿元，占比 23.01%；再次是商品收入、住宿收入和交通收入，总量分别为 28.01 亿元、26.74 亿元和 10.14 亿元，占比分别为 15.98%、15.26% 和 5.79%；其他收入和演艺收入则相对较低，分别为 2.84 亿元和 2.72 亿元，占比分别为 1.62% 和 1.55%。

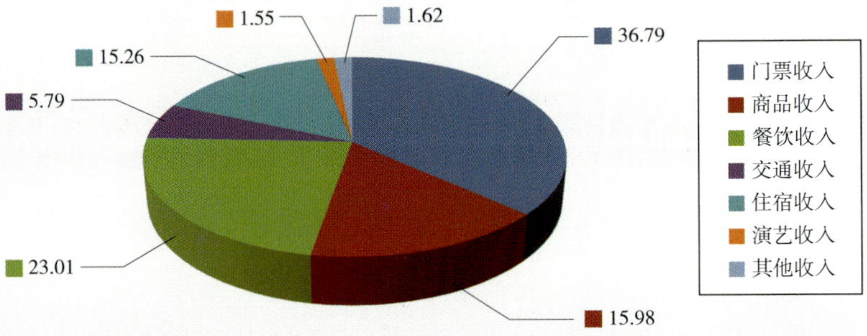

图 4-3-5　2015 年东北地区 A 级旅游景区收入构成占比图（单位：%）

与上年相比，除餐饮收入、交通收入、住宿收入和演艺收入外，门票收入、商品收入均呈不同程度增长，分别较上年增加 25.92 亿元和 2.19 亿元，分别增长

67.23% 和 8.46%；交通收入下降最快，较上年减少 14.27 亿元，下降 58.46%。

表 4-3-3 2014 ~ 2015 年东北地区 A 级旅游景区收入构成统计表

类别	2014 年景区分项收入（亿元）	2015 年景区分项收入（亿元）	比重（%）	增量（亿元）	增长率（%）
门票收入	38.56	64.48	36.79	25.92	67.23
商品收入	25.82	28.01	15.98	2.19	8.46
餐饮收入	44.01	40.32	23.01	-3.69	-8.39
交通收入	24.41	10.14	5.79	-14.27	-58.46
住宿收入	32.19	26.74	15.26	-5.45	-16.94
演艺收入	4.93	2.72	1.55	-2.21	-44.86
其他收入	1.57	2.84	1.62	1.27	80.62
合　计	171.50	175.25	100.00	3.75	2.18

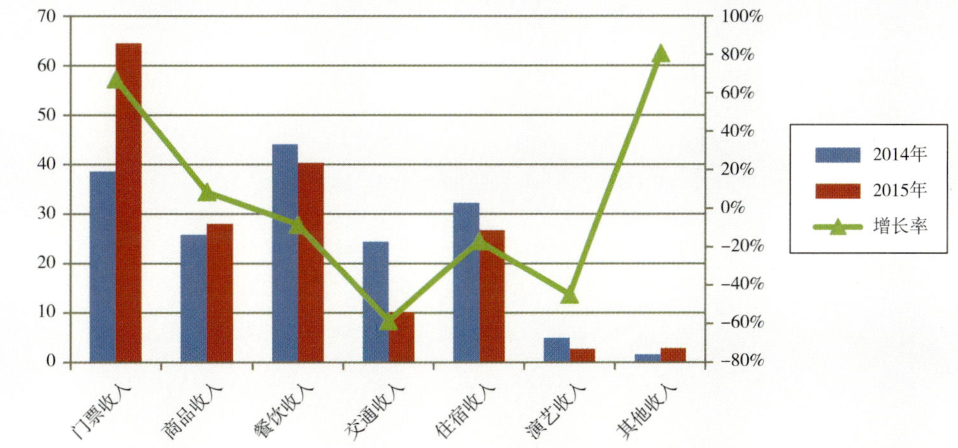

图 4-3-6 2014 ~ 2015 年东北地区 A 级旅游景区收入构成分布图（单位：亿元）

（1）分等级收入

4A 级和 3A 级旅游景区旅游收入所占比重较大，景区旅游收入分别为 77.16 亿元和 58.64 亿元，分别占该地区 A 级旅游景区总收入的 44.03% 和 33.46%。其中 4A 级旅游景区旅游收入以门票、餐饮、住宿和商品收入为主，分别为 24.33 亿元、18.21 亿元、14.46 亿元和 12.11 亿元。3A 级旅游景区以门票收入为主，为 26.56 亿元。

表 4-3-4　2015 年东北地区 A 级旅游景区分等级收入构成统计表（单位：亿元）

景区等级	门票收入	商品收入	餐饮收入	交通收入	住宿收入	演艺收入	其他收入	合　计
5A 级旅游景区	12.70	4.97	4.18	2.14	7.46	0.32	0.13	31.90
4A 级旅游景区	24.33	12.11	18.21	4.92	14.46	1.88	1.25	77.16
3A 级旅游景区	26.56	8.92	15.4	2.72	3.92	0.28	0.84	58.64
2A 级旅游景区	0.84	1.42	2.06	0.26	0.75	0.23	0.49	6.05
1A 级旅游景区	0.05	0.59	0.48	0.10	0.14	0.00	0.13	1.50
合　计	64.48	28.01	40.33	10.14	26.73	2.71	2.85	175.25

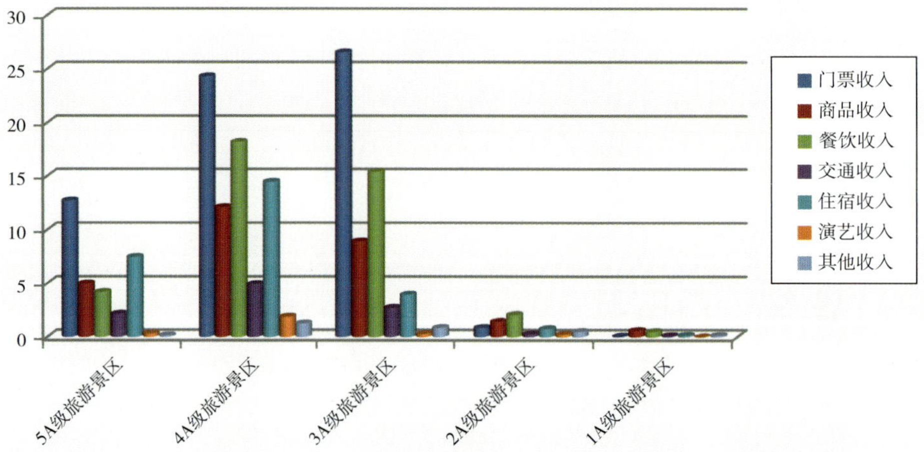

图 4-3-7　2015 年东北地区 A 级旅游景区分等级收入构成分布图（单位：亿元）

（2）分类型收入

度假休闲类和自然景观类旅游景区的收入规模较大，分别为 98.01 亿元和 39.52 亿元，分别占该地区各种类型景区旅游收入的 55.92% 和 22.56%。其中，度假休闲类旅游景区以门票、餐饮、住宿和商品收入为主，分别为 33.93 亿元、25.28 亿元、17.47 亿元和 16.41 亿元；自然景观类景区以门票和餐饮为主，分别为 15.51 亿元和 7.98 亿元。

表 4-3-5 2015 年东北地区 A 级旅游景区分类型收入构成统计表（单位：亿元）

景区类型	门票收入	商品收入	餐饮收入	交通收入	住宿收入	演艺收入	其他收入	合 计
自然景观	15.51	4.93	7.98	5.08	4.46	0.59	0.97	39.52
主题游乐	6.21	1.15	1.60	0.24	1.09	0.07	0.04	10.40
乡村旅游	2.09	1.11	1.93	0.20	0.78	0.12	0.38	6.61
历史文化	2.59	1.33	0.57	0.43	0.15	0.09	0.16	5.32
科技教育	0.18	0.21	0.17	0.05	0.15	0.04	0.00	0.8
红色旅游	0.03	0.07	0.13	0.03	0.08	0.04	0.01	0.39
工业旅游	0.02	0.64	0.00	0.00	0.00	0.00	0.00	0.66
度假休闲	33.93	16.41	25.28	2.80	17.47	1.21	0.91	98.01
博物馆	1.67	0.11	0.11	0.04	0.09	0.01	0.02	2.05
其 他	2.25	2.04	2.55	1.28	2.47	0.54	0.36	11.49
合 计	64.48	28.00	40.32	10.15	26.74	2.71	2.85	175.25

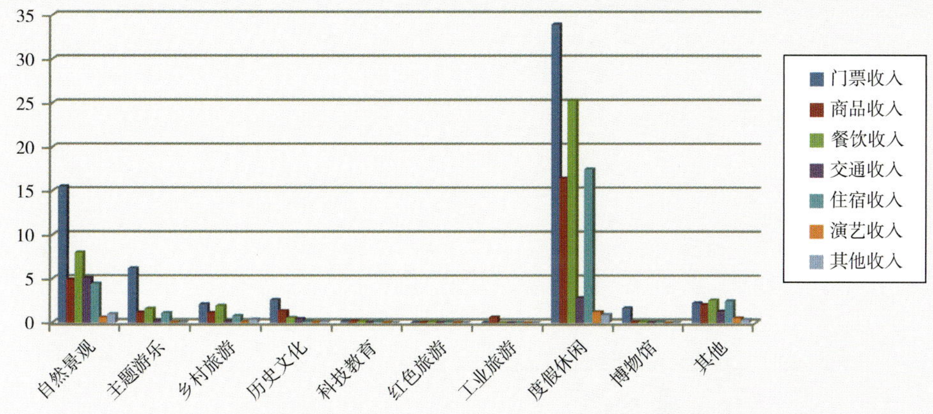

图 4-3-8 2015 年东北地区 A 级旅游景区分类型收入构成分布图（单位：亿元）

3. 旅游景区投资

2015 年，东北地区 A 级旅游景区总投资额为 467.27 亿元，较上年增加 52.62 亿元，增长 12.69%，平均旅游投资 5073.50 万元 / 景区。其中景区内部投资 382.68 亿元，外部投资 84.59 亿元。

从景区等级来看，4A 级和 3A 级旅游景区投资规模较大，分别为 361.39 亿元和 89.67 亿元。从景区类型来看，历史文化类和度假休闲类景区的投规模资比重较大，分别为 247.90 亿元和 108.03 亿元。

表 4-3-6　2015 年东北地区 A 级旅游景区总投资分类型等级统计表（单位：亿元）

景区类型	5A 级旅游景区	4A 级旅游景区	3A 级旅游景区	2A 级旅游景区	1A 级旅游景区	合　计
自然景观	3.57	14.40	14.81	2.12	0.11	35.01
主题游乐	0.02	1.75	1.25	0.00	0.00	3.02
乡村旅游	0.00	0.41	6.64	1.32	0.07	8.44
历史文化	3.00	240.90	3.42	0.55	0.03	247.90
科技教育	0.00	1.41	0.16	0.02	0.00	1.59
红色旅游	0.00	0.01	1.91	0.03	0.00	1.95
工业旅游	0.00	0.02	0.19	0.79	0.01	1.01
度假休闲	0.59	94.98	9.01	3.33	0.12	108.03
博物馆	0.00	3.46	1.37	0.10	0.00	4.93
其　他	0.00	4.05	50.92	0.32	0.10	55.39
合　计	7.18	361.39	89.68	8.58	0.44	467.27

从景区等级和类型综合来看，历史文化类景区的建设投资主要集中在 4A 级旅游景区上，为 240.90 亿元；度假休闲景区同样对 4A 级旅游景区的建设投资较多，为 94.98 亿元。

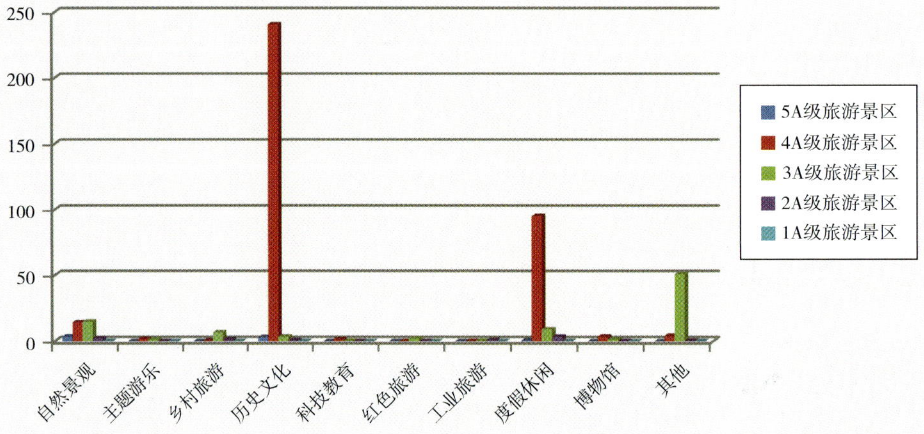

图 4-3-9　2015 年东北地区 A 级旅游景区总投资类型等级分布图（单位：亿元）

（四）旅游景区经营管理机构与人员情况

1. 经营机构

2015 年，东北地区 A 级旅游景区经营机构包括企业、事业单位和行政单位三种类型，共计 921 家，较上年增加 74 家，增长 8.74%。其中企业类经营机构最多，为 659 家，占全区景区经营机构总数的 71.56%；其次是事业单位类型经营机构，共计 236 家，占比 25.62%；行政单位类型的经营机构数量较少，共计 26 家，仅占 2.82%。

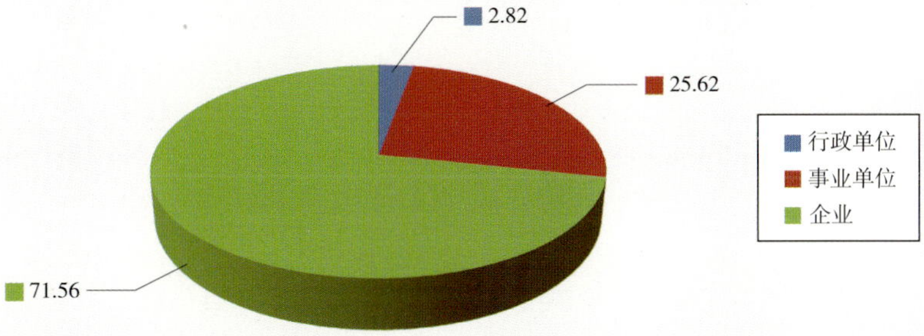

图 4-4-1　2015 年东北地区 A 级旅游景区经营管理机构数量分布图（单位：%）

从景区不同等级结构来看，东北地区所有等级景区均以企业经营主体为主。其中 3A 级景区企业经营主体最多，为 266 家，其次是 2A 级和 4A 级旅游景区，分别为 199 家和 148 家；5A 级和 1A 级旅游景区企业经营主体分别为 9 家和 37 家。

表 4-4-1　2015 年东北地区 A 级旅游景区经营管理机构情况统计表（单位：家）

景区类型	5A 级旅游景区	4A 级旅游景区	3A 级旅游景区	2A 级旅游景区	1A 级旅游景区	合　计
行政单位	2	4	9	9	2	26
事业单位	3	70	98	58	7	236
企　业	9	148	266	199	37	659
合　计	14	222	373	266	46	921

2. 就业情况

2015 年东北地区 A 级旅游景区固定就业人数为 114059 人，占全国 A 级旅游景区固定就业总人数的 9.28%，平均固定就业人数 124 人 / 景区。其中 3A 级和 4A 级旅游景区固定就业人数较多，分别为 61675 人和 36496 人，占比分别为 54.07% 和 32.00%。

表 4-4-2　2015 年东北地区 A 级旅游景区分等级固定用工统计表

景区等级	5A 级旅游景区	4A 级旅游景区	3A 级旅游景区	2A 级旅游景区	1A 级旅游景区	合　计
固定用工人数（人）	6262	36496	61675	8757	869	114059
比例（%）	5.49	32.00	54.07	7.68	0.76	100.00

从景区类型看，度假休闲类和自然景观类两类景区固定就业人数最多，分别为 27326 人和 21170 人，分别占该地区景区固定就业总人数的 23.96% 和 18.56%。度假休闲类景区中 4A 级和 3A 级旅游景区固定就业人数最多，分别为 18106 人和 6217 人；自然景观类景区中 4A 级旅游景区固定就业人数最多，为 8398 人。

表 4-4-3　2015 年东北地区 A 级旅游景区固定用工分类型等级统计表（单位：人）

景区类型	5A 级旅游景区	4A 级旅游景区	3A 级旅游景区	2A 级旅游景区	1A 级旅游景区	合　计
自然景观	4430	8398	4751	3366	225	21170
主题游乐	0	217	2729	534	100	3580
乡村旅游	0	975	3410	1617	53	6055
历史文化	190	2057	1226	362	48	3883
科技教育	0	332	359	61	0	752
红色旅游	0	302	293	140	0	735
工业旅游	0	621	3113	581	18	4333
度假休闲	1569	18106	6217	1153	281	27326
博物馆	73	1248	865	144	0	2330
其　他	0	4240	38712	799	144	43895
合　计	6262	36496	61675	8757	869	114059

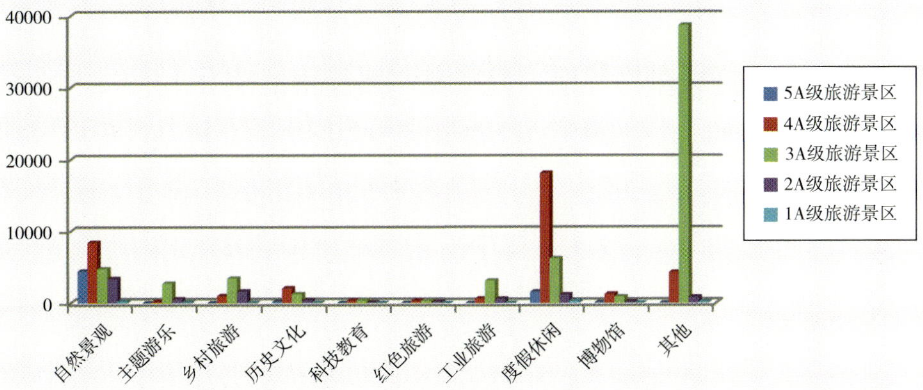

图 4-4-2　2015 年东北地区 A 级旅游景区固定用工分类型分等级分布图表（单位：人）

3. 导游情况

2015 年东北地区 A 级旅游景区导游共计 4885 人，占全国 A 级旅游景区导游总数的 7.62%，平均导游人数为 5 人 / 景区。其中 4A 级和 3A 级旅游景区导游人数最多，分别为 2308 人和 1614 人，占东北地区 A 级旅游景区导游总量的 47.25% 和 33.04%。

表 4-4-4　2015 年东北地区 A 级旅游景区导游数量分等级统计表

景区等级	5A 级旅游景区	4A 级旅游景区	3A 级旅游景区	2A 级旅游景区	1A 级旅游景区	合　计
导游人数（人）	458	2308	1614	432	73	4885
比例（%）	9.38	47.25	33.04	8.84	1.49	100.00

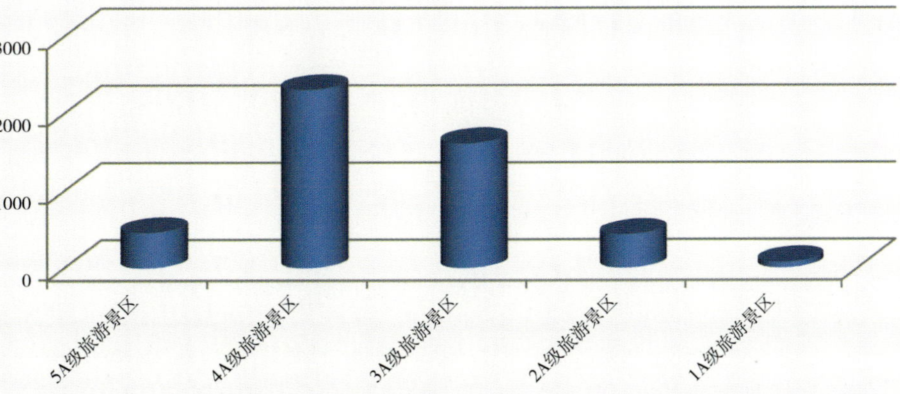

图 4-4-3　2015 年东北地区 A 级旅游景区导游人员分等级分布图（单位：人）

五、华东地区 A 级旅游景区情况

（一）旅游景区数量、等级、类型及门票价格情况

2015 年，华东地区 A 级旅游景区共 2794 家，较上年增加 236 家，增长 9.23%。同时，在全国的比重略有提高，上升 0.38 个百分点，增至 35.14%。

1. 等级构成

（1）数量及比重

3A 级旅游景区数量最多，其次是 4A 级和 2A 级旅游景区，景区数量分别为 1049 家、867 家和 798 家，占比分别为 37.54%、31.03% 和 28.56%。5A 级和 1A 级旅游景区所占比重相对较小，分别为 72 家和 8 家，占比分别为 2.58% 和 0.29%。

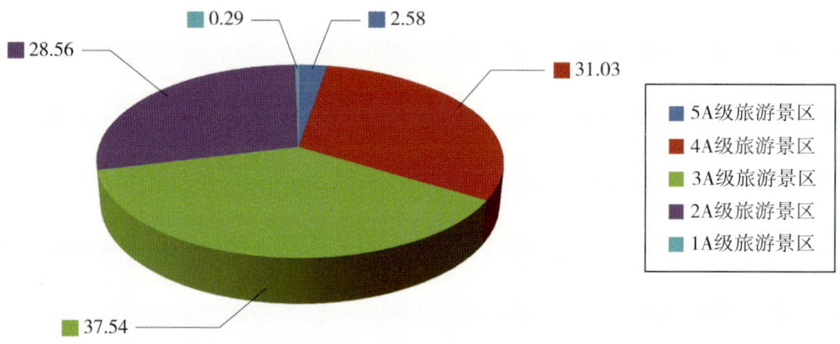

图 5-1-1　2015 年华东地区 A 级旅游景区等级分布占比图（单位：%）

（2）增量及增长率

5A 级旅游景区较上年增速最快，达到 16.13%；其次是 3A 级和 2A 级旅游景区，增长率分别为 13.90% 和 7.26%；1A 级旅游景区数量保持不变。

表 5-1-1　2014 ~ 2015 年华东地区 A 级旅游景区分级数量统计表

景区等级	2014 年数量（家）	2015 年数量（家）	比重（%）	增量（家）	增长率（%）
5A 级旅游景区	62	72	2.58	10	16.13
4A 级旅游景区	823	867	31.03	44	5.35
3A 级旅游景区	921	1049	37.54	128	13.90

续表

景区等级	2014 年数量（家）	2015 年数量（家）	比重（%）	增量（家）	增长率（%）
2A 级旅游景区	744	798	28.56	54	7.26
1A 级旅游景区	8	8	0.29	0	0.00
合　计	2558	2794	100.00	236	9.23

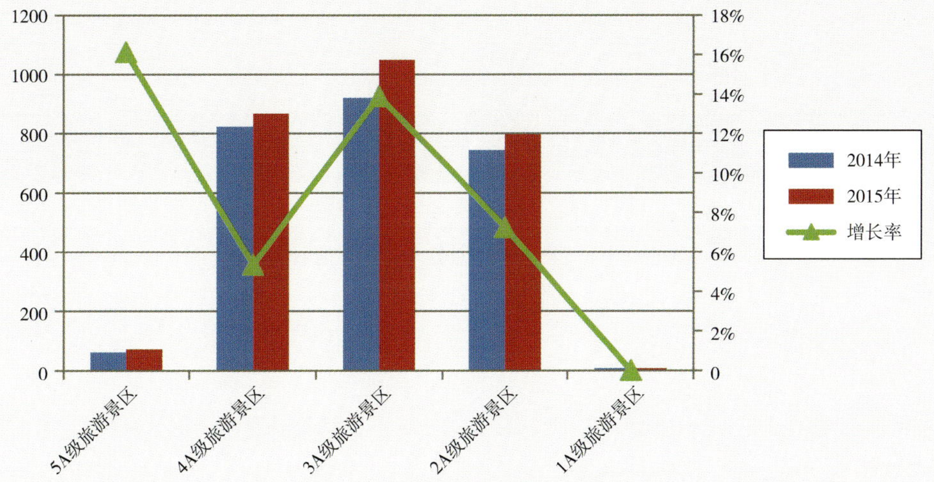

图 5-1-2　2014 ~ 2015 年华东地区 A 级旅游景区等级分布图（单位：家）

2. 类型构成

2015 年，华东地区自然景观类景区数量最多，其次是历史文化类和度假休闲类景区，分别为 713 家、549 家和 422 家，分别占该地区 A 级旅游景区总量的

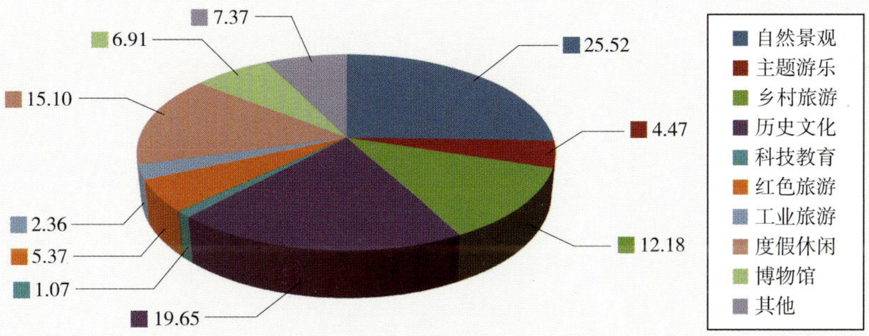

图 5-1-3　2015 年华东地区 A 级旅游景区类型分布占比图（单位：家）

25.52%、19.65% 和 15.10%；科技教育类和工业旅游类景区数量相对较少，分别为 30 家和 66 家，占比分别为 1.07% 和 2.36%。

从景区类型和等级综合看，自然景观类中 4A 级和 3A 级旅游景区数量相对较多，分别为 271 家和 255 家；历史文化类景区中 4A 级、3A 级和 2A 级旅游景区数量相对较多，分别为 176 家、181 家和 166 家。

表 5-1-2　2015 年华东地区 A 级旅游景区分类型等级数量统计表（单位：家）

	5A 级旅游景区	4A 级旅游景区	3A 级旅游景区	2A 级旅游景区	1A 级旅游景区	合　计
自然景观	27	271	255	159	1	713
主题游乐	2	55	38	30	0	125
乡村旅游	1	53	153	131	2	340
历史文化	23	176	181	166	3	549
科技教育	0	7	17	6	0	30
红色旅游	5	33	59	53	0	150
工业旅游	0	14	33	19	0	66
度假休闲	4	150	156	111	1	422
博物馆	1	52	82	58	0	193
其　他	9	56	75	65	1	206
合　计	72	867	1049	798	8	2794

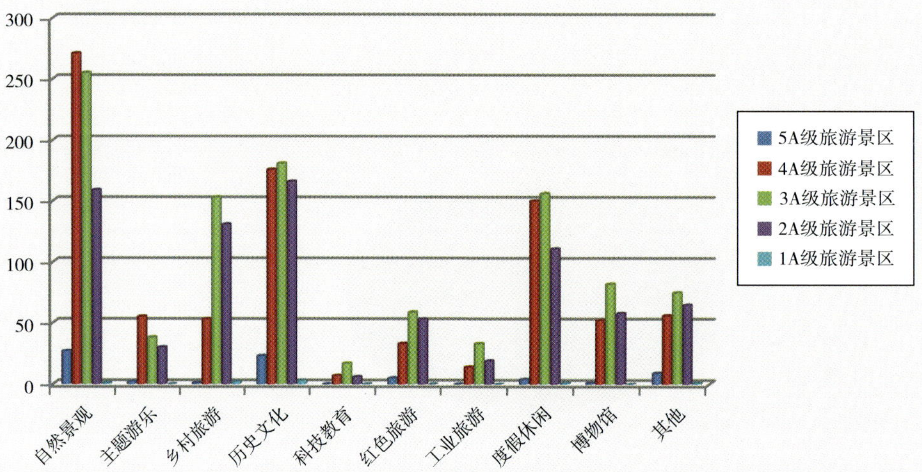

图 5-1-4　2015 年华东地区 A 级旅游景区类型等级分布图（单位：家）

3. 门票价格

2015 年，华东地区 2794 家 A 级旅游景区的门票价格总计 81434 元，平均门票价格为 29 元，比全国平均水平少 2 元。

从景区等级来看，5A 级旅游景区的平均门票价格最高，高达 118 元；其次是 4A 级和 3A 级旅游景区，平均门票价格分别为 52 元和 19 元；2A 级和 1A 级旅游景区平均门票价格相对最低，分别为 9 元和 7 元。

表 5-1-3　2015 年华东地区 A 级旅游景区门票价格分等级统计表

景区等级	门票价格总额（元）	景区数量（家）	平均门票价格（元）
5A 级旅游景区	8468	72	118
4A 级旅游景区	45364	867	52
3A 级旅游景区	20136	1049	19
2A 级旅游景区	7414	798	9
1A 级旅游景区	52	8	7
合　计	81434	2794	29

从景区类型来看，2015 年华东地区主题游乐类、自然景观类和度假休闲类三类景区的平均门票价格相对较高，分别为 67 元、39 元和 35 元；工业旅游类和红色旅游类两类景区的平均门票价格相对较低，分别为 10 元和 9 元。

表 5-1-4　2015 年华东地区旅游景区门票价格分类型统计表

景区类型	门票价格总额（元）	景区数量（家）	平均门票价格（元）
自然景观	27737	713	39
主题游乐	8361	125	67
乡村旅游	6666	340	20
历史文化	14420	549	26
科技教育	973	30	32
红色旅游	1290	150	9
工业旅游	628	66	10
度假休闲	14787	422	35
博物馆	2884	193	15
其　他	3688	206	18
总　计	81434	2794	29

（二）旅游景区游客接待量情况

2015 年，华东地区国家 A 级旅游景区旅游总接待量为 16.34 亿人次，较上年增加 2.46 人次。平均游客接待量为 58.48 万人次，政策性免票人数为 7.50 亿人次。

1. 分等级接待量

（1）数量及比重

从不同等级来看，2015 年华东地区 4A 级旅游景区接待量最多，其次是 5A 级和 3A 级旅游景区，分别为 74493.44 万人次、38152.00 万人次和 34134.69 万人次，分别占该区 A 级景区游客接待总量的 45.59%、23.35% 和 20.89%；2A 级和 1A 级旅游景区游客接待量相对较少，分别为 16596.70 万人次和 27.77 万人次，占比分别为 10.15% 和 0.02%。

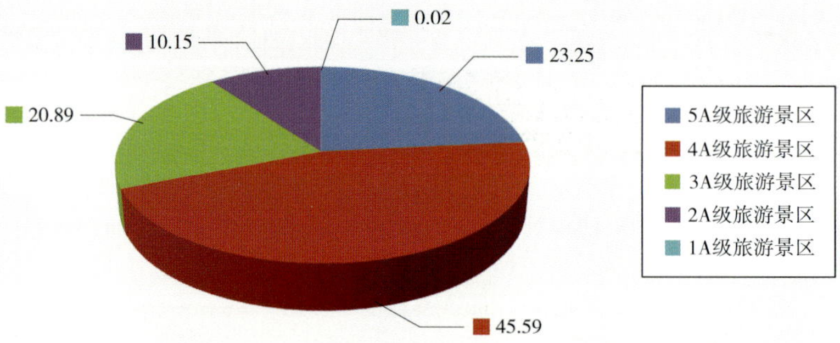

图 5-2-1　2015 年华东地区 A 级旅游景区游客接待量分布图（单位：%）

（2）增量及增长率

与上年相比，不同等级 A 级景区游客接待量均呈增长态势，其中 1A 级旅游景区增速最快，较上年增加 8.70 万人次，增长 45.50%，其次是 3A 级和 2A 级旅游景区，分别较上年增加 8327.33 万人次和 3704.55 万人次，分别增长 32.27% 和 28.73%。5A 级和 4A 级旅游景区游客接待量增长最慢，分别较上年增加 5704.70 万人次和 6805.65 万人次，分别增长 17.58% 和 10.05%。

表 5-2-1　2014 ~ 2015 年华东地区 A 级旅游景区游客接待情况统计表

景区等级	2014 年接待量（万人次）	2015 年接待量（万人次）	比重（%）	增量（万人次）	增长率（%）
5A 级旅游景区	32447.30	38152.00	23.35	5704.70	17.58
4A 级旅游景区	67687.79	74493.44	45.59	6805.65	10.05
3A 级旅游景区	25807.36	34134.69	20.89	8327.33	32.27
2A 级旅游景区	12892.15	16596.70	10.15	3704.55	28.73
1A 级旅游景区	19.11	27.77	0.02	8.70	45.50
合　计	138853.71	163404.60	100.00	24550.89	17.68

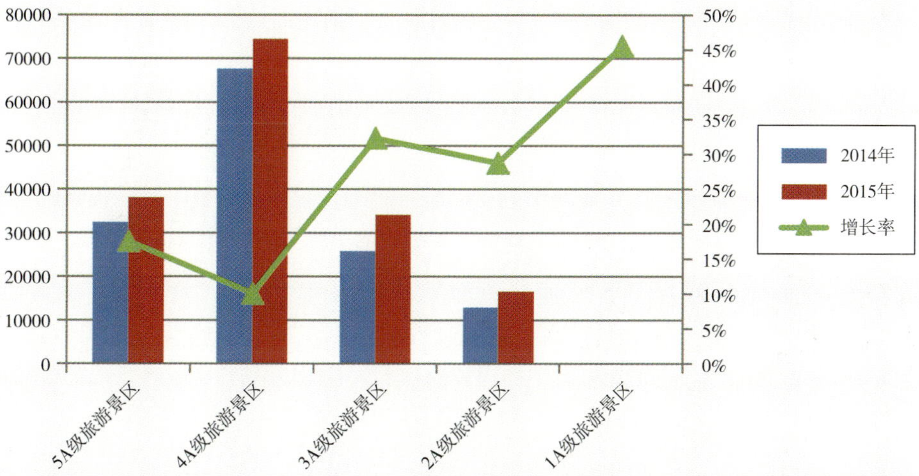

图 5-2-2　2014 ~ 2015 年华东地区 A 级旅游景区游客接待量分布图（单位：万人次）

2. 分类型接待量

从不同类型 A 级旅游景区的游客接待量来看，自然景观类景区游客接待量最多，共计 49502.00 万人次，占华东地区 A 级旅游景区游客接待总量的 30.29%；其次是历史文化类和度假休闲类景区，游客接待量分别为 43768.25 万人次和 20896.82 万人次，占比分别为 26.79% 和 12.79%；工业旅游类和科技教育类旅游景区游客接待量较少，分别为 1454.33 万人次和 905.45 万人次，仅占 0.89% 和 0.55%。

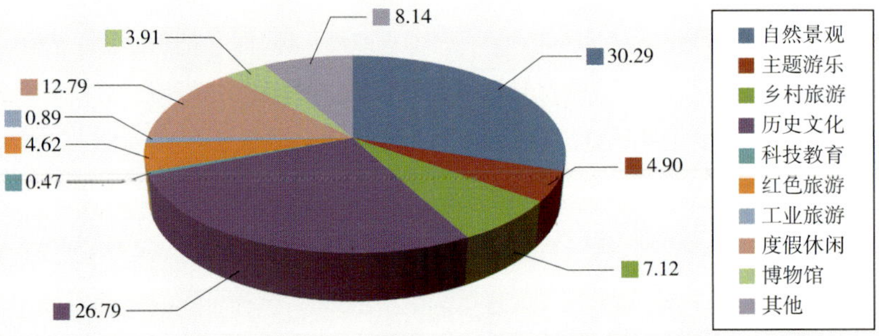

图 5-2-3　2015 年华东地区 A 级旅游景区分类型游客接待量分布图（单位：%）

从景区类型和级别综合来看，自然景观类旅游景区中 4A 级和 5A 级旅游景区接待量相对较多，分别为 25577.39 万人次和 11966.78 万人次；历史文化类景区也是以 4A 级和 5A 级旅游景区接待量较多，分别为 17672.95 万人次和 15882.74 万人次。

表 5-2-2　2015 年华东地区 A 级旅游景区游客接待量分类型等级统计表（单位：万人次）

景区类型	5A 级旅游景区	4A 级旅游景区	3A 级旅游景区	2A 级旅游景区	1A 级旅游景区	合　计
自然景观	11966.78	25577.39	8340.25	3613.66	3.92	49502.00
主题游乐	1173.82	4845.00	1415.10	571.26	0.00	8015.18
乡村旅游	62.00	3660.75	5158.70	2748.50	2.05	11632.00
历史文化	15882.74	17672.95	6174.19	4024.53	13.84	43768.25
科技教育	0.00	422.41	435.90	47.14	0.00	905.45
红色旅游	2367.35	2692.38	1765.62	717.41	0.00	7542.76
工业旅游	0.00	615.17	692.83	146.33	0.00	1454.33
度假休闲	2341.27	11357.48	4540.00	2658.07	0.00	20896.82
博物馆	300.81	3093.51	2183.59	813.13	0.00	6391.04
其　他	4057.23	4556.39	3428.51	1256.67	7.97	13306.77
合　计	38152.00	74493.43	34134.69	16596.70	27.78	163404.60

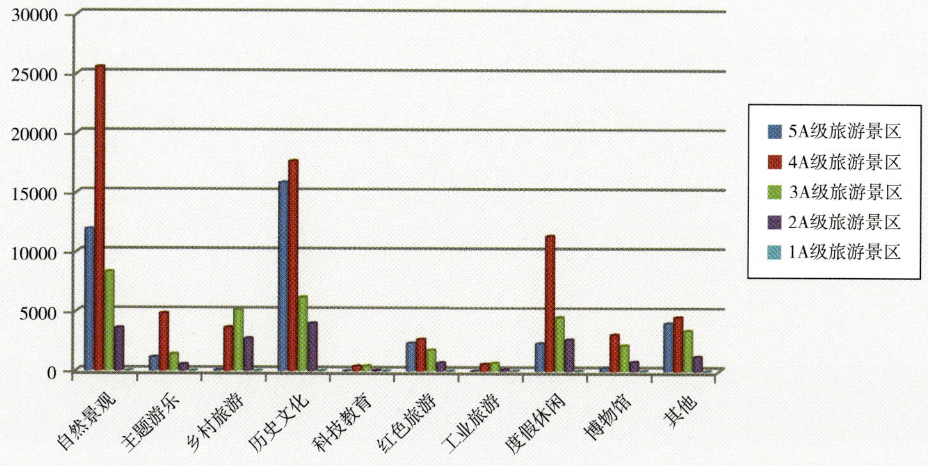

图 5-2-4　2015 年华东地区 A 级旅游景区接待量分类型等级分布图（单位：万人次）

（三）旅游景区经营与投资情况

1. 旅游景区总收入情况

2015 年，华东地区 A 级旅游景区旅游总收入为 1479.84 亿元，较上年增加 19.42 亿元，增长 1.33%，占全国 A 级旅游景区旅游总收入的 42.54%。平均旅游总收入为 5296.49 万元。

（1）分等级收入

从不同等级来看，2015 年华东地区景区旅游收入以 5A 级旅游景区收入最多，共计 809.74 亿元，占该区 A 级旅游景区旅游总收入的 54.72%；其次是 4A 级旅游景区，旅游收入共计 451.23 亿元，占比 30.49%；3A 级和 2A 级旅游景区收入偏少，仅为 143.76 亿元和 75.08 亿元，占比分别为 9.72% 和 5.07%；1A 级旅游景区收入最少，为 0.03 亿元，仅占 0.002%。

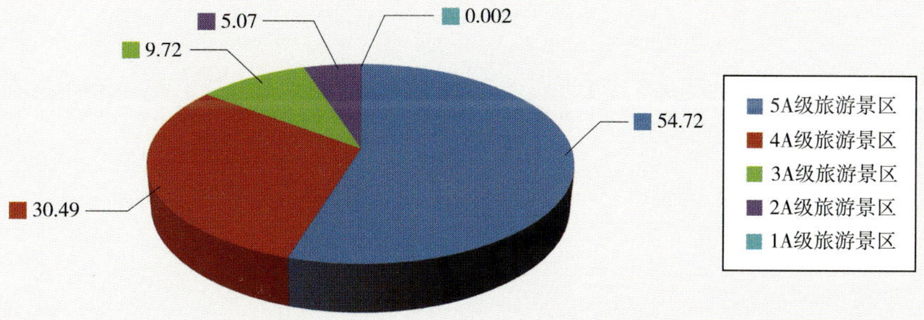

图 5-3-1　2015 年华东地区 A 级旅游景区分等级收入占比图（单位：%）

与上年相比，除4A级旅游景区旅游总收入下降外，其他等级景区旅游总收入均呈上升态势，其中1A级景区增长最快，较上年增加0.01亿元，增长64.59%，其次是5A级旅游景区，较上年增加84.10亿元，增长11.59%；3A级和2A级景区旅游总收入相对增长缓慢，较上年分别增加6.06亿元和2.90亿元，分别增长4.40%和4.01%。4A级旅游景区旅游总收入较上年减少73.65亿元，下降14.03%。

表5-3-1　2014～2015年华东地区A级旅游景区分等级收入统计表

景区等级	2014年景区总收入（亿元）	2015年景区总收入（亿元）	比重（%）	增量（亿元）	增长率（%）
5A级旅游景区	725.64	809.74	54.72	84.10	11.59
4A级旅游景区	524.88	451.23	30.49	-73.65	-14.03
3A级旅游景区	137.70	143.76	9.72	6.06	4.40
2A级旅游景区	72.18	75.08	5.07	2.90	4.01
1A级旅游景区	0.02	0.03	0.002	0.01	64.59
合　计	1460.42	1479.84	100.00	19.42	1.33

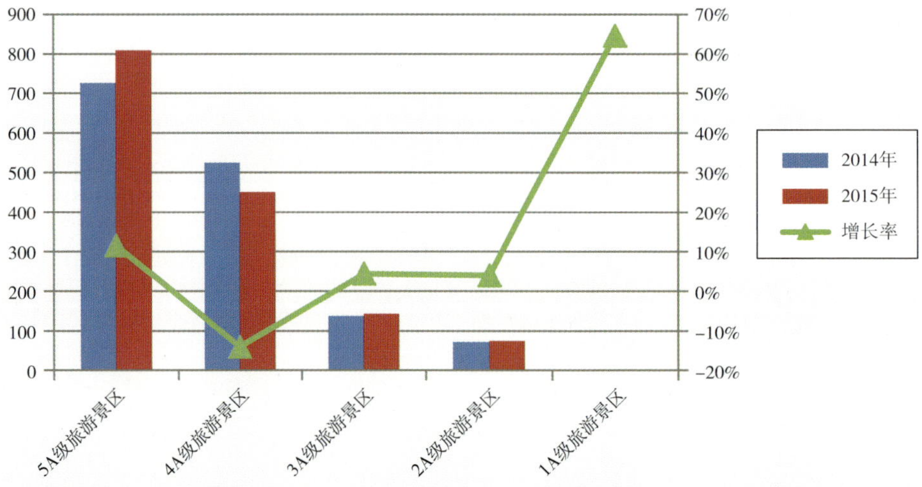

图5-3-2　2014～2015年华东地区A级旅游景区分等级收入分布图（单位：亿元）

（2）分类型收入

从不同景区类型看，自然景观类景区旅游总收入最多，其次是历史文化类和度假休闲类景区，分别为 571.73 亿元、228.33 亿元和 152.19 亿元，占比分别为 38.63%、15.43% 和 10.28%；工业旅游类、博物馆类和科技教育类景区旅游总收入相对较少，分别为 27.76 亿元、25.86 亿元和 3.88 亿元，占比分别为 1.88%、1.75% 和 0.26%。

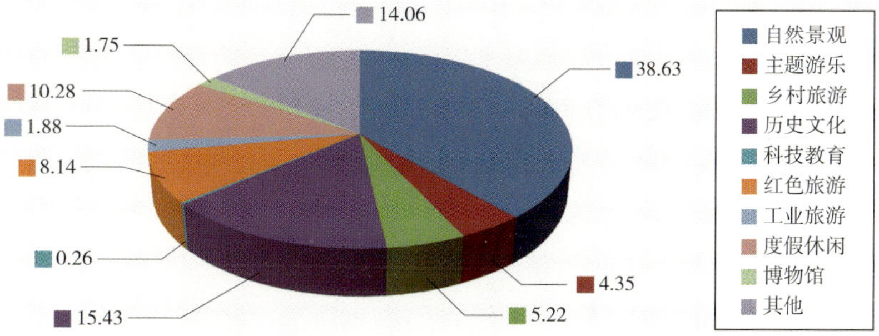

图 5-3-3　2015 年华东地区 A 级旅游景区分类型收入占比图（单位：%）

从景区类型和等级综合来看，自然景观类景区以 5A 级和 4A 级旅游景区收入相对较多，分别为 356.93 亿元和 184.96 亿元；历史文化类景区同样也以 5A 级和 4A 级旅游景区收入最多，分别为 153.89 亿元和 54.91 亿元。

表 5-3-2　2015 年华东地区 A 级旅游景区分类型等级收入统计表（单位：亿元）

景区类型	5A 级旅游景区	4A 级旅游景区	3A 级旅游景区	2A 级旅游景区	1A 级旅游景区	合　计
自然景观	356.93	184.96	21.66	8.16	0.02	571.73
主题游乐	9.40	50.28	3.60	1.02	0.00	64.30
乡村旅游	0.12	29.60	36.79	10.74	0.01	77.26
历史文化	153.89	54.91	12.38	7.14	0.01	228.33
科技教育	0.00	2.53	0.57	0.78	0.00	3.88
红色旅游	108.83	9.56	1.73	0.37	0.00	120.49
工业旅游	0.00	3.01	4.58	20.17	0.00	27.76
度假休闲	12.82	96.09	35.29	7.99	0.00	152.19
博物馆	0.99	8.40	15.71	0.76	0.00	25.86
其　他	166.77	11.88	11.44	17.94	0.01	208.04
合　计	809.75	451.22	143.75	75.07	0.05	1479.84

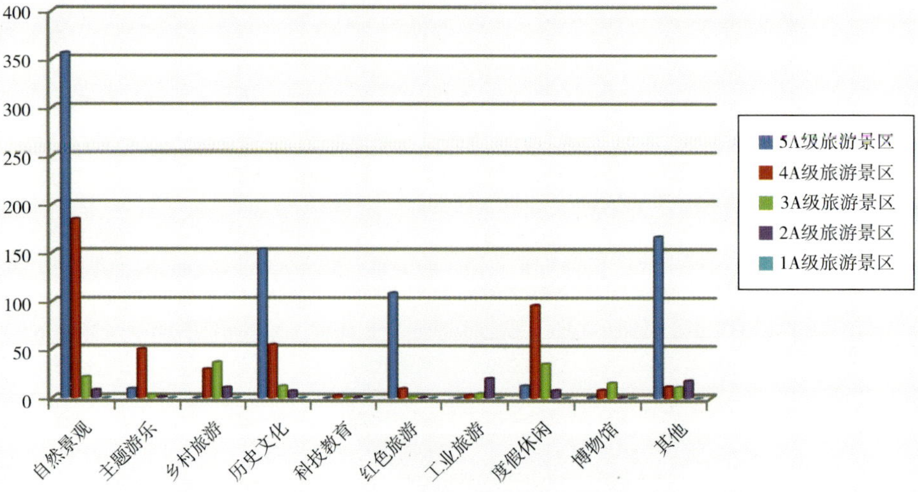

图 5-3-4　2015 年华东地区 A 级旅游景区分类型等级收入分布图（单位：亿元）

2. 旅游景区分项收入

2015 年华东地区 A 级旅游景区旅游分项收入中以餐饮收入最多，其次是住宿收入和商品收入，分别为 340.44 亿元、321.92 亿元和 314.27 亿元，分别占该地区旅游总收入的 23.01%、21.75% 和 21.24%；演艺收入相对最少，为 27.40 亿元，占比 1.85%。

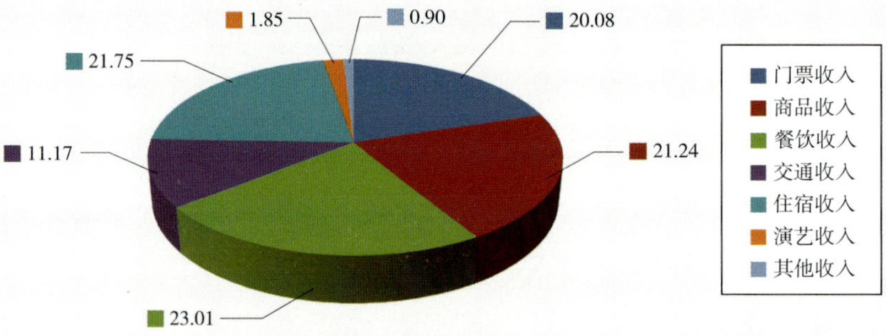

图 5-3-5　2015 年华东地区 A 级旅游景区收入构成占比图（单位：%）

与上年相比，除门票收入、交通收入减少外，其他各项收入均呈现不同程度增加。其中演艺收入增速最快，较上年增加 10.01 亿元，增长 57.54%；其次是商品收入和餐饮收入，分别较上年增加 7.17 亿元和 11.07 亿元，分别增长 2.34%、3.36%；门票收入和交通收入分别较上年减少 19.38 亿元和 0.31 亿元，分别下降 6.12% 和 0.19%。

表 5-3-3　2014 ~ 2015 年华东地区 A 级旅游景区收入构成统计表

类别	2014 年景区分项收入（亿元）	2015 年景区分项收入（亿元）	比重（%）	增量（亿元）	增长率（%）
门票收入	316.53	297.15	20.08	-19.38	-6.12
商品收入	307.10	314.27	21.24	7.17	2.34
餐饮收入	329.37	340.44	23.01	11.07	3.36
交通收入	165.58	165.27	11.17	-0.31	-0.19
住宿收入	316.00	321.92	21.75	5.92	1.87
演艺收入	17.39	27.40	1.85	10.01	57.54
其他收入	8.45	13.39	0.90	4.94	58.46
合　计	1460.42	1479.83	100.00	19.42	1.33

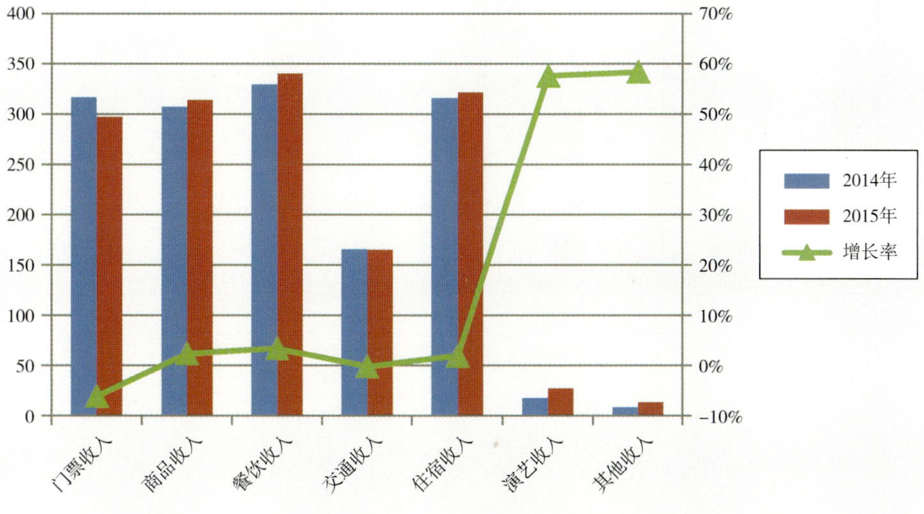

图 5-3-6　2014 ~ 2015 年华东地区 A 级旅游景区收入构成分布图（单位：亿元）

（1）分等级收入

从不同等级结构来看，5A 级和 4A 级旅游景区旅游收入相对较多，分别为 809.75 亿元和 451.22 亿元。其中，5A 级旅游景区旅游收入主要来源于住宿收入、餐饮收入、商品收入、门票收入和交通收入五项，且相对较为均衡，分别为 219.26

亿元、189.02 亿元、137.62 亿元、134.34 亿元和 121.73 亿元。4A 级旅游景区旅游收入主要来源于门票收入、餐饮收入、商品收入和住宿收入四项，分别为 134.95 亿元、97.72 亿元、88.52 亿元和 75.23 亿元。

表 5-3-4　2015 年华东地区 A 级旅游景区分等级收入构成统计表（单位：亿元）

景区等级	门票收入	商品收入	餐饮收入	交通收入	住宿收入	演艺收入	其他收入	合　计
5A 级旅游景区	134.34	137.62	189.02	121.73	219.26	7.37	0.41	809.75
4A 级旅游景区	134.95	88.52	97.72	35.46	75.23	14.26	5.08	451.22
3A 级旅游景区	24.01	49.71	36.71	4.78	19.62	3.34	5.58	143.75
2A 级旅游景区	3.84	38.42	16.98	3.29	7.81	2.44	2.30	75.08
1A 级旅游景区	0.01	0.002	0.01	0.00	0.0001	0.0007	0.02	0.04
合　计	297.15	314.27	340.44	165.26	321.92	27.41	13.39	1479.84

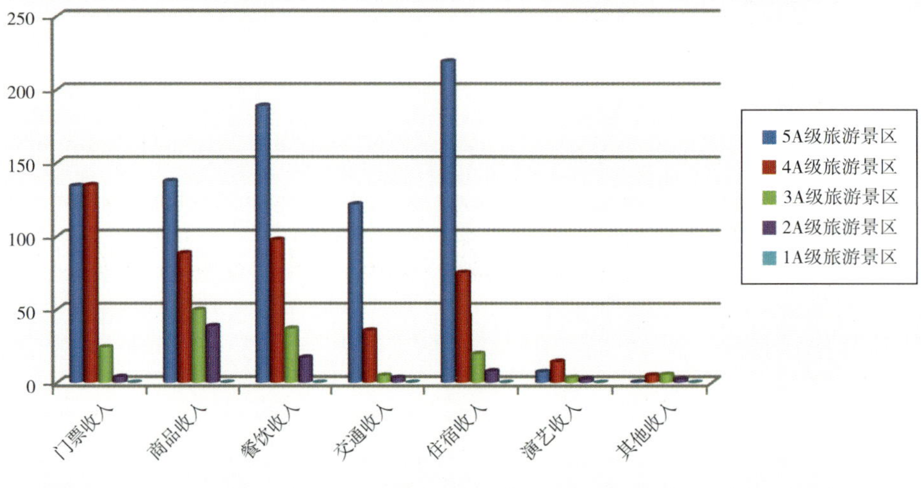

图 5-3-7　2015 年华东地区 A 级旅游景区分等级收入构成分布图（单位：亿元）

（2）分类型收入

自然景观类和历史文化类 A 级旅游景区旅游收入相对较多，分别为 571.72 亿元和 228.31 亿元。其中，自然景观类景区旅游收入主要来源于住宿收入、餐饮收入、门票收入、商品收入和交通收入五项，分别为 137.08 亿元、135.92 亿元、108.50 亿元、93.28 亿元和 88.72 亿元。历史文化类旅游景区旅游收入则主要来源于门票收入、住宿收入、商品收入和餐饮收入四项，分别为 66.33 亿元、44.20 亿元、

43.82 亿元和 41.64 亿元。

表 5-3-5　2015 年华东地区 A 级旅游景区分类型收入构成统计表（单位：亿元）

景区类型	门票收入	商品收入	餐饮收入	交通收入	住宿收入	演艺收入	其他收入	合　计
自然景观	108.50	93.28	135.92	88.72	137.08	4.95	3.27	571.72
主题游乐	36.19	8.83	8.77	0.78	2.57	6.50	0.66	64.31
乡村旅游	15.23	21.01	23.31	1.28	12.80	0.91	2.72	77.26
历史文化	66.33	43.82	41.64	24.60	44.20	5.59	2.13	228.31
科技教育	2.00	0.52	0.58	0.17	0.45	0.03	0.14	3.89
红色旅游	4.90	25.47	27.61	22.93	38.58	0.71	0.31	120.51
工业旅游	1.06	24.12	1.29	0.18	0.94	0.10	0.09	27.78
度假休闲	34.30	24.88	41.73	6.82	36.50	4.92	3.03	152.18
博物馆	4.04	18.96	1.08	0.49	0.52	0.36	0.40	25.85
其　他	24.60	53.37	58.51	19.30	48.29	3.33	0.64	208.04
合　计	297.15	314.26	340.44	165.27	321.93	27.40	13.39	1479.84

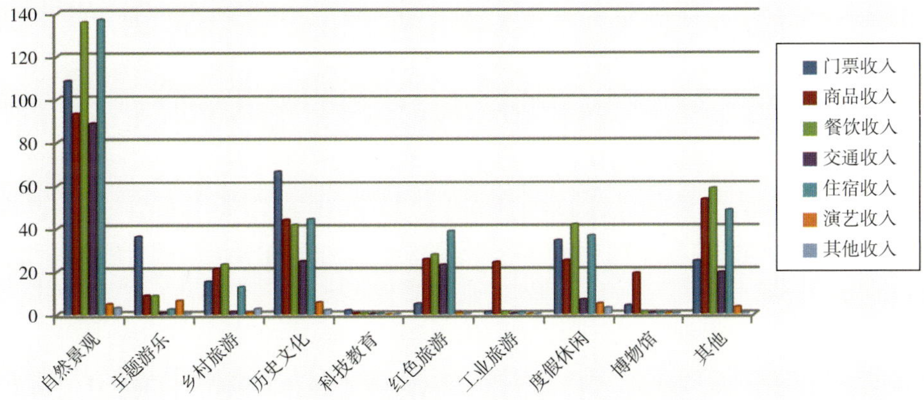

图 5-3-8　2015 年华东地区 A 级旅游景区分类型收入构成分布图（单位：亿元）

3. 旅游景区投资

2015 年，华东地区 A 级旅游景区总建设投资 891.48 亿元，较上年减少 3.85 亿元，下降 0.43%。其中景区内部投资为 642.95 亿元，景区外部投资为 248.53 亿元。

从景区等级来看，4A 级旅游景区总投资规模最大，其次是 3A 级和 5A 级旅游景区，分别为 504.35 亿元、162.24 亿元和 155.53 亿元；1A 级景区建设投资额最少，为 0.10 亿元。从景区类型来看，自然景观类景区总投资规模最大，其次是度假休闲类景区和历史文化类景区，分别为 324.77 亿元、185.29 亿元和 150.14 亿元。

从景区等级和类型综合来看，自然景观类和度假休闲类景区的投资重点均是 4A 级旅游景区，投资额分别为 199.83 亿元和 130.43 亿元，分别占该类型景区投资总额的 61.53% 和 70.39%；而历史文化类景区的投资重点主要是 4A 级和 5A 级旅游景区，投资额分别为 77.15 亿元和 50.06 亿元，分别占该类型景区投资总额的 51.39% 和 33.34%。

表 5-3-6　2015 年华东地区 A 级旅游景区建设投资分类型等级统计表（单位：亿元）

景区类型	5A 级旅游景区	4A 级旅游景区	3A 级旅游景区	2A 级旅游景区	1A 级旅游景区	合　计
自然景观	66.55	199.83	39.46	18.93	0.00	324.77
主题游乐	1.69	51.71	7.70	1.47	0.00	62.58
乡村旅游	0.16	10.15	30.67	8.12	0.02	49.12
历史文化	50.06	77.15	14.56	8.32	0.05	150.14
科技教育	0.00	0.54	11.98	0.06	0.00	12.58
红色旅游	8.71	8.11	3.02	2.00	0.00	21.84
工业旅游	0.00	6.05	5.09	2.33	0.00	13.48
度假休闲	5.14	130.43	34.62	15.10	0.00	185.29
博物馆	0.77	2.48	4.01	1.77	0.00	9.03
其　他	22.45	17.90	11.13	11.16	0.03	62.67
合　计	155.53	504.35	162.24	69.26	0.10	891.46

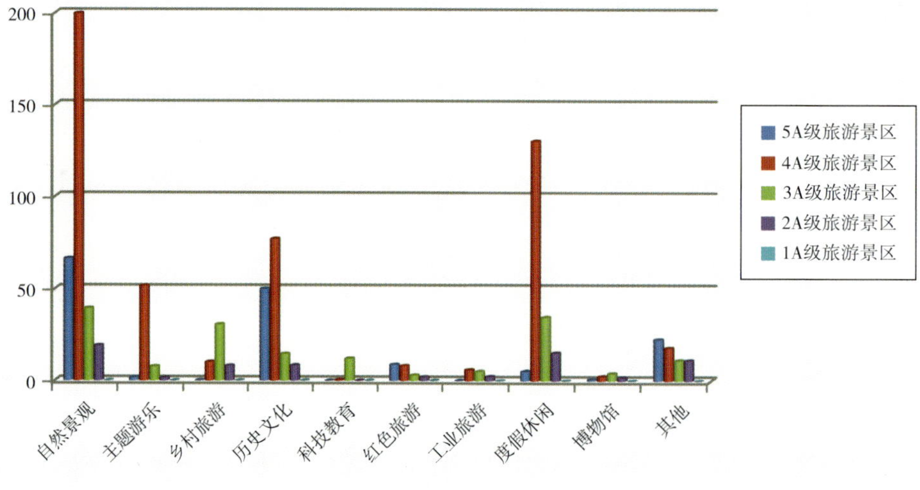

图 5-3-9　2015 年华东地区 A 级旅游景区总投资分类型等级分布图（单位：亿元）

（四）旅游景区经营管理机构与人员情况

1. 经营机构

2015 年，华东地区 A 级旅游景区经营机构共计 2794 家，较上年增加 236 家，增长 9.23%，主要包括企业、行政单位、事业单位和部队四种类型。其中，企业类经营机构最多，共计 1989 家，占该区 A 级旅游景区经营机构的 71.19%；其次是事业单位和行政单位类型经营机构，分别为 739 家和 65 家，占比分别为 26.45% 和 2.33%；部队类型的机构仅 1 家。

表 5-4-1　2015 年华北地区 A 级旅游景区经营管理机构情况统计表

经营管理机构类型	数量（家）	比重（%）
行政单位	65	2.33
事业单位	739	26.45
企　业	1989	71.19
部　队	1	0.03
合　计	2794	100.00

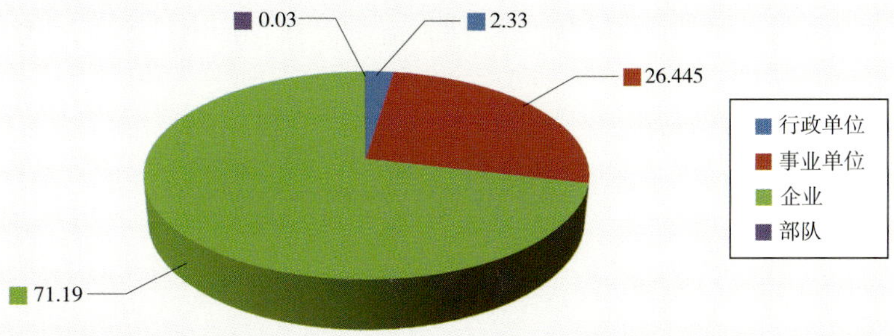

图 5-4-1　2015 年华东地区 A 级旅游景区经营管理机构数量分布图（单位：%）

从景区不同等级结构来看，所有等级景区均以企业经营主体为主。其中 3A 级旅游景区企业经营主体最多，多达 771 家，其次是 4A 级和 2A 级旅游景区，分别为 593 家和 577 家；5A 级和 1A 级景区企业经营主体分别为 40 家和 8 家。

表 5-4-2　2015 年华东地区 A 级旅游景区经营主体统计表（单位：家）

景区类型	5A 级旅游景区	4A 级旅游景区	3A 级旅游景区	2A 级旅游景区	1A 级旅游景区	合　计
行政单位	10	17	21	17	0	65
事业单位	22	257	256	204	0	739
企　业	40	593	771	577	8	1989
部　队	0	0	1	0	0	1
合　计	72	867	1049	798	8	2794

2. 就业情况

2015 年，华东地区 A 级旅游景区固定就业人数共计 37.58 万人，较上年增加 3.33 万人，增长 9.72%，占全国 A 级旅游景区固定就业总人数的 30.57%，平均固定就业人数为 135 人。

其中，4A 级和 5A 级旅游景区固定就业人数最多，分别为 144045 人和 91612 人，分别占华东地区 A 级旅游景区总固定就业人数的 38.33% 和 24.37%。

表 5-4-3　2015 年华东地区 A 级旅游景区分等级固定用工统计表

景区等级	5A 级旅游景区	4A 级旅游景区	3A 级旅游景区	2A 级旅游景区	1A 级旅游景区	合　计
固定用工人数（人）	91612	144045	68907	71176	73	375813
比例（%）	24.37	38.33	18.34	18.94	0.02	100.00

从景区类型看，自然景观类景区固定就业人数最多，其次是度假休闲类和工业旅游类景区，分别为 89347 人、57052 人和 53581 人，分别占该区定就业人数总量的 23.77%、15.18% 和 14.26%。其中，自然景观类景区以 4A 级和 5A 级旅游景区固定就业人数最多，分别为 47958 人和 25016 人；度假休闲类景区以 4A 级和 3A 级旅游景区固定就业人数最多，分别为 38956 人和 10893 人。

表 5-4-4　2015 年华东地区 A 级旅游景区固定用工分类型分等级统计表（单位：人）

景区类型	5A 级旅游景区	4A 级旅游景区	3A 级旅游景区	2A 级旅游景区	1A 级旅游景区	合　计
自然景观	25016	47958	12089	4249	35	89347
主题游乐	1171	12539	2590	1105	0	17405

续表

景区类型	5A 级旅游景区	4A 级旅游景区	3A 级旅游景区	2A 级旅游景区	1A 级旅游景区	合　计
乡村旅游	132	10090	16304	8249	22	34797
历史文化	21230	18397	5856	2526	11	48020
科技教育	0	678	1363	67	0	2108
红色旅游	22706	1763	2109	514	0	27092
工业旅游	0	3137	5286	45158	0	53581
度假休闲	3379	38956	10893	3824	0	57052
博物馆	423	3874	2016	611	0	6924
其　他	17555	6653	10401	4873	5	39487
合　计	91612	144045	68907	71176	73	375813

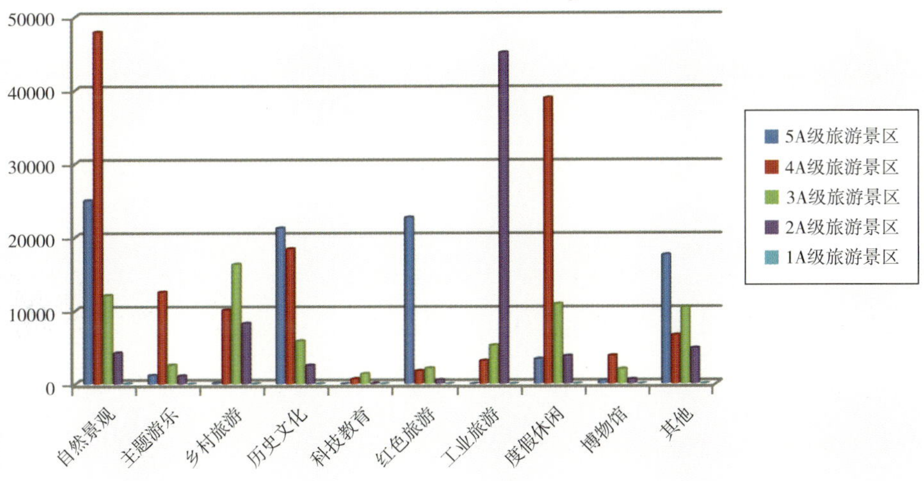

图 5-4-2　2015 年华东地区 A 级旅游景区固定用工分类型分等级分布图（单位：人）

3. 导游情况

2015 年，华东地区 A 级旅游景区导游人数共计 21948 人，较上年增加 933 人，增长 4.44%，占全国 A 级旅游景区导游总数的 34.22%。平均导游人数为 8 人。

其中，4A 级和 5A 级旅游景区导游人数较多，分别为 8462 人和 7478 人，占华东地区 A 级旅游景区导游总数的 38.55% 和 34.07%；2A 和 1A 级旅游景区导游人数相对较少，分别为 1572 人和 6 人，占比分别为 7.16% 和 0.04%。

表 5-4-5 2015 年华东地区 A 级旅游景区分等级导游数量统计表

景区等级	5A 级旅游景区	4A 级旅游景区	3A 级旅游景区	2A 级旅游景区	1A 级旅游景区	合 计
导游人数（人）	7478	8462	4430	1572	6	21948
比例（%）	34.07	38.55	20.18	7.16	0.04	100.00

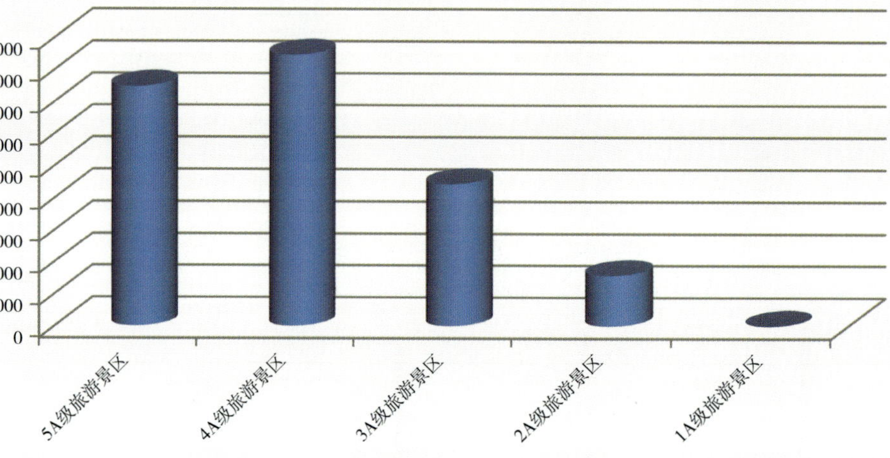

图 5-4-3 2015 年华东地区 A 级旅游景区导游人员分等级分布图（单位：人）

六、中南地区 A 级旅游景区情况

（一）旅游景区数量、等级、类型及门票价格情况

2015 年，中南地区 A 级旅游景区共计 1397 家，较上年增加 98 家，增长 7.54%；该地区 A 级旅游景区在全国 A 级旅游景区中所占比例为 17.57%，较上年下降 0.08 个百分点。

1. 等级构成

（1）数量及比重

从不同等级来看，中南地区 3A 级、4A 级和 2A 级旅游景区数量相对较多，5A 级和 1A 级旅游景区数量相对较少。具体来看，5A 级旅游景区共计 48 家，占该地区 A 级景区总数的 3.44%；4A 级旅游景区共计 555 家，占比 39.73%；3A 级旅游景区共计 590 家，占比 42.23%；2A 级旅游景区共计 199 家，占比 14.24%；1A 级旅游景区共计 5 家，占比 0.36%。

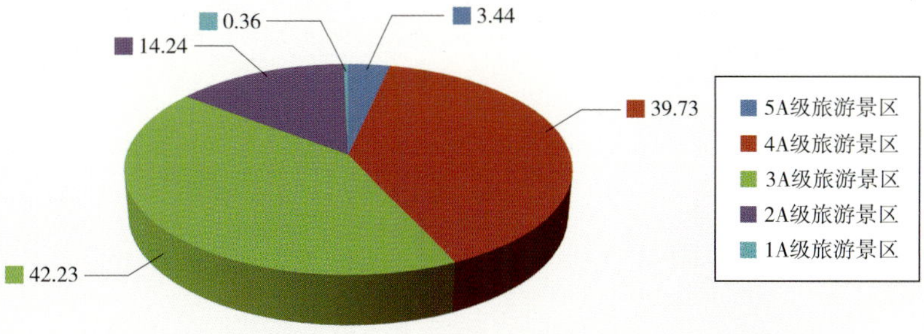

图 6-1-1　2015 年中南地区 A 级旅游景区等级分布占比图（单位：%）

（2）增量及增长率

除 1A 级旅游景区外，其他等级景区均呈现不同幅度的增长。其中，5A 级和 3A 级旅游景区增长较为显著，分别较上年增加 5 家和 56 家，分别增长 11.63% 和 10.49%；2A 级和 4A 级旅游景区分别较上年增加 11 家和 26 家，分别增长 5.85% 和 4.91%；1A 级旅游景区数量与上年持平，实现零增长。

表 6-1-1　2014 ~ 2015 年中南地区 A 级旅游景区分级数量统计表

景区等级	2014 年数量（家）	2015 年数量（家）	比重（%）	增量（家）	增长率（%）
5A 级旅游景区	43	48	3.44	5	11.63
4A 级旅游景区	529	555	39.73	26	4.91
3A 级旅游景区	534	590	42.23	56	10.49
2A 级旅游景区	188	199	14.24	11	5.85
1A 级旅游景区	5	5	0.36	0	0.00
合　计	1299	1397	100	98	7.54

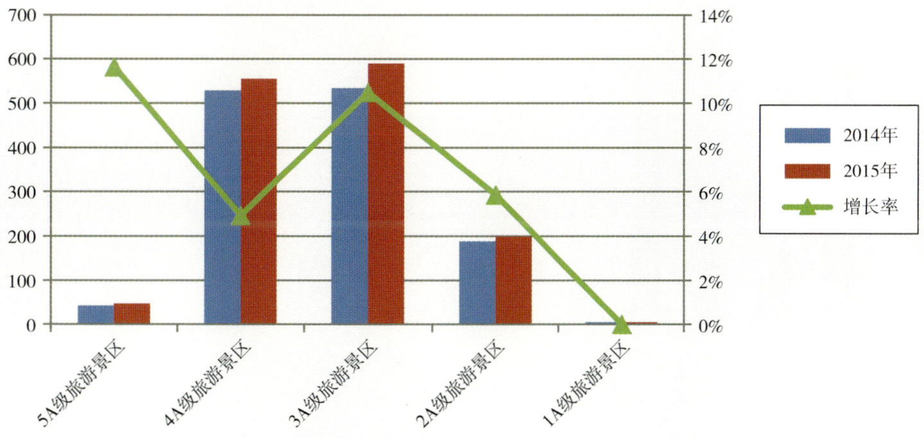

图 6-1-2　2014 ~ 2015 年中南地区 A 级旅游景区等级分布图（单位：家）

2. 类型构成

从不同类型来看，中南地区A级旅游景区以自然景观类数量最多，共计420家，占该区A级旅游景区总数的30.06%；其次是历史文化类、度假休闲类两类景区，分别为266家和247家，占比分别为19.04%和17.68%；工业旅游和科技教育两类景区数量相对较少，分别为28家和19家，占比分别为2.00%和1.36%。

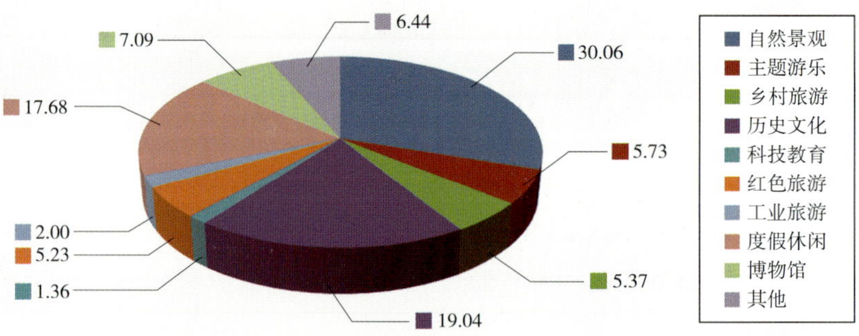

图6-1-3 2015年中南地区A级旅游景区类型分布占比图（单位：%）

从景区类型和等级综合看，自然景观类以4A级和3A级旅游景区数量相对较多，分别为189家和159家；历史文化类景区以3A级和4A级旅游景区相对较多，分别为117家和101家；度假休闲类景区也是以4A级和3A级旅游景区较多，分别为119家和89家。

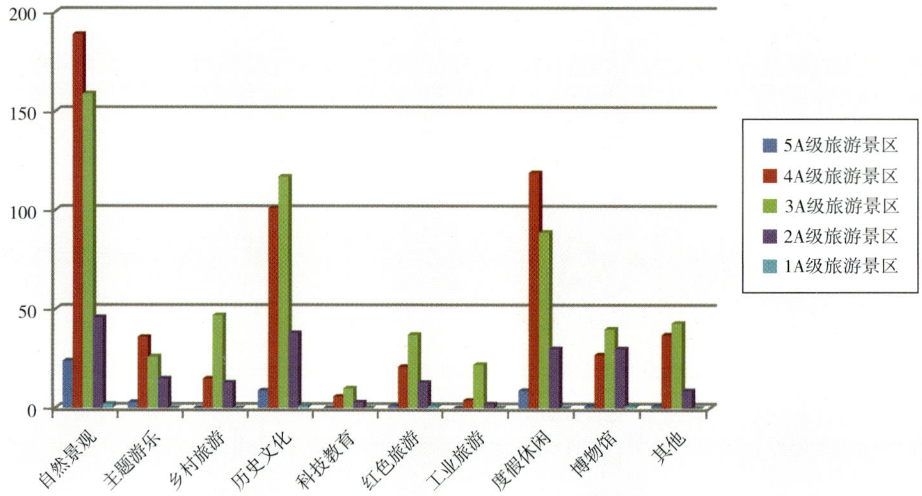

图6-1-4 2015年中南地区A级旅游景区分类型分等级分布图（单位：家）

表 6-1-2 2015 年中南地区 A 级旅游景区分类型分等级数量统计表（单位：家）

景区类型	5A 级旅游景区	4A 级旅游景区	3A 级旅游景区	2A 级旅游景区	1A 级旅游景区	合 计
自然景观	24	189	159	46	2	420
主题游乐	3	36	26	15	0	80
乡村旅游	0	15	47	13	0	75
历史文化	9	101	117	38	1	266
科技教育	0	6	10	3	0	19
红色旅游	1	21	37	13	1	73
工业旅游	0	4	22	2	0	28
度假休闲	9	119	89	30	0	247
博物馆	1	27	40	30	1	99
其 他	1	37	43	9	0	90
合 计	48	555	590	199	5	1397

3. 门票价格

2015 年，中南地区 1397 家 A 级旅游景区的门票价格总计 60788 元，A 级旅游景区的平均门票价格为 44 元，高于全国平均水平 13 元。

从景区等级来看，5A 级旅游景区的平均门票价格最高，高达 98 元；其次是 4A 级和 3A 级旅游景区，平均门票价格分别为 64 元和 30 元；2A 级和 1A 级旅游景区的平均门票价格相对最低，分别为 14 元和 11 元。

表 6-1-3 2015 年中南地区 A 级旅游景区门票价格分等级统计表

景区等级	门票价格总额（元）	景区数量（家）	平均门票价格（元）
5A 级旅游景区	4687	48	98
4A 级旅游景区	35421	555	64
3A 级旅游景区	17935	590	30
2A 级旅游景区	2688	199	14
1A 级旅游景区	57	5	11
合 计	60788	1397	44

从景区类型来看，2015 年中南地区主题游乐类和度假休闲类两类景区的平均门票价格相对较高，分别为 82 元和 60 元；其次是自然景观类、历史文化类、乡

村旅游类和科技教育类四类景区，平均门票价格分别为 51 元、34 元、33 元和 29 元；工业旅游类、博物馆类和红色旅游类三类景区的平均门票价格相对较低，分别为 19 元、10 元和 8 元。

表 6–1–4　2015 年中南地区 A 级旅游景区门票价格分类型统计表

景区类型	门票价格总额（元）	景区数量（家）	平均门票价格（元）
自然景观	21611	420	51
主题游乐	6593	80	82
乡村旅游	2492	75	33
历史文化	9003	266	34
科技教育	554	19	29
红色旅游	561	73	8
工业旅游	540	28	19
度假休闲	14830	247	60
博物馆	942	99	10
其　他	3662	90	41
总　计	60788	1397	44

（二）旅游景区游客接待量情况

2015 年，中南地区 A 级旅游景区旅游总接待量为 7.45 亿人次，占全国 A 级旅游景区接待总量的 19.71%，较上年增加 0.82 亿人次，平均游客接待量为 53.33 万人次。

1. 分等级接待量

（1）数量及比重

中南地区不同等级 A 级旅游景区游客接待量以 4A 级旅游景区最多，共计 36293.42 万人次，占该区 A 级旅游景区游客接待总量的 48.75%；其次是 3A 级旅游景区，游客接待量共计 17486.61 万人次，占比 23.49%；再次是 5A 级旅游景区，游客接待量共计 16026.68 万人次，占比 21.53%；2A 级和 1A 级旅游景区游客接待量相对较少，分别为 4578.41 万人次和 68.27 万人次，占比分别为 6.15% 和 0.10%。

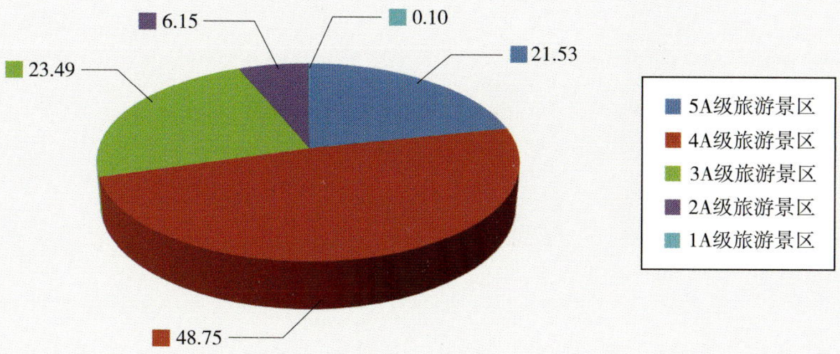

图 6-2-1　2015 年中南地区 A 级旅游景区游客接待量分等级分布图（单位：%）

（2）增量及增长率

中南地区各等级旅游景区的游客接待量较上年呈不同程度增长。其中，1A 级景区游客接待量增长最快，较上年增加 19.31 万人次，增长 39.45%；其次是 3A 级和 2A 级旅游景区，分别较上年增加 3077.47 万人次和 593.08 万人次，分别增长 21.36% 和 14.88%；5A 级旅游景区较上年增长最慢，增加 325.06 万人次，增长 2.07%。

表 6-2-1　2014 ~ 2015 年中南地区 A 级旅游景区游客接待情况统计表

景区等级	2014 年接待量（万人次）	2015 年接待量（万人次）	比重（%）	增量（万人次）	增长率（%）
5A 级旅游景区	15701.62	16026.68	21.53	325.06	2.07
4A 级旅游景区	32151.48	36293.42	48.75	4141.94	12.88
3A 级旅游景区	14409.14	17486.61	23.49	3077.47	21.36
2A 级旅游景区	3985.33	4578.41	6.15	593.08	14.88
1A 级旅游景区	48.95	68.26	0.10	19.31	39.45
合　计	66296.52	74453.38	100.00	8156.86	12.30

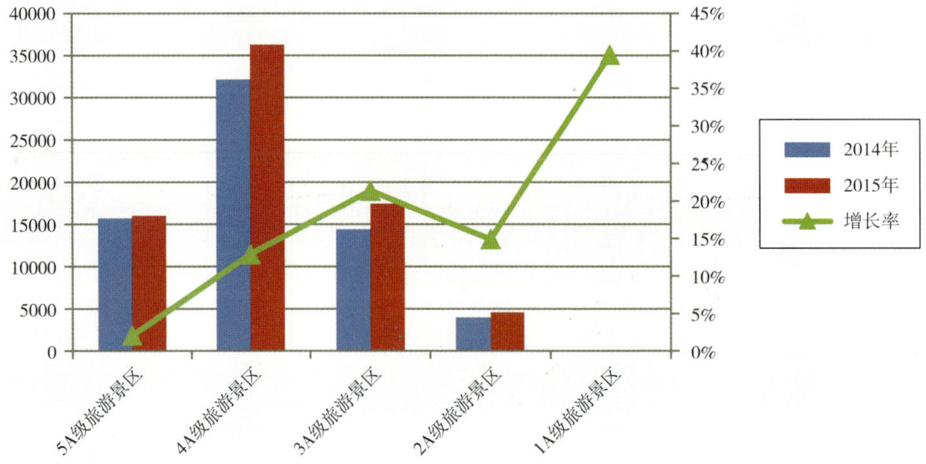

图 6-2-2　2014 ~ 2015 年中南地区 A 级旅游景区游客接待量分布图（单位：万人次）

2. 分类型接待量

从不同类型来看，自然景观类景区游客接待量最多，共计 25585.93 万人次，占该区 A 级旅游景区游客接待总量的 34.37%；其次是历史文化类和度假休闲类景区，游客接待量分别为 14977.28 万人次和 10659.11 万人次，占比分别为 20.12% 和 14.32%；再次是主题游乐类和红色旅游类两类景区，游客接待量分别为 6322.14 万人次和 5428.20 万人次，占比分别为 8.49% 和 7.29%；科技教育类和工业旅游类景区相对较少，游客接待量分别为 861.18 万人次和 537.42 万人次，占比分别为 1.16% 和 0.72%。

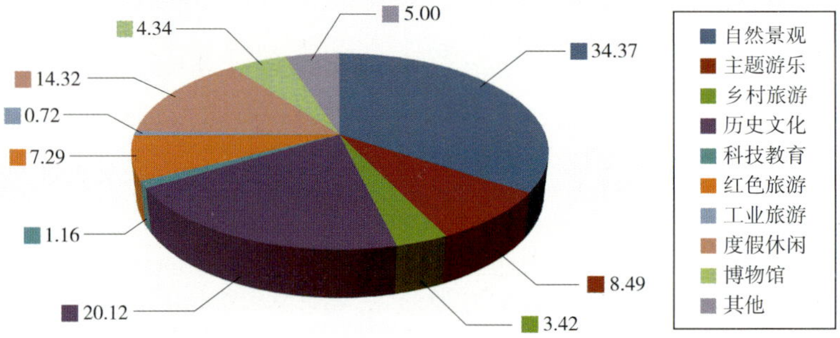

图 6-2-3　2015 年中南地区 A 级旅游景区分类型游客接待量分布图（单位：%）

从景区类型和等级综合来看，自然景观类景区以 4A 级和 5A 级旅游景区游客接待量相对较多，分别为 12443.31 万人次和 7666.19 万人次；历史文化类景区以 4A 级、3A 级和 5A 级旅游景区的游客接待量相对较多，分别为 7199.01 万人次、3604.47 万人次和 3349.46 万人次。

表 6-2-2　2015 年中南地区 A 级旅游景区游客接待量分类分级统计表（单位：万人次）

景区类型	5A 级旅游景区	4A 级旅游景区	3A 级旅游景区	2A 级旅游景区	1A 级旅游景区	合　计
自然景观	7666.19	12443.31	4524.58	929.21	22.64	25585.93
主题游乐	2027.53	2927.49	854.87	512.25	0.00	6322.14
乡村旅游	0.00	659.33	1317.41	566.94	0.00	2543.68
历史文化	3349.46	7199.01	3604.47	809.30	15.03	14977.28
科技教育	0.00	570.67	241.44	49.07	0.00	861.18
红色旅游	1513.80	2574.77	1133.68	187.55	18.40	5428.20
工业旅游	0.00	131.08	397.50	8.85	0.00	537.42
度假休闲	1122.84	5711.16	3156.03	669.08	0.00	10659.11
博物馆	346.86	1855.88	838.17	765.82	12.20	3818.92
其　他	0.00	2220.73	1418.47	80.33	0.00	3719.52
合　计	16026.68	36293.42	17486.61	4578.41	68.27	74453.38

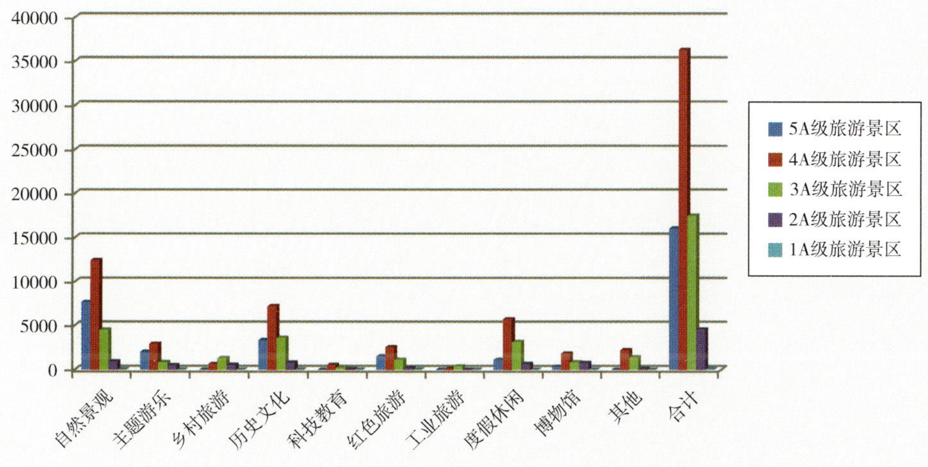

图 6-2-4　2015 年中南地区 A 级旅游景区接待量类型等级分布图（单位：万人次）

（三）旅游景区经营与投资情况

1. 旅游景区总收入情况

2015 年，中南地区 A 级旅游景区旅游总收入为 655.68 亿元，较上年增加 54.90 亿元，增长 9.14%，平均旅游总收入为 4693.49 万元。

（1）分等级收入

从不同等级来看，中南地区景区旅游收入以 5A 级旅游景区最多，共计 293.88 亿元，占该区 A 级旅游景区旅游总收入的 44.82%；其次是 4A 级旅游景区，旅游收入为 262.58 亿元，占比 40.05%；3A 和 2A 级旅游景区收入偏少，分别为 84.01 亿元和 15.13 亿元，占比分别为 12.81% 和 2.31%；1A 级旅游景区收入最少，为 0.08 亿元，仅占 0.01%。

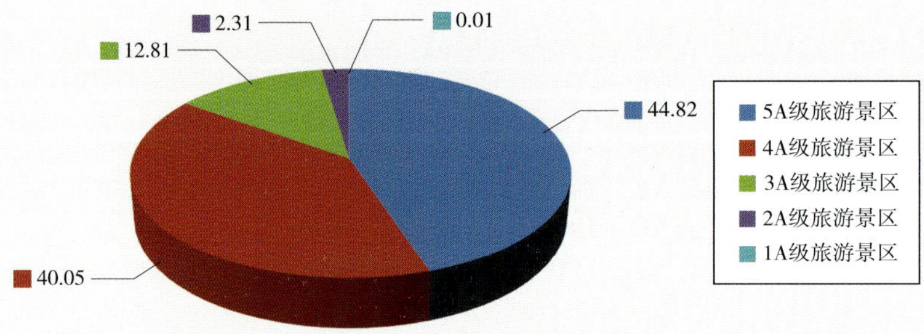

图 6-3-1　2015 年中南地区 A 级旅游景区分等级收入占比图（单位：%）

此外，与上年相比，4A 级、3A 级和 2A 级旅游景区收入下降，5A 级和 1A 级旅游景区旅游收入呈不同程度增长。其中，1A 级和 5A 级景区总收入分别较上年增加 0.02 亿元和 84.45 亿元，分别增长 60.00% 和 40.33%；3A 级旅游景区旅游收入下降最明显，较上年减少 9.41 亿元，下降 10.07%，4A 级和 2A 级景区旅游收入分别较上年减少 19.80 亿元和 0.37 亿元，分别下降 7.01% 和 2.38%。

表 6-3-1　2014 ~ 2015 年中南地区 A 级旅游景区等级收入统计表

景区等级	2014 年景区总收入（亿元）	2015 年景区总收入（亿元）	比重（%）	增量（亿元）	增长比率（%）
5A 级旅游景区	209.43	293.88	44.82	84.45	40.33
4A 级旅游景区	282.38	262.58	40.05	-19.80	-7.01
3A 级旅游景区	93.42	84.01	12.81	-9.41	-10.07
2A 级旅游景区	15.50	15.13	2.31	-0.37	-2.38
1A 级旅游景区	0.05	0.08	0.01	0.03	49.12
合　计	600.78	655.68	100.00	54.90	9.14

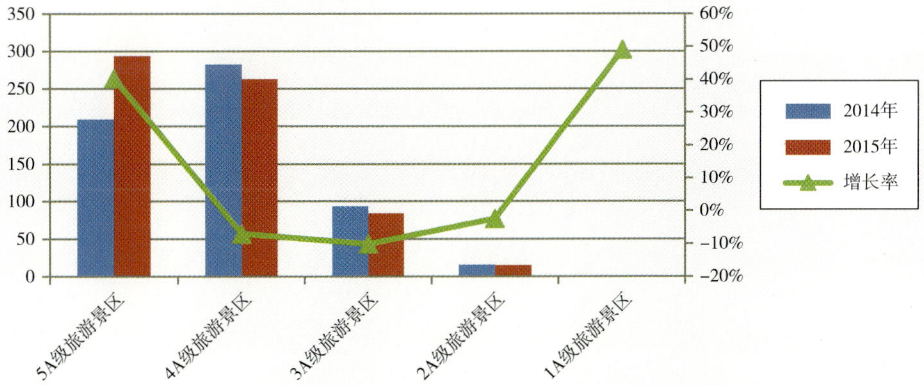

图 6-3-2　2014 ~ 2015 年中南地区 A 级旅游景区分等级收入分布图（单位：亿元）

（2）分类型收入

从不同类型来看，中南地区 A 级旅游景区收入以自然景观类景区最多，共计 193.50 亿元，占该区 A 级旅游景区总收入的 29.51%；其次是历史文化类和度假休闲类景区，旅游收入分别为 153.78 亿元和 146.30 亿元，占比分别为 23.45% 和 22.31%；科技教育类和博物馆类景区的收入最少，分别为 1.88 亿元和 1.86 亿元，占比分别为 0.29% 和 0.28%。

从景区类型和等级综合来看，自然景观类景区以 4A 级旅游景区收入最多，共计 86.42 亿元，5A 级旅游景区次之，旅游收入为 81.06 亿元。历史文化类景区以 5A 级旅游景区收入最多，共计 104.43 亿元，其次是 4A 级旅游景区，旅游收入为 27.82 亿元。

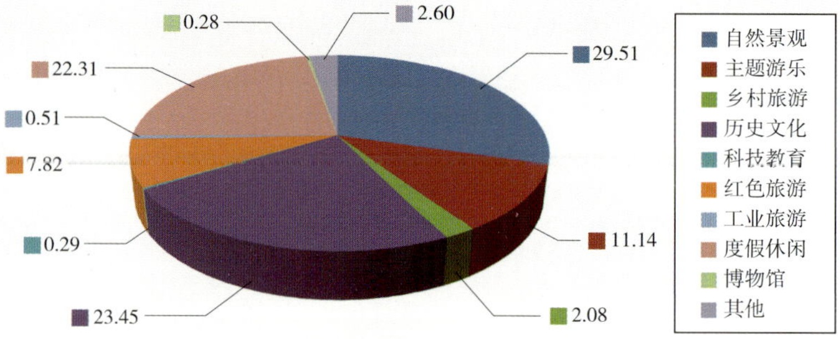

图 6-3-3　2015 年中南地区 A 级旅游景区分类型收入占比图（单位：%）

表 6-3-2　2015 年中南地区 A 级旅游景区类型等级收入统计表（单位：亿元）

景区类型	5A 级旅游景区	4A 级旅游景区	3A 级旅游景区	2A 级旅游景区	1A 级旅游景区	合　计
自然景观	81.06	86.42	23.13	2.82	0.07	193.50
主题游乐	40.77	28.78	2.93	0.56	0.00	73.04
乡村旅游	0.00	5.27	6.89	1.50	0.00	13.66
历史文化	104.43	27.82	14.32	7.20	0.01	153.78
科技教育	0.00	1.30	0.48	0.10	0.00	1.88
红色旅游	46.95	3.05	1.18	0.09	0.00	51.27
工业旅游	0.00	1.18	2.16	0.03	0.00	3.37
度假休闲	20.65	94.54	29.17	1.94	0.00	146.30
博物馆	0.02	0.63	0.46	0.75	0.00	1.86
其　他	0.00	13.59	3.30	0.13	0.00	17.02
合　计	293.88	262.58	84.02	15.12	0.08	655.68

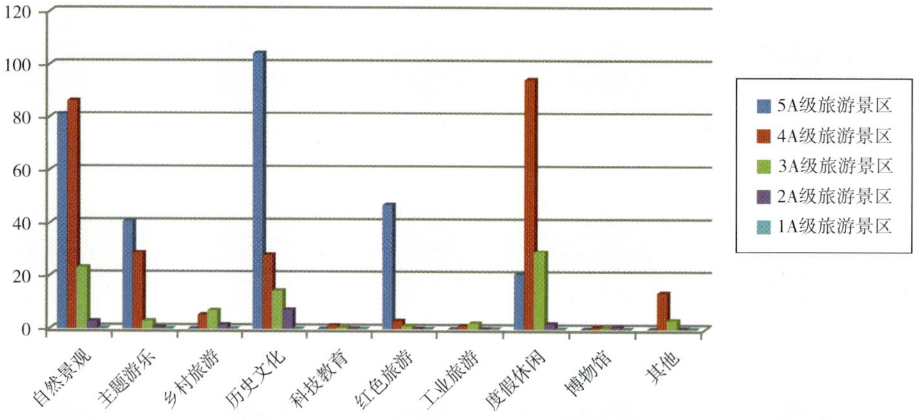

图 6-3-4　2015 年中南地区 A 级旅游景区类型等级收入分布图（单位：亿元）

2. 旅游景区分项收入

2015 年门票收入仍是中南地区 A 级旅游景区总收入的重要来源，门票收入共计 202.02 亿元，占该区 A 级旅游景区旅游总收入的 30.81%；其次是餐饮收入、住宿收入和商品收入，分别为 140.28 亿元、123.40 亿元和 111.17 亿元，占比分别为 21.39%、18.82% 和 16.96%；交通收入和演艺收入相对较少，仅为 57.01 亿元和 14.30 亿元，占比分别为 8.69% 和 2.18%。

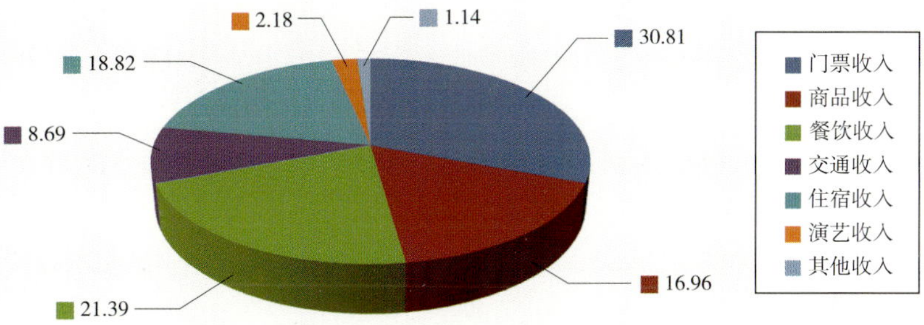

图 6-3-5　中南地区 A 级旅游景区收入构成占比图（单位：%）

2015 年中南地区 A 级旅游景区除商品收入下降外，其余各项收入均上升。其中，住宿收入和演艺收入增长最为明显，分别较上年增加 28.76 亿元和 2.78 亿元，分别增长 30.39% 和 24.10%；交通收入增长最慢，较上年增加 2.72 亿元，增长 5.01%；商品收入较上年减少 14.55 亿元，下降 11.57%。

表 6-3-3　2014 ~ 2015 年中南地区 A 级旅游景区收入构成统计表

景区类型	2014 年景区分项收入（亿元）	2015 年景区分项收入（亿元）	比重（%）	增量（亿元）	增长率（%）
门票收入	182.77	202.02	30.81	19.25	10.53
商品收入	125.72	111.17	16.96	-14.55	-11.57
餐饮收入	125.22	140.28	21.39	15.06	12.03
交通收入	54.29	57.01	8.69	2.72	5.01
住宿收入	94.64	123.40	18.82	28.76	30.39
演艺收入	11.52	14.30	2.18	2.78	24.10
其他收入	5.33	7.50	1.15	2.17	40.67
合　计	599.49	655.68	100.00	56.19	9.37

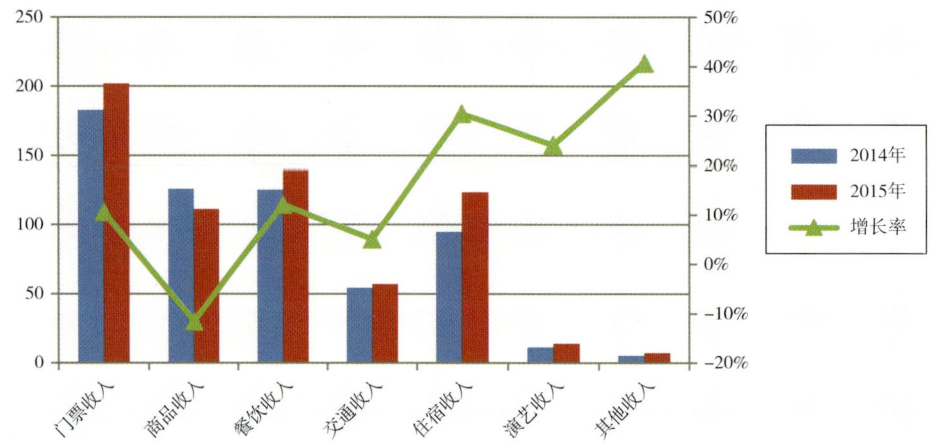

图 6-3-6 2014 ~ 2015 年中南地区 A 级旅游景区收入构成分布图（单位：亿元）

（1）分等级收入

从不同等级来看，中南地区 5A 级和 4A 级旅游景区旅游收入相对较多，分别是 293.88 亿元和 262.58 亿元。其中，5A 级旅游景区旅游收入主要来源于门票收入、商品收入、餐饮收入、住宿收入和交通收入五项，分别为 93.86 亿元、58.01 亿元、51.36 亿元、48.46 亿元和 36.49 亿元。4A 级旅游景区旅游收入主要来源于门票收入、餐饮收入、住宿收入和商品四项，分别为 90.05 亿元、59.29 亿元、54.57 亿元和 32.74 亿元。

表 6-3-4 2015 年中南地区 A 级旅游景区等级收入构成统计表（单位：亿元）

景区等级	门票收入	商品收入	餐饮收入	交通收入	住宿收入	演艺收入	其他收入	合 计
5A 级旅游景区	93.86	58.01	51.36	36.49	48.46	5.23	0.47	293.88
4A 级旅游景区	90.05	32.74	59.29	14.06	54.57	7.91	3.96	262.58
3A 级旅游景区	16.85	16.26	25.3	4.84	17.11	1.08	2.57	84.01
2A 级旅游景区	1.24	4.16	4.29	1.62	3.26	0.07	0.49	15.13
1A 级旅游景区	0.02	0	0.03	0	0.01	0	0.01	0.07
合 计	202.02	111.17	140.28	57.01	123.4	14.3	7.5	655.68

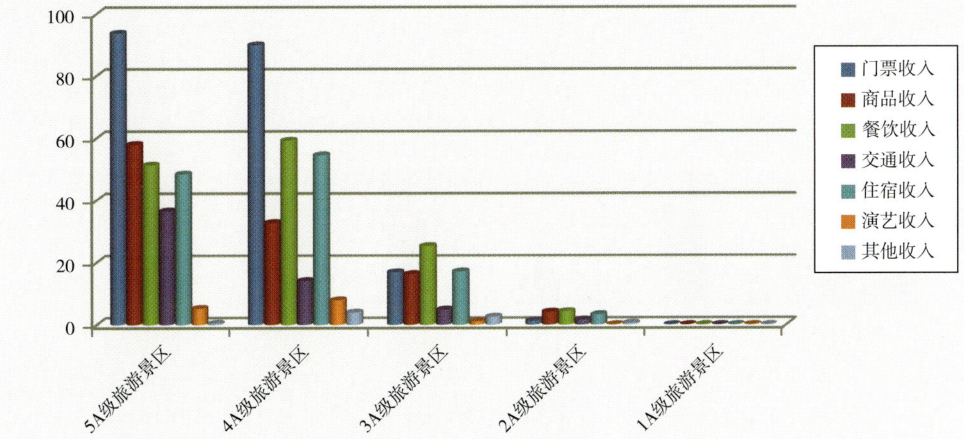

图 6-3-7 2015 年中南地区 A 级旅游景区分等级收入构成分布图（单位：亿元）

（2）分类型收入

从不同类型来看，中南地区自然景观类和历史文化类景区旅游收入所占比重较大，旅游收入分别为 193.50 亿元和 153.79 亿元，分别占全区 A 级旅游景区旅游总收入的 29.51% 和 23.45%。

其中，自然景观类旅游景区旅游收入主要来源于门票收入、餐饮收入和住宿收入三项，分别为 86.50 亿元、37.00 亿元和 27.68 亿元；历史文化类景区旅游收入主要来源于商品收入、住宿收入、餐饮收入和门票四项，分别为 44.55 亿元、32.93 亿元、27.89 亿元和 25.41 亿元。

表 6-3-5 2015 年中南地区 A 级旅游景区分类型收入构成统计表（单位：亿元）

景区类型	门票收入	商品收入	餐饮收入	交通收入	住宿收入	演艺收入	其他收入	合 计
自然景观	86.50	18.81	37.00	15.75	27.68	4.71	3.05	193.50
主题游乐	51.20	7.02	7.85	0.43	1.27	4.76	0.51	73.04
乡村旅游	2.65	2.86	4.64	0.31	2.00	0.81	0.37	13.64
历史文化	25.41	44.55	27.89	20.58	32.93	1.53	0.90	153.79
科技教育	1.08	0.43	0.14	0.05	0.11	0.01	0.06	1.88
红色旅游	1.09	11.71	15.81	11.28	10.77	0.47	0.14	51.27
工业旅游	0.12	2.06	0.53	0.18	0.32	0.03	0.14	3.38
度假休闲	28.39	18.47	42.80	7.82	45.43	1.82	1.57	146.30
博物馆	0.59	0.82	0.09	0.04	0.05	0.01	0.27	1.87
其 他	5.00	4.45	3.54	0.58	2.84	0.15	0.45	17.01
合 计	202.03	111.18	140.29	57.02	123.40	14.30	7.46	655.68

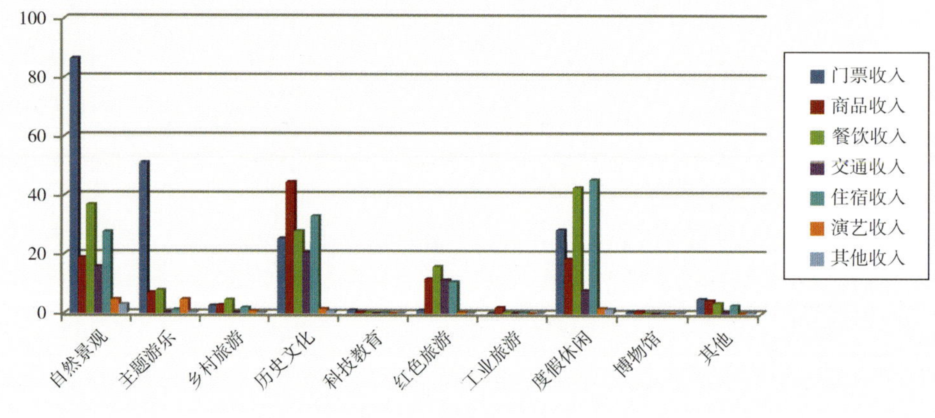

图 6-3-8　2015 年中南地区 A 级旅游景区分类型收入构成分布图（单位：亿元）

3. 旅游景区投资

2015 年，中南地区 A 级旅游景区总投资为 397.24 亿元，较上年增加 55.45 亿元，增长 16.22%，平均建设投资 2843.51 万元。其中景区内部投资为 287.23 亿元，外部投资为 107.01 亿元。

从景区等级来看，4A 级旅游景区建设总投资最大，共计 226.38 亿元，占全区 A 级旅游景区旅游总投资的 56.99%；从景区类型来看，度假休闲类、自然景观类和历史文化类旅游景区的总投资相对较大，分别为 154.39 亿元、113.05 亿元和 73.82 亿元，分别占全区 A 级旅游景区旅游总投资的 38.87%、28.46% 和 18.58%。

从景区等级和类型综合来看，度假休闲和自然景观两类 A 级旅游景区均对 4A 级旅游景区的建设投资较多，分别为 104.73 亿元和 62.18 亿元；历史文化类景区对 4A 级和 5A 级旅游景区的建设投资较多，分别为 28.98 亿元和 26.96 亿元。

表 6-3-6　2015 年中南地区 A 级旅游景区总投资类型等级统计表（单位：亿元）

景区类型	5A 级旅游景区	4A 级旅游景区	3A 级旅游景区	2A 级旅游景区	1A 级旅游景区	合　计
自然景观	27.02	62.18	21.28	2.48	0.09	113.05
主题游乐	1.25	3.84	1.53	0.59	0.00	7.21
乡村旅游	0.00	7.62	4.34	1.77	0.00	13.73
历史文化	26.96	28.98	16.57	1.31	0.00	73.82

续表

景区类型	5A 级旅游景区	4A 级旅游景区	3A 级旅游景区	2A 级旅游景区	1A 级旅游景区	合　计
科技教育	0.00	1.38	0.14	0.05	0.00	1.57
红色旅游	0.00	6.79	2.03	0.15	0.01	8.98
工业旅游	0.00	0.04	1.68	0.02	0.00	1.74
度假休闲	23.26	104.73	24.80	1.60	0.00	154.39
博物馆	0.26	0.90	4.19	0.50	0.03	5.88
其　他	0.00	9.92	6.18	0.77	0.00	16.87
合　计	78.75	226.38	82.74	9.24	0.13	397.24

（四）旅游景区经营管理机构与人员情况

1. 经营机构

2015 年，中南地区 A 级旅游景区经营机构共计 1397 家，较上年增加 98 家，增长 7.54%。其中，企业类经营机构最多，共计 963 家，占该区 A 级旅游景区经营机构总数的 68.86%；其次是事业单位类型经营机构，共计 414 家，占比 29.63%；行政单位和部队类型的经营机构数量相对较少，分别为 20 家和 1 家，占比分别为 1.44% 和 0.07%。

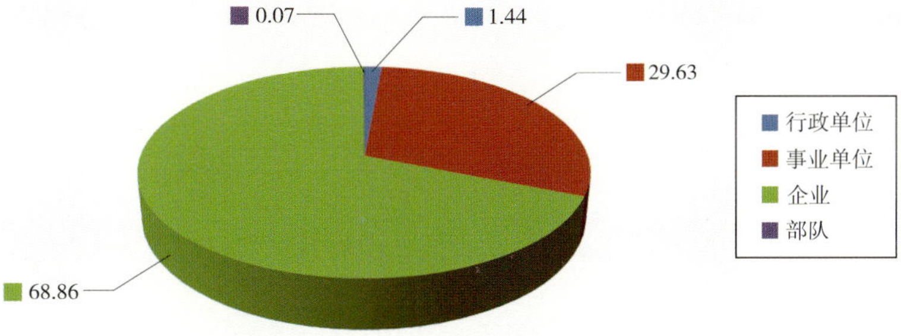

图 6-4-1　2015 年中南地区 A 级旅游景区经营管理机构数量分布图（单位：%）

从景区不同等级结构来看，中南地区所有等级景区均以企业经营主体为主。其中 3A 级旅游景区企业经营主体最多，多达 400 家，其次是 4A 级和 2A 级旅游景区，分别为 386 家和 141 家；5A 级和 1A 级景区企业经营主体分别为 33 家和 3 家。

表 6-4-1　2015 年中南地区 A 级旅游景区经营管理机构类型等级统计表（单位：家）

景区类型	5A 级旅游景区	4A 级旅游景区	3A 级旅游景区	2A 级旅游景区	1A 级旅游景区	合　计
行政单位	5	6	8	1	0	20
事业单位	10	163	182	57	2	414
企　业	33	386	400	141	3	963
部　队	0	0	1	0	0	1
合　计	48	555	590	199	5	1397

2. 就业情况

2015 年，中南地区 A 级旅游景区固定就业人数为 362069 人，占全国 A 级旅游景区固定就业总人数的 29.46%，平均固定就业人数 259 人。其中 3A 级和 4A 级旅游景区固定就业人数最多，分别为 145476 人和 141879 人，分别占中南地区 A 级旅游景区总固定就业人数的 40.18% 和 39.19%。

表 6-4-2　2015 年中南地区 A 级旅游景区分等级固定用工统计表

景区等级	5A 级旅游景区	4A 级旅游景区	3A 级旅游景区	2A 级旅游景区	1A 级旅游景区	合　计
固定用工人数（人）	69232	141879	145476	5414	68	362069
比例（%）	19.12	39.19	40.18	1.50	0.02	100.00

从不同类型来看，度假休闲类和自然景观类两类景区的固定就业人数较多，分别为 157859 人和 60111 人。其中，度假休闲类景区以 3A 级和 4A 级旅游景区固定就业人数最多，分别为 112152 人和 39169 人；自然景观类景区中 4A 级和 5A 级旅游景区固定就业人数最多，分别为 34986 人和 15225 人。

表 6-4-3　2015 年中南地区 A 级旅游景区固定用工分类型等级统计表（单位：人）

景区类型	5A 级旅游景区	4A 级旅游景区	3A 级旅游景区	2A 级旅游景区	1A 级旅游景区	合　计
自然景观	15225	34986	8595	1265	40	60111
主题游乐	14635	10255	2714	571	0	28175
乡村旅游	0	1442	3079	561	0	5082
历史文化	21932	10279	7090	467	0	39768
科技教育	0	950	606	75	0	1631
红色旅游	12000	1438	794	96	18	14346
工业旅游	0	410	5095	43	0	5548
度假休闲	5360	39169	112152	1178	0	157859
博物馆	80	1948	1136	540	10	3714
其　他	0	41002	4215	618	0	45835
合　计	69232	141879	145476	5414	68	362069

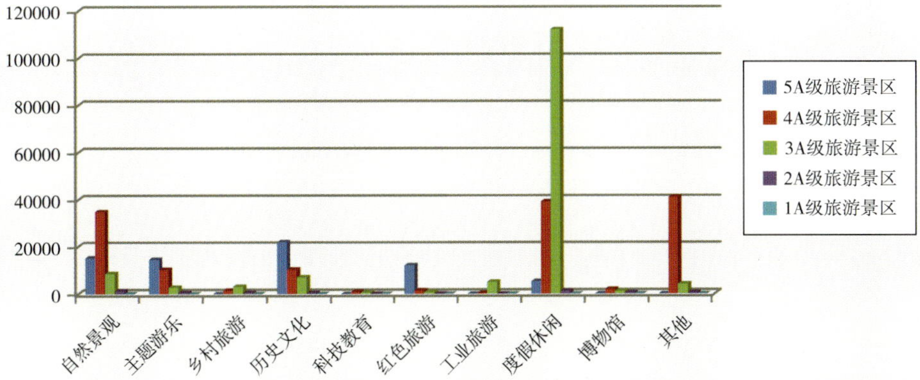

图 6-4-2　2015 年中南地区 A 级旅游景区固定用工分类型等级分布图（单位：人）

3. 导游情况

2015 年，中南地区 A 级旅游景区导游共计 13826 人，占全国 A 级旅游景区导游总数的 21.56%，平均导游人数 10 人。其中 4A 级和 5A 级旅游景区导游人数相对较多，分别为 6561 人和 3676 人，分别占该地区 A 级旅游景区导游总数的 47.45% 和 26.59%。

表 6-4-4　2015 年中南地区 A 级旅游景区导游数量分等级统计表

景区等级	5A 级旅游景区	4A 级旅游景区	3A 级旅游景区	2A 级旅游景区	1A 级旅游景区	合　计
导游人数（人）	3676	6561	3087	495	7	13826
比例（%）	26.59	47.45	22.33	3.58	0.05	100.00

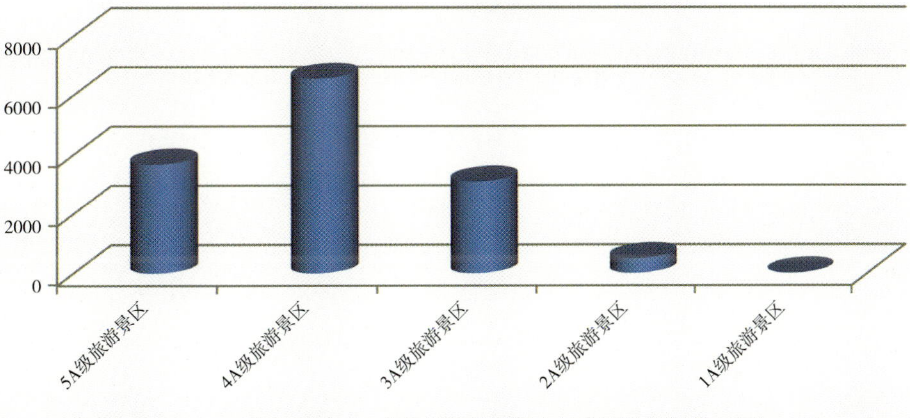

图 6-4-3　2015 年中南地区 A 级旅游景区导游人员分等级分布图（单位：人）

七、西南地区 A 级旅游景区情况

（一）旅游景区数量、等级、类型及门票价格情况

2015 年，西南地区 A 级旅游景区共 863 家，较上年增加 34 家，增长 4.10%；景区总量占全国 A 级旅游景区总量的 10.86%，较上年下降 1.60 个百分点。

1. 等级构成

（1）数量及比重

西南地区 4A 级旅游景区数量最多，其次是 3A 级和 2A 级，5A 级和 1A 占比较小。具体来看，5A 级旅游景区共计 29 家，占该区 A 级旅游景区总量的 3.36%；4A 级旅游景区共计 347 家，占比为 40.21%；3A 级旅游景区共计 260 家，占比为 30.13%；2A 级旅游景区共计 218 家，占比为 25.26%；1A 级旅游景区共计 9 家，占比为 1.04%。

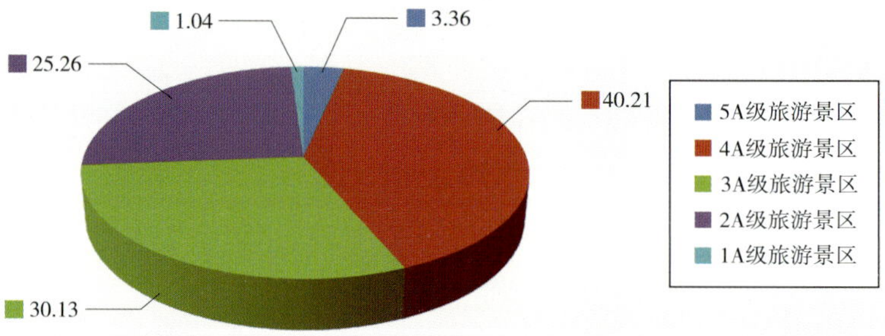

图 7-1-1　2015 年西南地区 A 级旅游景区等级分布占比图（单位：%）

（2）增量及增长率

2015 年，除 3A 级和 1A 级外，其他等级景区均有不同幅度的增长，其中 5A 级旅游景区增长最快，较上年增加 3 家，增长 11.54%；其次是 4A 级和 2A 级，分别较上年增加 26 家和 13 家，分别增长为 8.10% 和 6.34%；1A 和 3A 级分别下降 30.77% 和 1.52%。

表 7-1-1　2014 ~ 2015 年西南地区 A 级旅游景区分等级数量统计表

景区等级	2014 年数量（家）	2015 年数量（家）	比重（%）	增量（家）	增长率（%）
5A 级旅游景区	26	29	3.36	3	11.54
4A 级旅游景区	321	347	40.21	26	8.10
3A 级旅游景区	264	260	30.13	-4	-1.52
2A 级旅游景区	205	218	25.26	13	6.34
1A 级旅游景区	13	9	1.04	-4	-30.77
合　计	829	863	100.00	34	4.10

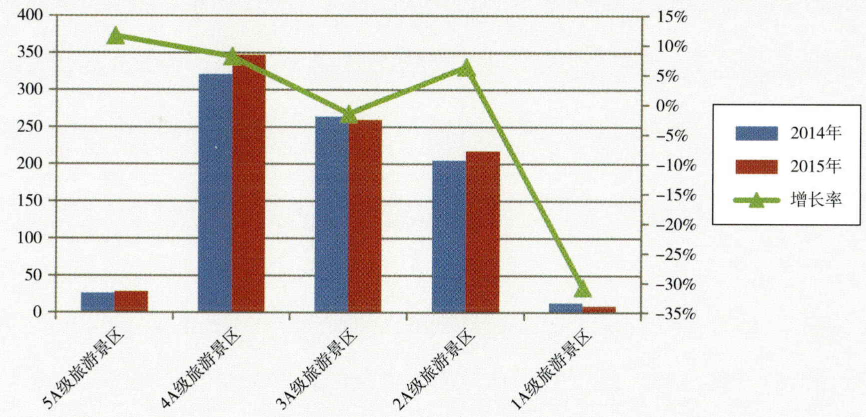

图 7-1-2　2014 ~ 2015 年西南地区 A 级旅游景区等级分布图（单位：家）

2. 类型构成

2015 年，西南地区自然景观类景区数量最多，共计 261 家，占该区 A 级旅游景区总数的 30.24%；其次是历史文化类景区，共计 156 家，占比 18.08%；再次是度假休闲类和乡村旅游类两类景区，分别为 137 家和 113 家，占比分别为 15.87% 和 13.09%；科技教育类景区数量最少，仅 12 家，只占西南地区 A 级旅游景区总数的 1.39%。

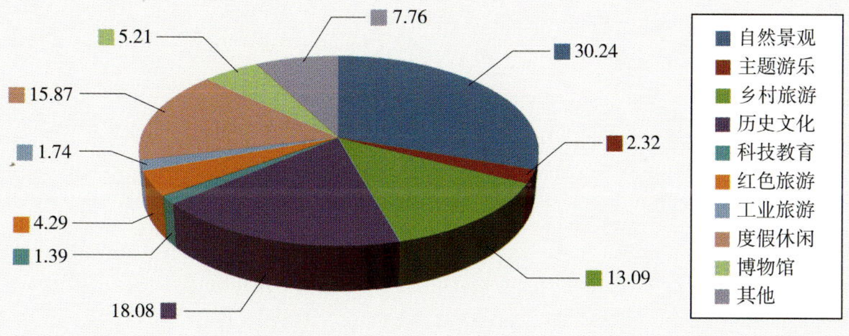

图 7-1-3　2015 年西南地区 A 级旅游景区类型分布占比图（单位：%）

从景区类型和等级综合看，自然景观类景区中4A级旅游景区数量最多，为123家；历史文化类景区中4A级和3A级旅游景区数量相对较多，分别为76家和40家。

表7-1-2　2015年西南地区A级旅游景区分类型等级数量统计表（单位：家）

景区类型	5A级旅游景区	4A级旅游景区	3A级旅游景区	2A级旅游景区	1A级旅游景区	合　计
自然景观	17	123	54	63	4	261
主题游乐	0	14	4	1	1	20
乡村旅游	0	19	49	45	0	113
历史文化	6	76	40	32	2	156
科技教育	0	4	7	1	0	12
红色旅游	2	16	10	9	0	37
工业旅游	0	7	7	1	0	15
度假休闲	1	47	52	36	1	137
博物馆	0	20	16	9	0	45
其　他	3	21	21	21	1	67
合　计	29	347	260	218	9	863

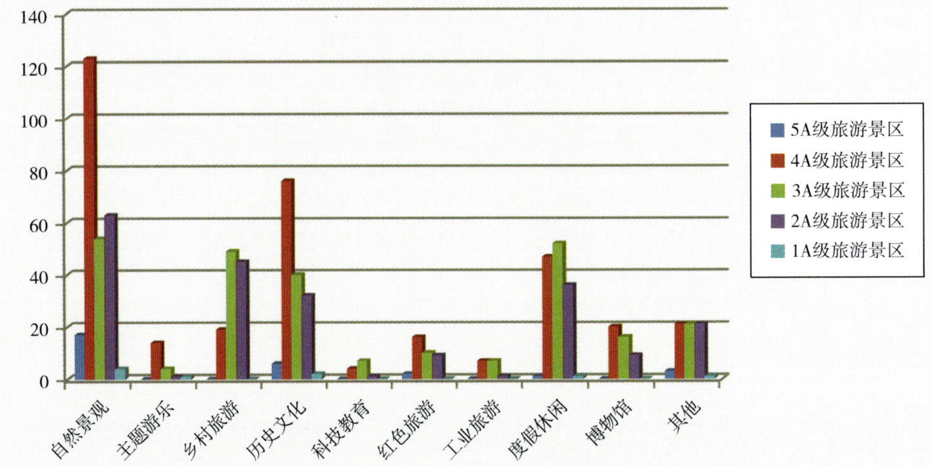

图7-1-4　2015年西南地区A级旅游景区分类型等级分布图（单位：家）

3. 门票价格

2015年，西南地区829家A级旅游景区的门票价格总计25977元，A级旅游景区的平均门票价格为30元，比全国A级旅游景区平均门票价格少1元。

从景区等级来看，5A级旅游景区的平均门票价格最高，高达109元；其次是4A级和3A级旅游景区，平均门票价格分别为45元和19元；2A级和1A级旅游景区的平均门票价格相对最低，分别为9元和6元。

表 7-1-3　2015 年西南地区 A 级旅游景区门票价格分等级统计表

景区等级	门票价格总额（元）	景区数量（家）	平均门票价格（元）
5A 级旅游景区	3157	29	109
4A 级旅游景区	15754	347	45
3A 级旅游景区	4956	260	19
2A 级旅游景区	2055	218	9
1A 级旅游景区	55	9	6
合　计	25977	863	30

从景区类型来看，2015 年西南地区主题游乐类和自然景观类两类景区的平均门票价格相对较高，分别为 67 元和 45 元；其次是度假休闲类、历史文化类、科技教育类和博物馆类四类景区，平均门票价格分别为 29 元、26 元、22 元和 21 元；乡村旅游类、工业旅游类和红色旅游类三类景区的平均门票价格相对较低少，分别为 12 元、10 元和 9 元。

表 7-1-4　2015 年西南地区 A 级旅游景区门票价格分类型统计表

景区类型	门票价格总额（元）	景区数量（家）	平均门票价格（元）
自然景观	11860	261	45
主题游乐	1344	20	67
乡村旅游	1351	113	12
历史文化	4111	156	26
科技教育	265	12	22
红色旅游	350	37	9
工业旅游	155	15	10
度假休闲	3914	137	29
博物馆	963	45	21
其　他	1664	67	25
总　计	25977	863	30

（二）旅游景区游客接待量情况

2015 年，西南地区 A 级旅游景区旅游总接待量为 5.10 亿人次，占全国 A 级旅游景区接待总量的 13.49%，平均游客接待量 59.10 万人次。

1. 分等级接待量

（1）数量及比重

2015 年西南地区 A 级旅游景区游客接待量以 4A 级旅游景区最多，共计 28495.72 万人次，占该区 A 级旅游景区游客总接待量的 55.93%；其次是 3A 级和 5A 级旅游景区，游客接待量分别为 9667.20 万人次和 6946.86 万人次，占比分别为 18.97% 和 13.63%；2A 级和 1A 级旅游景区游客接待量相对较少，分别为 5609.70 万人次和 230.85 万人次，占比分别为 11.02% 和 0.45%。

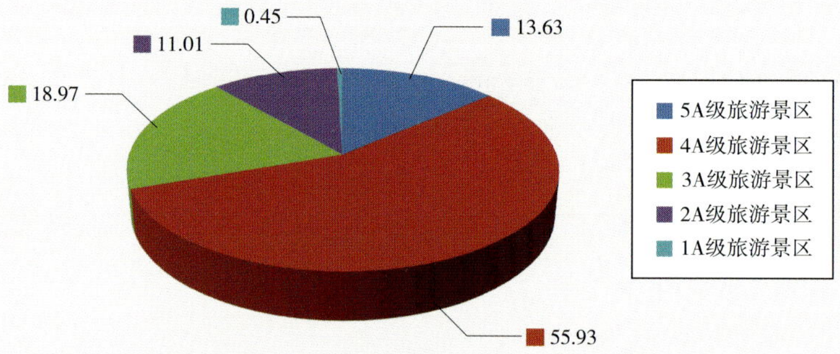

图 7-2-1　2015 年西南地区 A 级旅游景区游客接待量分布图（单位：%）

（2）增量及增长率

2015 年西南地区各级旅游景区的游客接待量均较上年出现不同程度的变化。其中 1A 级旅游景区游客接待量增速最快，较上年增加 65.28 万人次，增长 39.43%；其次是 3A 级旅游景区，游客接待量较上年增加 2527.92 万人次，增长 35.41%；2A 级、5A 级和 4A 级旅游景区游客量分别较上年增加 1323.51 万人次、1257.53 万人次和 4606.93 万人次，分别增长 30.88%、22.10% 和 19.28%。

表 7-2-1　2014 ~ 2015 年西南地区 A 级旅游景区游客接待情况统计表

景区等级	2014 年接待量（万人次）	2015 年接待量（万人次）	比重（%）	增量（万人次）	增长率（%）
5A 级旅游景区	5689.33	6946.86	13.63	1257.53	22.10
4A 级旅游景区	23888.79	28495.72	55.93	4606.93	19.28
3A 级旅游景区	7139.28	9667.20	18.97	2527.92	35.41
2A 级旅游景区	4286.19	5609.70	11.02	1323.51	30.88

续表

景区等级	2014 年接待量（万人次）	2015 年接待量（万人次）	比重（%）	增量（万人次）	增长率（%）
1A 级旅游景区	165.57	230.85	0.45	65.28	39.43
合　计	41169.16	50950.33	100.00	9781.17	23.76

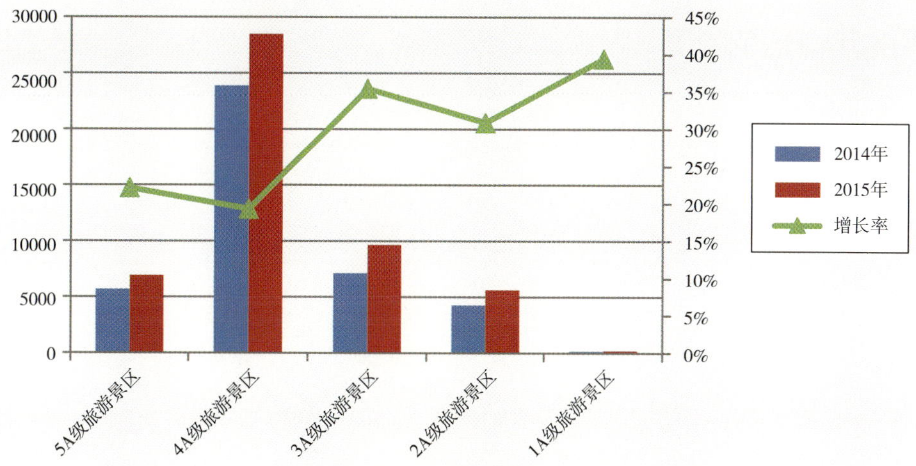

图 7-2-2　2014 ~ 2015 年西南地区 A 级旅游景区游客接待量分布图（单位：万人次）

2. 分类型接待量

自然景观类、历史文化类、度假休闲类和乡村旅游类四类 A 级旅游景区是 2015 年西南地区游客接待量最多的景区，分别为 17174.09 万人次、10863.22 万人次、5760.51 万人次和 5142.11 万人次，分别占该地区总接待量的 33.17%、21.32%、11.31% 和 10.09%；工业旅游类和科技教育类 A 级旅游景区的游客接待量相对较低，分别为 636.95 万人和 580.67 万人，占比分别为 1.25% 和 1.14%。

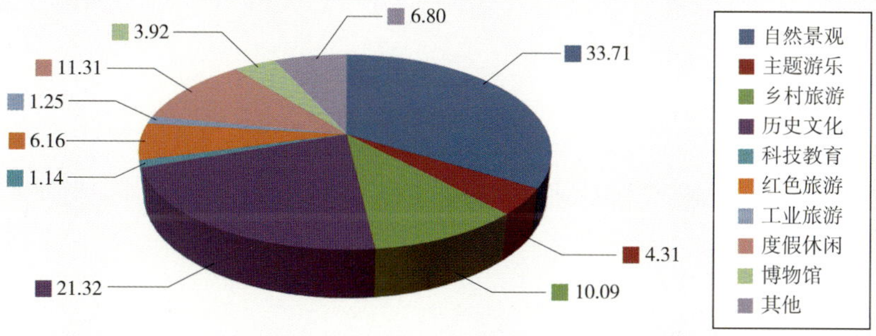

图 7-2-3　2015 年西南地区 A 级旅游景区分类型游客接待量分布图（单位：%）

从景区类型和等级综合来看，自然景观类旅游景区中 4A 级和 5A 级旅游景区接待量最多，分别为 8690.42 万人次和 4689.20 万人次；历史文化类景区中 4A 级和 3A 级旅游景区接待量最多，分别为 6632.23 万人次和 1601.32 万人次。

表 7-2-2　2015 年西南 A 级旅游景区游客接待量分类分级统计表（单位：万人次）

景区类型	5A 级旅游景区	4A 级旅游景区	3A 级旅游景区	2A 级旅游景区	1A 级旅游景区	合　计
自然景观	4689.20	8690.42	2207.32	1553.45	33.71	17174.09
主题游乐	0.00	2131.30	38.75	1.25	24.01	2195.30
乡村旅游	0.00	2137.42	1989.54	1015.15	0.00	5142.11
历史文化	1091.54	6632.23	1601.32	1536.15	1.99	10863.22
科技教育	0.00	324.22	255.67	0.77	0.00	580.67
红色旅游	669.90	1913.61	304.34	250.60	0.00	3138.44
工业旅游	0.00	416.63	95.32	125.00	0.00	636.95
度假休闲	89.90	3292.46	1764.25	443.76	170.14	5760.51
博物馆	0.00	1562.63	370.48	62.35	0.00	1995.46
其　他	406.32	1394.81	1040.22	621.22	1.01	3463.58
合　计	6946.86	28495.72	9667.20	5609.70	230.85	50950.33

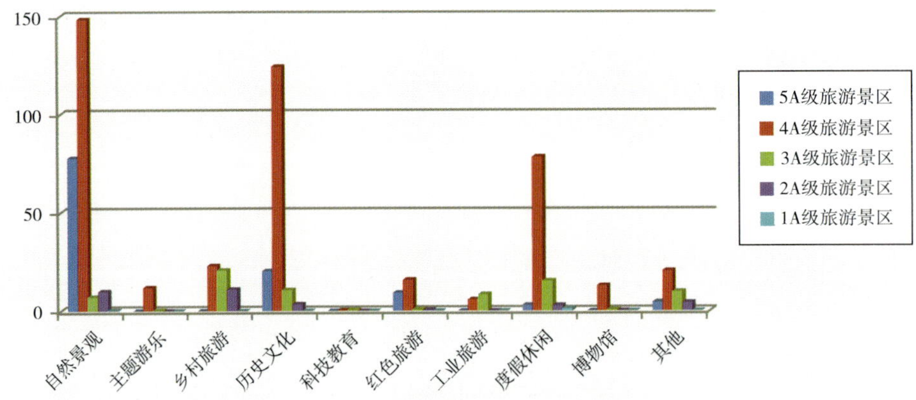

图 7-2-4　2015 年西南地区 A 级旅游景区类型等级游客接待量分布图（单位：万人次）

（三）旅游景区经营与投资情况

1. 旅游景区总收入情况

2015 年，西南地区 A 级旅游景区旅游总收入为 662.88 亿元，较上年增长

33.69%，平均旅游总收入为 7681.11 万元 / 景区。

（1）分等级收入

2015 年西南地区旅游景区收入以 4A 级旅游景区最多，达到 440.94 亿元，占该地区 A 级旅游景区旅游总收入的 66.52%；其次是 5A 级旅游景区，旅游收入为 114.75 亿元，占比 17.31%；3A 级旅游景区紧随其后，旅游收入为 73.77 亿元，占比 11.13%；2A 级旅游景区收入偏少，仅 31.85 亿元，占比 4.80%；1A 级旅游景区收入最少，仅为 1.57 亿元，占比 0.24%。

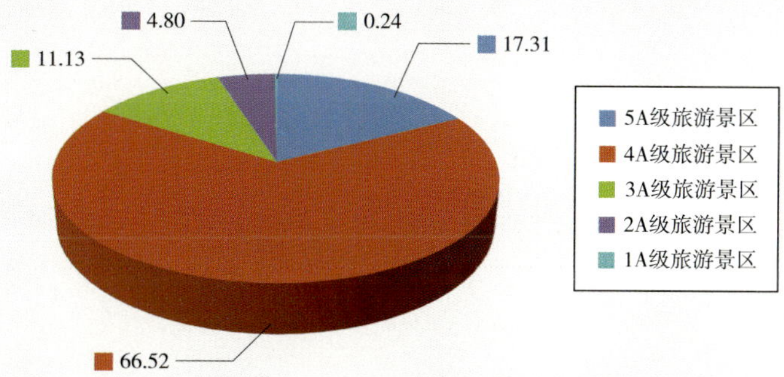

图 7-3-1　2015 年西南地区 A 级旅游景区等级收入占比图（单位：%）

此外，所有 A 级旅游景区旅游总收入均呈现不同程度的增长，其中，1A 级旅游景区增速最快，较上年增加 0.10 亿元，增长 175.44%；5A 级旅游景区增长速度最慢，较上年增加 9.69 亿元，增长 9.22%。

表 7-3-1　2014 ~ 2015 年西南地区 A 级旅游景区等级收入统计表

景区等级	2014 年景区总收入（亿元）	2015 年景区总收入（亿元）	比重（%）	增量（亿元）	增长比率（%）
5A 级旅游景区	105.06	114.75	17.31	9.69	9.22
4A 级旅游景区	310.32	440.94	66.52	130.62	42.09
3A 级旅游景区	55.77	73.77	11.13	18.00	32.28
2A 级旅游景区	24.11	31.85	4.80	7.74	32.10
1A 级旅游景区	0.57	1.57	0.24	0.10	175.44
合　计	495.84	662.88	100.00	167.04	33.69

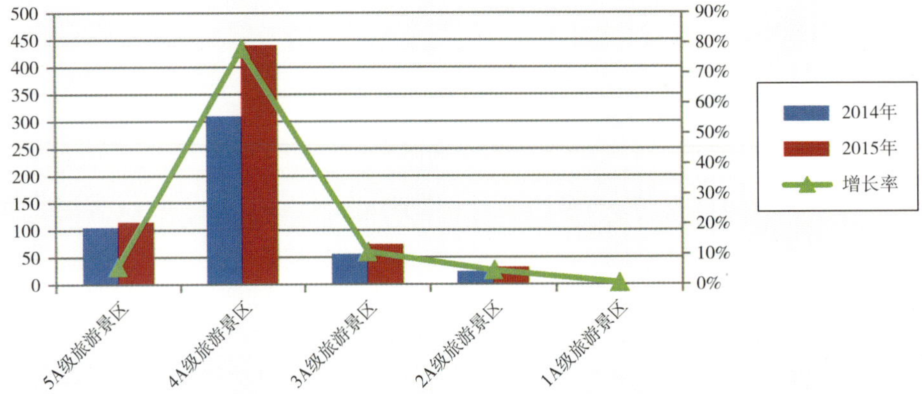

图 7-3-2 2014 ~ 2015 年西南地区 A 级旅游景区分等级收入分布图（单位：亿元）

（2）分类型收入

从景区类型看，自然景观类景区旅游收入位居榜首，共计 243.75 亿元，占该区 A 级景区旅游总收入的 36.77%；其次是历史文化类和度假休闲类，收入分别为 158.69 亿元和 100.56 亿元，占比分别为 23.94% 和 15.17%；主题游乐类和科技教育类景区收入最少，仅为 12.04 亿元和 0.79 亿元，分别占 1.82% 和 0.12%。

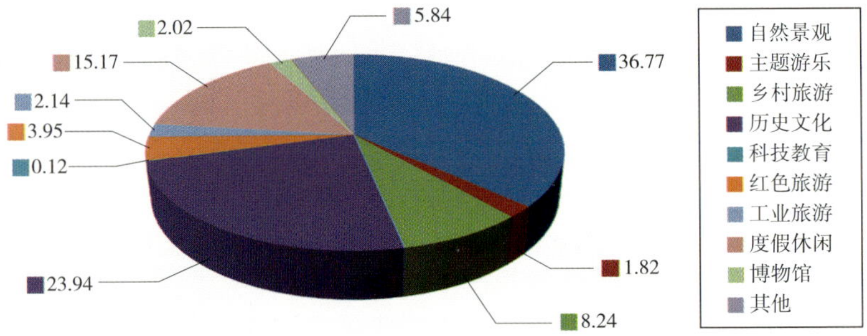

图 7-3-3 2015 年西南地区 A 级旅游景区分类型收入占比图（单位：%）

从景区类型和等级综合来看，自然景观类景区中 4A 级旅游景区收入最多，为 148.50 亿元；其次是 5A 级旅游景区，收入为 77.86 亿元。历史文化类景区中 4A 级旅游景区收入最多，为 124.26 亿元；5A 级旅游景区次之，收入为 20.29 亿元。

表 7–3–2　2015 年西南地区 A 级旅游景区类型等级收入统计表（单位：亿元）

景区类型	5A 级旅游景区	4A 级旅游景区	3A 级旅游景区	2A 级旅游景区	1A 级旅游景区	合　计
自然景观	77.86	148.50	7.19	9.90	0.30	243.75
主题游乐	0.00	11.83	0.21	0.00	0.00	12.04
乡村旅游	0.00	22.94	20.67	10.99	0.00	54.60
历史文化	20.29	124.26	10.66	3.45	0.03	158.69
科技教育	0.00	0.32	0.47	0.00	0.00	0.79
红色旅游	9.22	15.75	0.68	0.52	0.00	26.17
工业旅游	0.00	5.76	8.40	0.00	0.00	14.16
度假休闲	2.94	78.37	15.23	2.79	1.23	100.56
博物馆	0.00	12.82	0.51	0.04	0.00	13.37
其　他	4.45	20.38	9.73	4.17	0.02	38.75
合　计	114.76	440.93	73.75	31.86	1.58	662.88

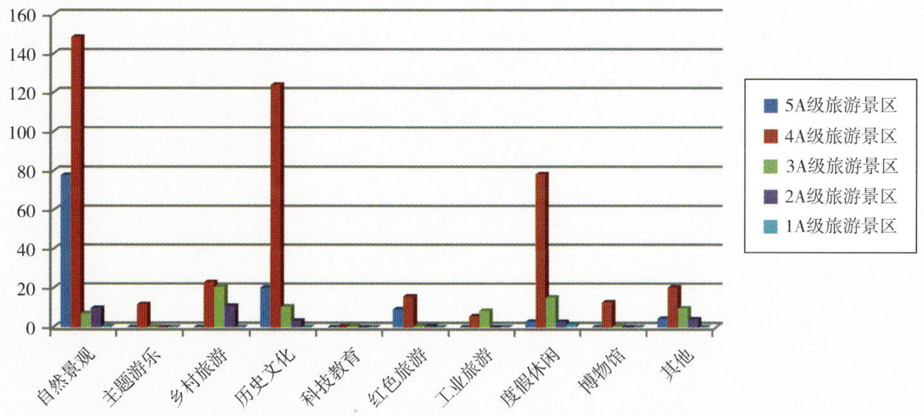

图 7–3–4　2015 年西南地区 A 级旅游景区类型等级收入分布图（单位：亿元）

2. 旅游景区分项收入

2015 年餐饮收入仍是西南地区 A 级旅游景区总收入的重要来源，共计 209.21 亿元，占景区旅游总收入的 31.56%；其次是商品收入、住宿收入、门票收入和交通收入，总量分别为 137.51 亿元、133.59 亿元、108.37 亿元和 57.86 亿元，占比分别为 20.74%、20.15%、16.35% 和 8.73%；演艺收入和其他收入则相对较低，分别为 9.98 亿元和 6.35 亿元，分别占总收入的 1.51% 和 0.96%。

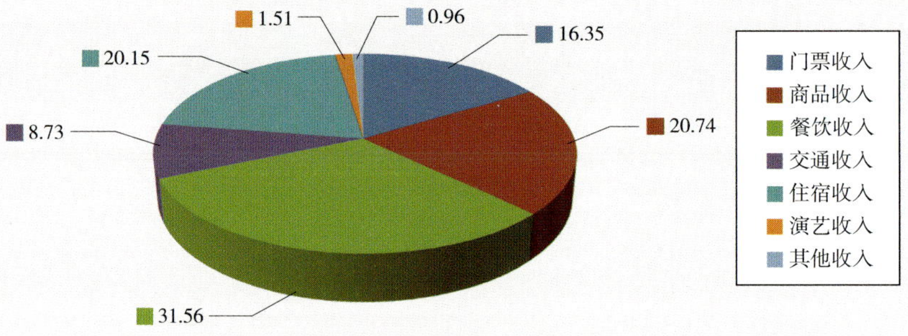

图 7-3-5　2015 年西南地区 A 级旅游景区收入构成占比图（单位：%）

与上年相比，西南地区旅游景区各分项收入均实现增长，其中商品收入增长最快，较上年增加 44.17 亿元，增长 47.32%；其次是住宿收入和餐饮收入，分别较上年增加 40.45 亿元和 62.13 亿元，分别增长 43.43% 和 42.24%。

表 7-3-3　2014 ~ 2015 年西南地区 A 级旅游景区收入构成统计表

类　别	2014 年景区分项收入（亿元）	2015 年景区分项收入（亿元）	比重（%）	增量（亿元）	增长率（%）
门票收入	104.69	108.37	16.35	3.68	3.52
商品收入	93.34	137.51	20.74	44.17	47.32
餐饮收入	147.08	209.21	31.56	62.13	42.24
交通收入	45.25	57.86	8.73	12.61	27.87
住宿收入	93.14	133.59	20.15	40.45	43.43
演艺收入	8.01	9.98	1.51	1.97	24.56
其他收入	4.32	6.36	0.96	2.04	47.22
合　计	495.83	662.88	100.00	167.05	33.69

（1）分等级收入

4A 级和 5A 级旅游景区收入较多，分别为 440.94 亿元和 114.76 亿元。其中 4A 级旅游景区以餐饮收入、住宿收入和商品收入为主，分别为 138.91 亿元、102.27 亿元和 100.77 亿元。5A 级旅游景区以门票收入为主，为 51.93 亿元。

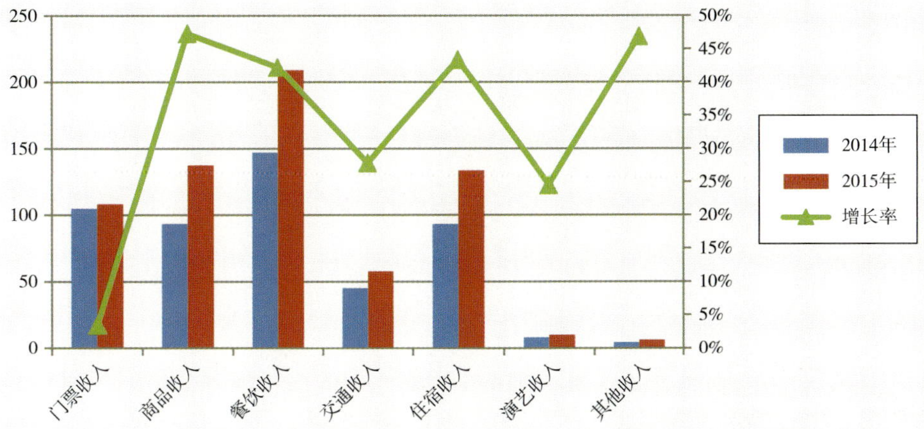

图 7-3-6　2014 ~ 2015 年西南地区 A 级旅游景区收入构成分布图（单位：亿元）

表 7-3-4　2015 年西南地区 A 级旅游景区等级收入构成统计表（单位：亿元）

景区等级	门票收入	商品收入	餐饮收入	交通收入	住宿收入	演艺收入	其他收入	合　计
5A 级旅游景区	51.93	11.31	21.34	14.53	12.39	3.01	0.25	114.76
4A 级旅游景区	49.64	100.77	138.91	39.21	102.27	6.47	3.67	440.94
3A 级旅游景区	5.64	19.5	30.07	3.2	13.67	0.34	1.35	73.77
2A 级旅游景区	1.07	5.89	17.82	0.91	4.94	0.16	1.06	31.85
1A 级旅游景区	0.09	0.05	1.07	0.02	0.33	0	0	1.56
合　计	108.37	137.52	209.21	57.87	133.60	9.98	6.33	662.88

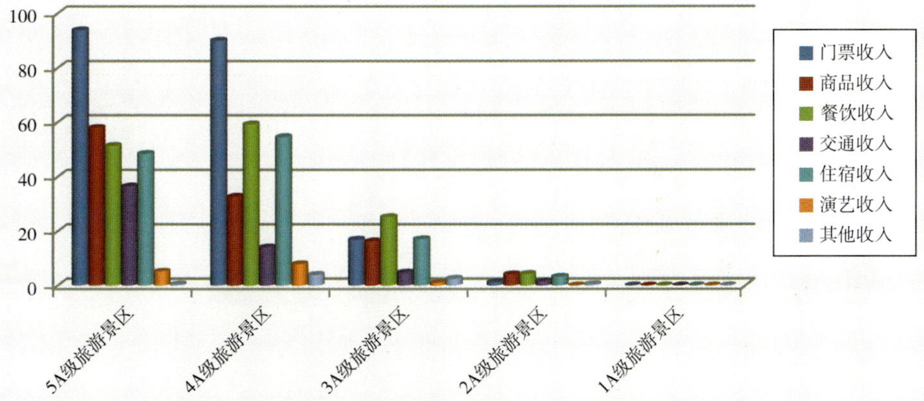

图 7-3-7　2015 年西南地区 A 级旅游景区分等级收入构成分布图（单位：亿元）

（2）分类型收入

自然景观类、历史文化类和度假休闲类旅游景区的收入规模较大，分别为 243.76 亿元、158.69 亿元和 100.56 亿元。其中，自然景观类景区以门票收入、餐饮收入和住宿收入为主，分别为 70.95 亿元、49.77 亿元和 48.48 亿元。历史文化类旅游景区主要以餐饮收入、商品收入和住宿收入为主，分别为 61.88 亿元、39.00 亿元和 29.47 亿元。度假休闲类景区以餐饮收入和住宿收入为主，分别是 35.85 亿元和 32.13 亿元。

表 7-3-5　2015 年西南地区 A 级旅游景区分类型收入构成统计表（单位：亿元）

景区类型	门票收入	商品收入	餐饮收入	交通收入	住宿收入	演艺收入	其他收入	合　计
自然景观	70.95	41.03	49.77	26.28	48.48	5.57	1.68	243.76
主题游乐	6.86	2.50	1.80	0.06	0.22	0.47	0.13	12.04
乡村旅游	1.71	11.78	29.30	2.13	7.96	0.39	1.33	54.60
历史文化	11.30	39.00	61.88	14.07	29.47	2.24	0.73	158.69
科技教育	0.24	0.03	0.17	0.01	0.24	0.01	0.10	0.80
红色旅游	0.52	5.70	12.27	3.27	3.39	0.77	0.25	26.17
工业旅游	0.14	4.14	3.47	2.29	3.28	0.33	0.52	14.17
度假休闲	7.58	17.64	35.85	6.12	32.13	0.11	1.13	100.56
博物馆	3.17	4.46	3.10	0.25	2.29	0.02	0.08	13.37
其　他	5.89	11.24	11.61	3.37	6.15	0.08	0.38	38.72
合　计	108.36	137.52	209.22	57.85	133.61	9.99	6.33	662.88

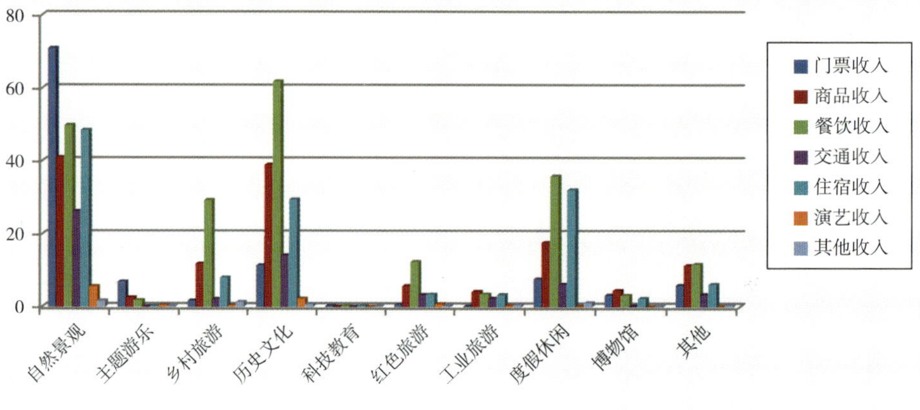

图 7-3-8　2015 年西南地区 A 级旅游景区分类型收入构成分布图（单位：亿元）

3. 旅游景区投资

2015 年西南地区 A 级旅游景区总投资为 389.55 亿元，较上年增加 71.14 亿元，增加 22.34%，平均建设投资 4513.92 万元 / 景区。其中景区内部投资为 277.93 亿元，外部投资为 111.62 亿元。

从景区等级来看，4A 级旅游景区投资规模较大，为 249.35 亿元。从景区类型来看，自然景观类、度假休闲类和历史文化类旅游景区的总投资较大，分别为 148.47 亿元、104.82 亿元和 62.08 亿元。

表 7-3-6　2015 年西南地区 A 级旅游景区总投资分类型等级统计表（单位：亿元）

景区类型	5A 级旅游景区	4A 级旅游景区	3A 级旅游景区	2A 级旅游景区	1A 级旅游景区	合　计
自然景观	36.17	101.94	5.81	4.52	0.03	148.47
主题游乐	0.00	4.24	0.67	0.04	0.00	4.95
乡村旅游	0.00	8.93	8.27	3.33	0.00	20.53
历史文化	3.43	49.76	7.85	1.01	0.03	62.08
科技教育	0.00	1.69	1.06	0.02	0.00	2.77
红色旅游	1.49	6.45	0.56	0.31	0.00	8.81
工业旅游	0.00	3.83	9.25	0.00	0.00	13.08
度假休闲	8.25	54.58	34.49	7.48	0.02	104.82
博物馆	0.00	2.83	0.64	0.14	0.00	3.61
其　他	1.05	15.10	3.35	0.91	0.02	20.43
合　计	50.39	249.35	71.95	17.76	0.10	389.55

从景区等级和类型综合来看，自然景观类景区的建设投资主要集中在 4A 级旅游景区上，为 101.94 亿元；度假休闲类和历史文化类景区的建设投资同样主要集中在 4A 级旅游景区上，分别为 54.58 亿元和 49.76 亿元。

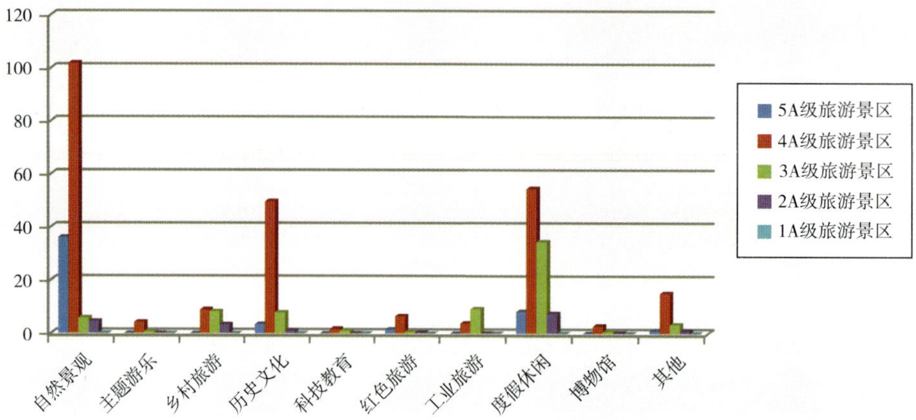

图 7-3-9　2015 年西南地区 A 级旅游景区总投资类型等级分布图（单位：亿元）

（四）旅游景区经营管理机构与人员情况

1. 经营机构

西南地区 A 级旅游景区经营机构包括三种类型，共 863 家。其中企业类经营机构最多，为 557 家，占该地区经营机构总量 64.54%；其次是事业单位，共计 267 家，占比 30.94%；行政单位类型的经营管理机构数量较少，共计 39 家，占比仅为 4.52%。

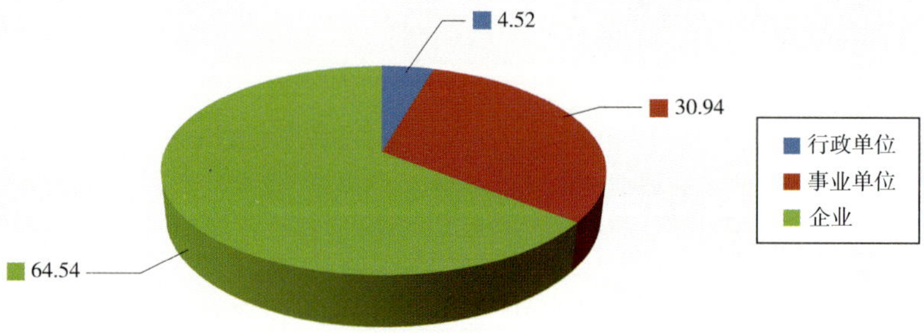

图 7-4-1　2015 年西南地区 A 级旅游景区经营管理机构数量分布图（单位：%）

从景区不同等级结构来看，西南地区除 5A 级旅游景区外，其他等级景区区均以企业经营主体为主。其中 4A 级旅游景区企业经营主体最多，为 213 家，其次是 3A 级和 2A 级旅游景区，分别为 184 家和 142 家；5A 级旅游景区以事业单位经营主体为主，事业单位和企业经营主体分别为 15 家和 13 家。

表 7-4-1　2015 年西南地区 A 级旅游景区经营管理机构情况统计表（单位：家）

景区类型	5A 级旅游景区	4A 级旅游景区	3A 级旅游景区	2A 级旅游景区	1A 级旅游景区	合　计
行政单位	1	15	12	11	0	39
事业单位	15	119	64	65	4	267
企　业	13	213	184	142	5	557
合　计	29	347	260	218	9	863

2. 就业情况

2015 年西南地区 A 级旅游景区固定就业人数为 16.65 万人，占全国 A 级旅游景区固定就业人数的 13.54%，平均固定就业人数为 193 人。其中 4A 级旅游景区固定就业人数最多，为 97648 人，占 58.66%。

表 7-4-2　2015 年西南地区 A 级旅游景区分等级固定就业统计表

景区等级	5A 级旅游景区	4A 级旅游景区	3A 级旅游景区	2A 级旅游景区	1A 级旅游景区	合　计
固定就业人数（人）	34906	97648	23120	9885	910	166469
比例（%）	20.97	58.66	13.89	5.94	0.55	100.00

从景区的类型看，历史文化类和自然景观类两类景区固定就业人数较多，分别为 52482 人和 50764 人。其中历史文化类景区中以 4A 级和 5A 级旅游景区固定就业人数最多，分别为 28335 人和 19522 人；自然景观类景区中同样以 4A 级和 5A 级旅游景区固定就业人数最多，分别为 31752 人和 13561 人。

表 7-4-3　2015 年西南地区 A 级旅游景区固定就业分类型等级统计表（单位：人）

景区类型	5A 级旅游景区	4A 级旅游景区	3A 级旅游景区	2A 级旅游景区	1A 级旅游景区	合　计
自然景观	13561	31752	3430	1883	138	50764
主题游乐	0	4567	123	26	7	4723
乡村旅游	0	8459	3883	3136	0	15478
历史文化	19522	28335	1938	2429	258	52482

续表

	5A 级旅游景区	4A 级旅游景区	3A 级旅游景区	2A 级旅游景区	1A 级旅游景区	合 计
科技教育	0	592	746	9	0	1347
红色旅游	249	2090	208	77	0	2624
工业旅游	0	957	2670	0	0	3627
度假休闲	588	14010	6459	1644	500	23201
博物馆	0	2048	657	177	0	2882
其 他	986	4838	3006	504	7	9341
合 计	34906	97648	23120	9885	910	166469

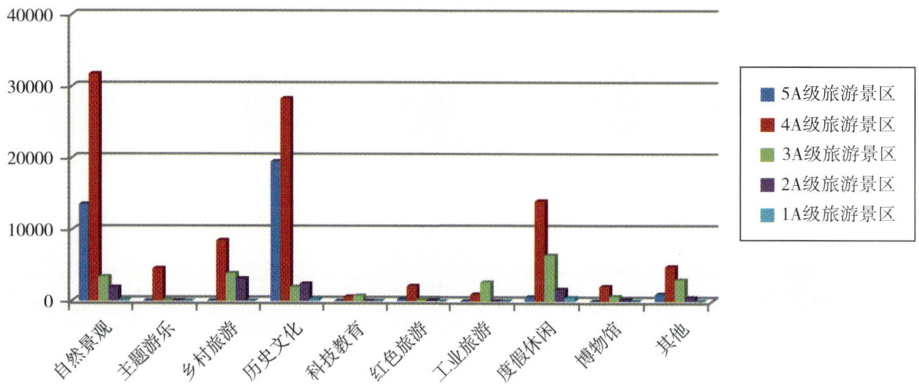

图 7-4-2 2015 年西南地区 A 级旅游景区固定用工分类型等级分布图表（单位：人）

3. 导游情况

2015 年西南地区 A 级旅游景区导游总数 10399 人，占全国 A 级旅游景区导游总数的 16.21%，平均导游人数为 12 人。其中 4A 级和 5A 级旅游景区导游人数较多，分别为 4476 人和 4403 人，分别占西南地区 A 级旅游景区导游总量的 43.04% 和 42.34%。

表 7-4-4 2015 年西南地区 A 级旅游景区导游数量分等级统计表

景区等级	5A 级旅游景区	4A 级旅游景区	3A 级旅游景区	2A 级旅游景区	1A 级旅游景区	合 计
导游人数（人）	4403	4476	1047	430	43	10399
比例（%）	42.34	43.04	10.07	4.14	0.41	100.00

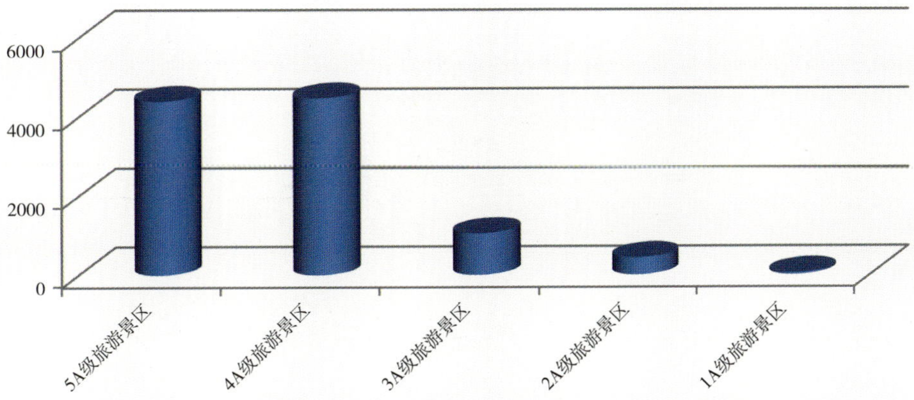

图 7-4-3　2015 年西南地区 A 级旅游景区导游人员分等级分布图（单位：人）

八、西北地区 A 级旅游景区情况

（一）旅游景区数量、等级、类型及门票价格情况

2015 年，西北地区 A 级旅游景区共 952 家，较上年增加 131 家，增长 15.96%；同时占全国 A 级旅游景区总量的 11.97%，比重较上年提升 0.81 个百分点。

1. 等级构成

（1）数量及比重

从景区等级来看，2015 年西北地区 3A 级旅游景区数量最多，其次是 2A 级和 4A 级旅游景区，景区数量分别为 417 家、250 家和 242 家，占比分别为 43.80%、26.26% 和 25.42%；5A 级和 1A 级旅游景区所占比例相对较小，分别为 26 家和 17 家，占比分别为 2.73% 和 1.79%。

（2）增量及增长率

2015 年，西北地区除 1A 级旅游景区外，其他各等级旅游景区均较上年增长。其中，3A 级和 4A 级旅游景区增长最快，分别较上年增加有 81 家和 44 家，分别增长 24.11% 和 22.22%。2A 级景区增长最慢，较上年增加 5 家，增长 2.04%；1A 级旅游景区数量较上年减少 3 家，下降 15.00%。

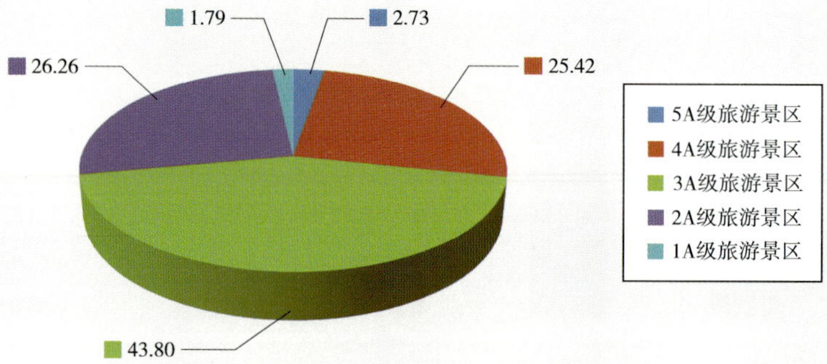

图 8-1-1　2015 年西北地区 A 级旅游景区等级分布占比图（单位：%）

表 8-1-1　2014 ~ 2015 年西北地区 A 级旅游景区分级数量统计表（单位：家）

景区等级	2014 年数量（家）	2015 年数量（家）	比重（%）	增量（家）	增长率（%）
5A 级旅游景区	22	26	2.73	4	18.18
4A 级旅游景区	198	242	25.42	44	22.22
3A 级旅游景区	336	417	43.80	81	24.11
2A 级旅游景区	245	250	26.26	5	2.04
1A 级旅游景区	20	17	1.79	-3	-15.00
合　计	821	952	100.00	131	15.96

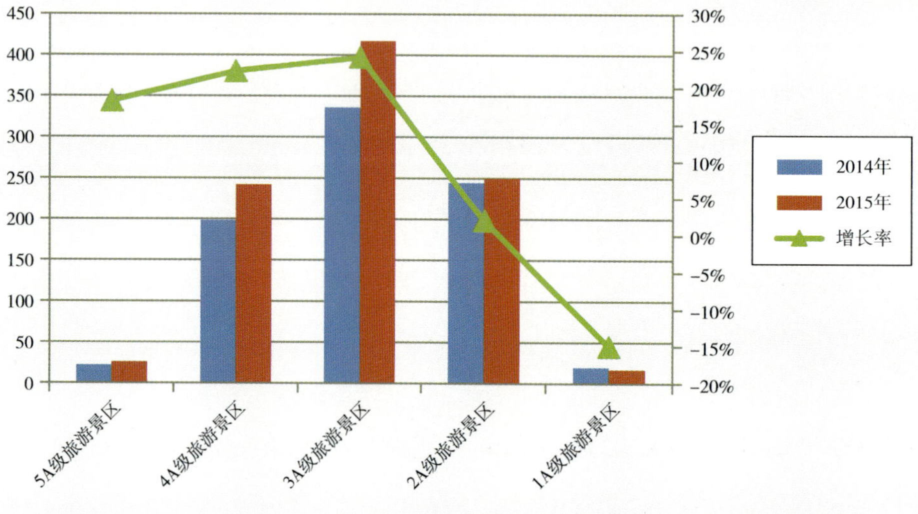

图 8-1-2　2014 ~ 2015 年西北地区 A 级旅游景区分级数量统计表（单位：家）

2. 类型构成

2015 年西北地区 A 级旅游景区中自然景观类景区数量最多，为 312 家，占西北地区 A 级旅游景区总数的 32.77%；其次是历史文化类和度假休闲类景区，分别为 214 家和 133 家，占比分别为 22.48% 和 13.97%；科技教育类景区数量最少，仅 10 家，占比仅为 1.05 %。

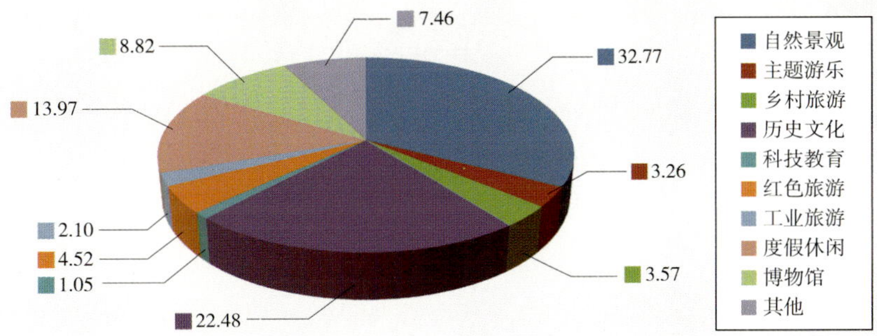

图 8-1-3 2015 年西北地区 A 级旅游景区分类型分布占比图（单位：%）

从景区类型和等级综合看，自然景观类中以 3A 级和 4A 级旅游景区数量最多，分别为 109 家和 93 家；历史文化类中以 3A 级旅游景区数量最多，为 101 家，其次是 4A 级和 2A 级旅游景区，分别为 55 家和 46 家。

表 8-1-2 2015 年西北地区 A 级旅游景区分类型等级数量统计表（单位：家）

景区类型	5A 级旅游景区	4A 级旅游景区	3A 级旅游景区	2A 级旅游景区	1A 级旅游景区	合 计
自然景观	15	93	109	91	4	312
主题游乐	0	13	11	7	0	31
乡村旅游	0	2	23	8	1	34
历史文化	10	55	101	46	2	214
科技教育	0	2	6	2	0	10
红色旅游	0	8	24	10	1	43
工业旅游	0	4	12	3	1	20
度假休闲	0	24	66	38	5	133
博物馆	1	26	33	23	1	84
其 他	0	15	32	22	2	71
合 计	26	242	417	250	17	952

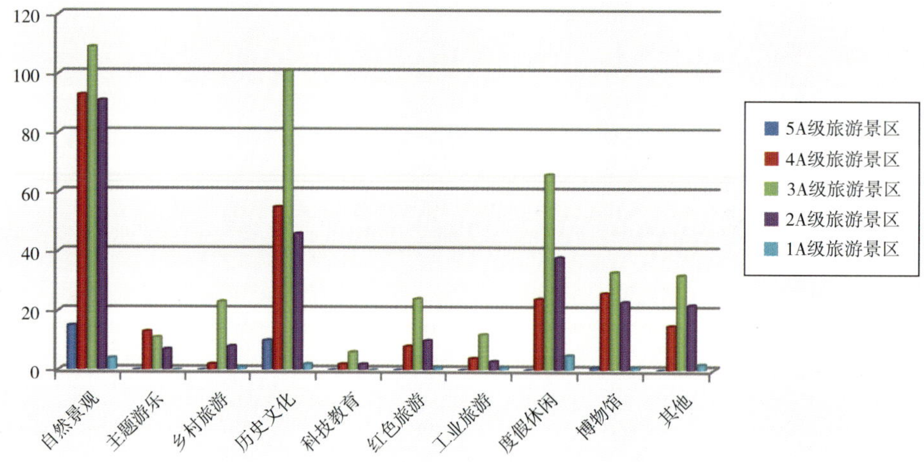

图 8-1-4　2015 年西北地区 A 级旅游景区分类型等级数量分布图（单位：家）

3. 门票价格

2015 年，西北地区 A 级旅游景区共计 952 家，其门票价格总计 19868 元，平均门票价格为 21 元，较全国平均水平低了 10 元。

从景区等级来看，5A 级旅游景区的平均门票价格最高，高达 80 元；其次是 4A 级和 3A 级景区，平均门票价格分别为 37 元和 16 元；2A 和 1A 级旅游景区平均门票价格相对最低，均不足 10 元，分别为 8 元和 7 元。

表 8-1-3　2015 年西北地区 A 级旅游景区门票价格分等级统计表

景区等级	门票价格总额（元）	景区数量（家）	平均门票价格（元）
5A 级旅游景区	2078	26	80
4A 级旅游景区	8992	242	37
3A 级旅游景区	6631	417	16
2A 级旅游景区	2053	250	8
1A 级旅游景区	114	17	7
合　计	19868	952	21

从景区类型来看，2015 年西北地区主题游乐类景区平均门票价格最高，为 35 元，其次是自然景观类和历史文化类景区，分别为 28 元和 22 元；红色旅游类景区平均门票价格最低，仅 7 元。

表 8-1-4　2015 年西北地区 A 级旅游景区门票价格分类型统计表

景区类型	门票价格总额（元）	景区数量（家）	平均门票价格（元）
自然景观	8637	312	28
主题游乐	1099	31	35
乡村旅游	358	34	11
历史文化	4808	214	22
科技教育	139	10	14
红色旅游	291	43	7
工业旅游	215	20	11
度假休闲	1904	133	14
博物馆	1519	84	18
其　他	898	71	13
总　计	19868	952	21

（二）旅游景区游客接待量情况

2015 年，西北地区 A 级旅游景区旅游总接待量为 2.93 亿人次，较上年增加 5461.38 万人次，增长 23.07%，占全国 A 级旅游景区接待总量的 7.76%，较上年下降 0.30 个百分点。平均游客接待量为 0.31 亿人次。其中政策性免票人数为 1.27 亿人次。

1. 分等级接待量

（1）数量及比重

2015 年西北地区 A 级旅游景区游客接待量以 4A 级旅游景区最多，共计

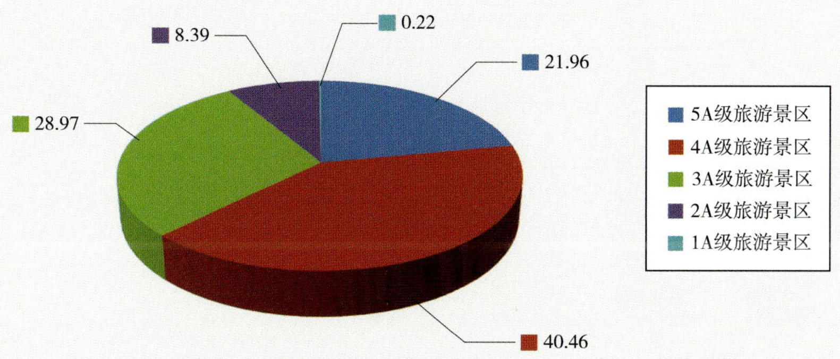

图 8-2-1　2015 年西北地区 A 级旅游景区游客接待量分布图（单位：%）

11852.53 万人次，占该区 A 级景区游客接待总量的 40.46%；其次是 3A 级和 5A 级旅游景区，分别为 8484.84 万人次和 6432.16 万人次，占比分别为 28.97% 和 21.96%；1A 级旅游景区游客接待量最少，为 63.56 万人次，占比 0.22%。

（2）增量及增长率

2015 年，除 5A 级旅游景区外，西北地区其他等级 A 级旅游景区的游客接待量均呈现不同程度增长。其中，4A 级旅游景区游客接待量增速最快，较上年增加 3565.62 万人次，增长 43.03%，其次是 3A 级和 2A 级旅游景区，分别较上年增加 2236.34 万人次和 631.51 万人次，分别增长 35.79% 和 34.57%；5A 级旅游景区较上年减少 980.33 万人次，下降 13.23%。

表 8-2-1　2014 ~ 2015 年西北地区 A 级旅游景区游客接待情况统计表

景区等级	2014 年接待量（万人次）	2015 年接待量（万人次）	比重（%）	增量（万人次）	增长率（%）
5A 级旅游景区	7412.49	6432.16	21.96	-980.33	-13.23
4A 级旅游景区	8286.91	11852.53	40.46	3565.62	43.03
3A 级旅游景区	6248.50	8484.84	28.97	2236.34	35.79
2A 级旅游景区	1826.50	2458.01	8.39	631.51	34.57
1A 级旅游景区	55.32	63.56	0.22	8.24	14.90
合　计	23829.72	29291.10	100.00	5461.38	22.92

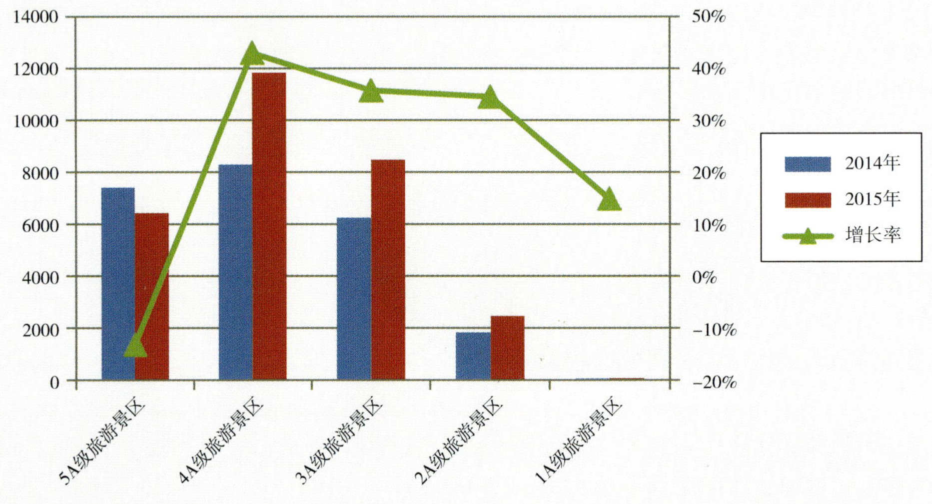

图 8-2-2　2014 ~ 2015 年西北地区 A 级旅游景区游客接待量分布图（单位：万人次）

2. 分类型接待量

2015 年，西北地区不同类型 A 级旅游景区游客接待量有所不同，其中历史文化类景区游客接待量最多，共计 9776.17 万人次，占比 33.38%；其次是自然景观类和度假休闲类景区，游客接待量分别为 7877.26 万人次和 3091.08 万人次，占比分别为 26.89% 和 10.55%；工业旅游类景区游客接待量最少，为 208.89 万人次，占比 0.71%。

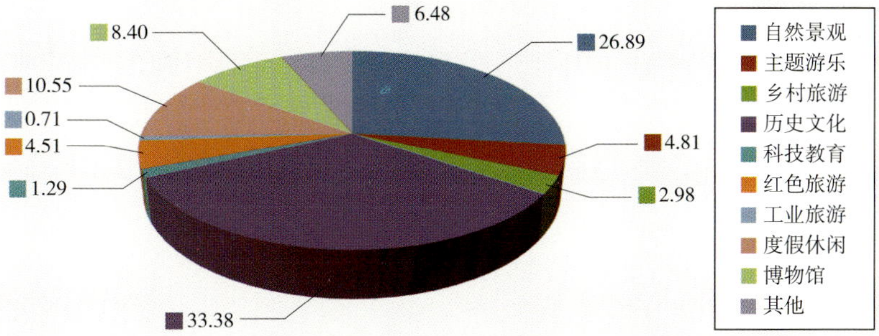

图 8-2-3　2015 年西北地区 A 级景区游客接待量类型分布图（单位：%）

从景区类型和等级综合看，历史文化类旅游景区中 5A 级和 4A 级旅游景区接待量较大，分别为 4262.65 万人次和 2829.62 万人次。自然景观类景区中 4A 级和 3A 级旅游景区接待量较大，分别为 3636.71 万人次和 1771.39 万人次。

表 8-2-2　2015 年西北地区 A 级旅游景区游客接待量类型等级统计表（单位：万人次）

景区类型	5A 级旅游景区	4A 级旅游景区	3A 级旅游景区	2A 级旅游景区	1A 级旅游景区	合计
自然景观	1671.38	3636.71	1771.39	775.63	22.15	7877.26
主题游乐	0.00	1099.70	170.04	140.51	0.00	1410.25
乡村旅游	0.00	209.59	616.44	45.43	0.67	872.13
历史文化	4262.65	2829.62	2227.40	454.62	1.88	9776.17
科技教育	0.00	207.94	150.78	20.36	0.00	379.07
红色旅游	0.00	699.56	508.30	112.64	0.18	1320.68
工业旅游	0.00	23.33	142.77	41.87	0.92	208.89
度假休闲	0.00	1222.64	1466.88	385.45	16.12	3091.08
博物馆	498.13	1324.43	429.88	196.08	8.44	2456.96
其　他	0.00	599.02	1000.96	285.43	13.20	1898.61
合　计	6432.16	11852.53	8484.84	2458.01	63.56	29291.10

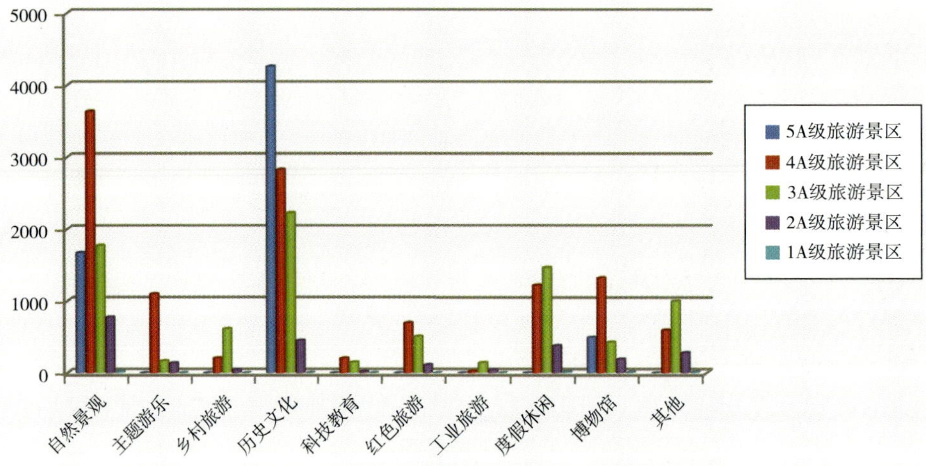

图 8-2-4　2015 年西北地区 A 级旅游景区游客接待量类型等级分布图（单位：万人次）

（三）旅游景区经营与投资情况

1. 旅游景区总收入情况

2015 年，西北地区 A 级旅游景区旅游总收入为 225.29 亿元，较上年增加 64.37 亿元，增长 40.00%，平均旅游总收入为 2366.49 万元。

（1）分等级收入

2015 年西北地区旅游景区旅游收入以 4A 级和 5A 级旅游景区相对较多，分别为 108.69 亿元和 67.65 亿元，分别占该区 A 级景区旅游总收入的 48.24% 和 30.03%；2A 级和 1A 级旅游景区旅游总收入相对较少，分别为 11.59 亿元和 0.68 亿元，占比分别为 5.15% 和 0.30%。

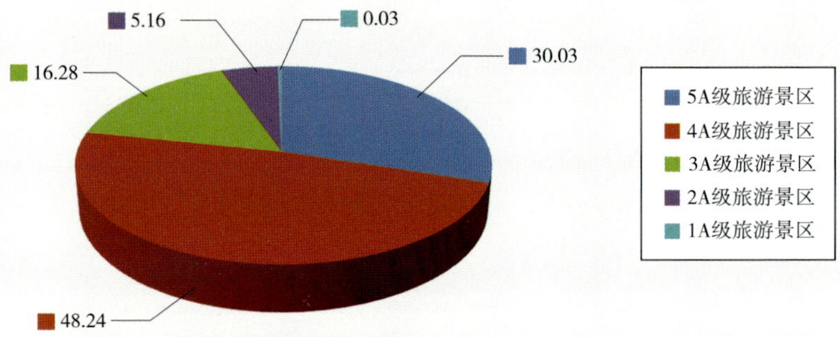

图 8-3-1　2015 年西北地区 A 级景区等级收入占比图（单位：%）

与上年相比，不同等级 A 级旅游景区旅游总收入均呈增长态势，其中 1A 级旅游景区旅游总收入增长最快，较上年增加 0.35 亿元，增长 106.06%；其次是 5A 级和 3A 级旅游景区，分别较上年增加 24.40 亿元和 11.50 亿元，分别增长 56.42% 和 45.67%；2A 级旅游景区旅游总收入增长最慢，较上年增加 0.54 亿元，增长 4.89%。

表 8–3–1　2014 ~ 2015 年西北地区 A 级旅游景区等级收入统计表

景区等级	2014 年景区总收入（亿元）	2015 年景区总收入（亿元）	比重（%）	增量（亿元）	增长率（%）
5A 级旅游景区	43.25	67.65	30.03	24.40	56.42
4A 级旅游景区	81.11	108.69	48.24	27.58	34.00
3A 级旅游景区	25.18	36.68	16.28	11.50	45.67
2A 级旅游景区	11.05	11.59	5.15	0.54	4.89
1A 级旅游景区	0.33	0.68	0.30	0.35	106.06
合　计	160.92	225.29	100	64.37	40.00

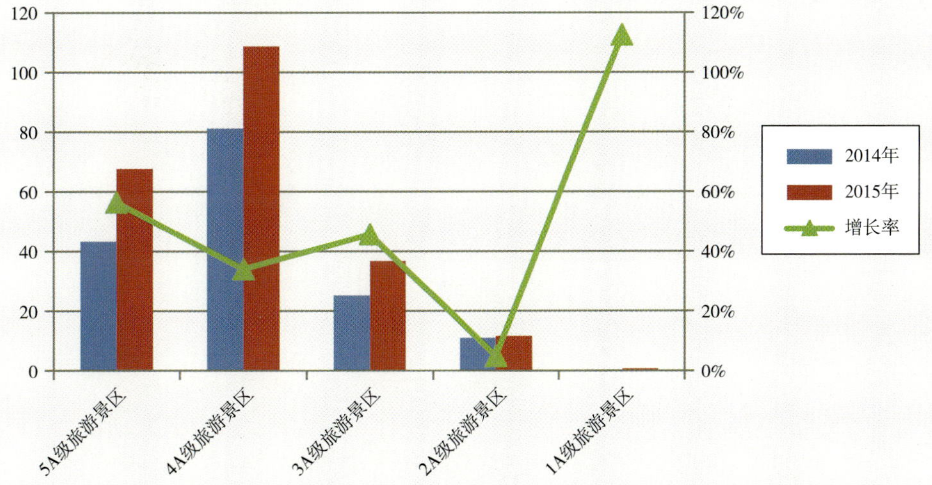

图 8–3–2　2014 ~ 2015 年西北地区 A 级旅游景区等级收入分布图（单位：亿元）

（2）分类型收入

从景区类型看，2015 年西北地区自然景观类景区旅游总收入最多，其次是历史文化类和度假休闲类景区，分别为 92.63 亿元、55.31 亿元和 39.56 亿元，占比分别为 41.12%、24.55% 和 17.56%；红色旅游类和科技教育类景区旅游总收入相对较低，分别为 2.36 亿元和 0.24 亿元，占比分别为 1.04% 和 0.11%。

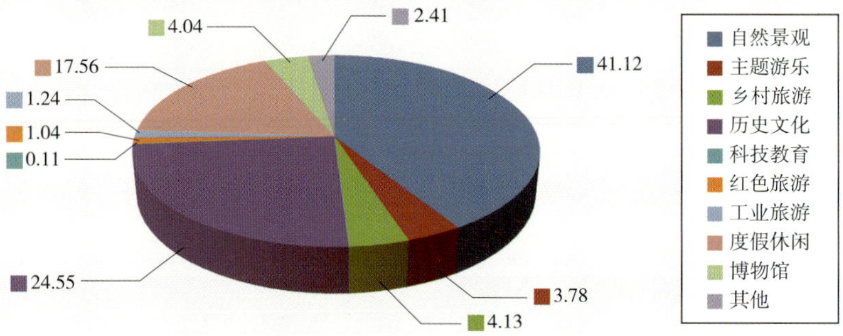

图 8-3-3　2015 年西北地区 A 级旅游景区分类型收入占比图（单位：%）

从景区类型和等级综合看，自然景观类景区中 5A 级和 4A 级旅游景区收入最多，分别为 42.27 亿元和 37.99 亿元；历史文化类景区中 4A 级旅游景区收入最多，其次是 5A 级和 3A 级旅游景区，分别为 23.42 亿元、18.77 亿元和 10.91 亿元。

表 8-3-2　2015 年西北地区 A 级旅游景区类型等级收入统计表（单位：亿元）

景区类型	5A 级旅游景区	4A 级旅游景区	3A 级旅游景区	2A 级旅游景区	1A 级旅游景区	合　计
自然景观	42.27	37.99	7.59	4.27	0.51	92.63
主题游乐	0.00	8.10	0.19	0.24	0.00	8.53
乡村旅游	0.00	2.66	5.34	1.31	0.00	9.31
历史文化	18.77	23.42	10.91	2.21	0.00	55.31
科技教育	0.00	0.01	0.23	0.00	0.00	0.24
红色旅游	0.00	1.38	0.61	0.37	0.00	2.36
工业旅游	0.00	0.24	1.23	1.27	0.06	2.80
度假休闲	0.00	29.92	8.37	1.19	0.08	39.56
博物馆	6.60	2.12	0.28	0.10	0.00	9.10
其　他	0.00	2.85	1.93	0.63	0.04	5.45
合　计	67.64	108.69	36.68	11.59	0.69	225.29

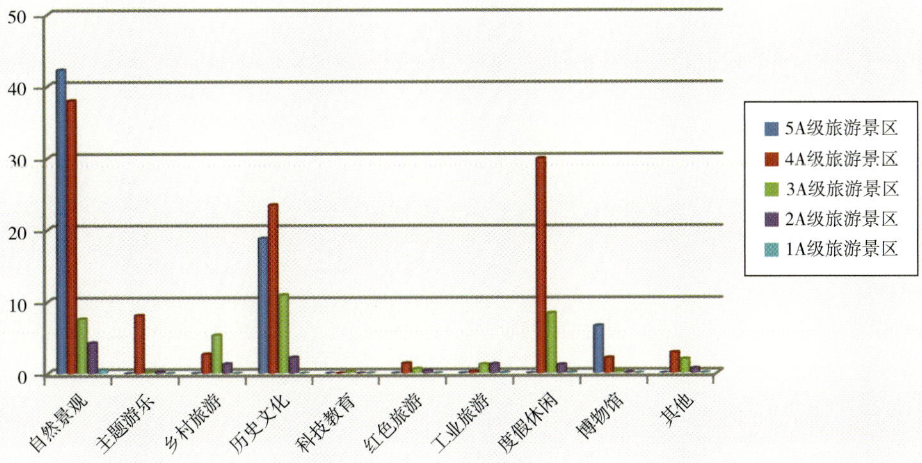

图 8-3-4　2015 年西北地区 A 级旅游景区类型等级收入分布图（单位：亿元）

2. 旅游景区分项收入

2015 年，西北地区 A 级旅游景区餐饮收入取代门票收入，成为景区旅游收入的首要来源。具体来看，餐饮收入和门票收入分别为 65.35 亿元和 58.41 亿元，分别占景区旅游总收入的 29.01% 和 25.92%；其次是住宿收入、商品收入和交通收入，分别为 34.54 亿元、30.43 亿元和 27.39 亿元，占比分别为 15.33%、13.51% 和 12.16%；演艺收入相对较少，为 5.60 亿元，占比 2.49%。

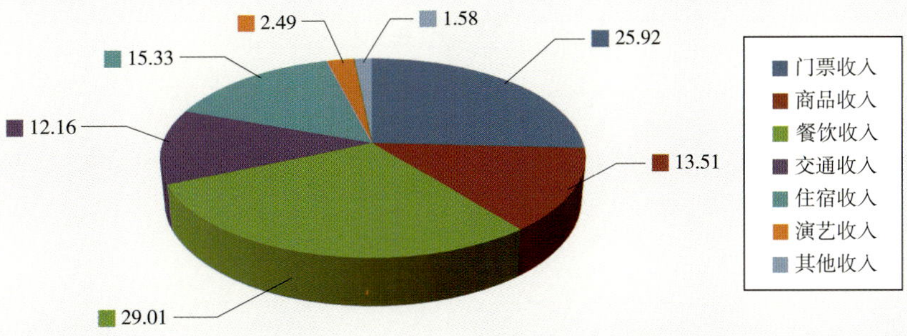

图 8-3-5　2015 年西北地区 A 级旅游景区等级收入构成占比图（单位：%）

与上年相比，各分项收入均呈增长态势，其中餐饮收入增速最快，较上年增加 29.77 亿元，增长 83.67%；其次是演艺收入和住宿收入，分别较上年增加 2.32 亿元和 10.76 亿元，分别增长 70.80% 和 45.26%；商品收入增速最慢，较上年增加 2.95 亿元，增长 10.75%。

表 8-3-3　2014 ~ 2015 年西北地区 A 级旅游景区收入构成统计表

收入类型	2014 年景区分项收入（亿元）	2015 年景区分项收入（亿元）	比重（%）	增量（亿元）	增长率（%）
门票收入	48.15	58.41	25.92	10.26	21.30
商品收入	27.48	30.43	13.51	2.95	10.75
餐饮收入	35.58	65.35	29.01	29.77	83.67
交通收入	21.69	27.39	12.16	5.70	26.28
住宿收入	23.78	34.54	15.33	10.76	45.26
演艺收入	3.28	5.60	2.49	2.32	70.80
其他收入	2.18	3.57	1.58	1.39	63.77
合　计	162.14	225.29	100.00	63.15	38.95

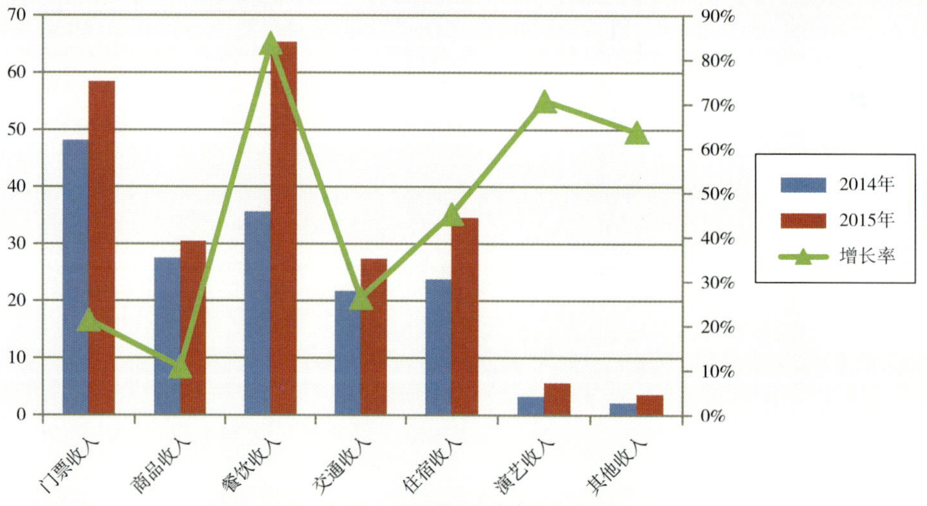

图 8-3-6　2014 ~ 2015 年西北地区 A 级旅游景区收入构成分布图（单位：亿元）

（1）分等级收入

4A 级和 5A 级旅游景区总收入是 2015 年西北地区 A 级旅游景区旅游收入的主体，所占比重较大，分别是 108.69 亿元和 67.65 亿元。其中 4A 级旅游景区收入构成中以餐饮收入和门票收入为主，分别为 33.48 元和 23.65 亿元。5A 级旅游景区以门票收入为主，达到 29.36 亿元。

表 8-3-4　2015 年西北地区 A 级旅游景区分等级收入构成统计表（单位：亿元）

景区等级	门票收入	商品收入	餐饮收入	交通收入	住宿收入	演艺收入	其他收入	合　计
5A 级旅游景区	29.36	3.41	11.52	9.58	10.99	2.71	0.08	67.65
4A 级旅游景区	23.65	16.28	33.48	14.48	17.1	2.22	1.48	108.69
3A 级旅游景区	4.6	7.78	15.26	2.45	4.68	0.43	1.48	36.68
2A 级旅游景区	0.79	2.82	4.93	0.81	1.57	0.25	0.44	11.59
1A 级旅游景区	0.01	0.15	0.16	0.08	0.2	0	0.1	0.68
合　计	58.41	30.43	65.35	27.39	34.54	5.6	3.57	225.29

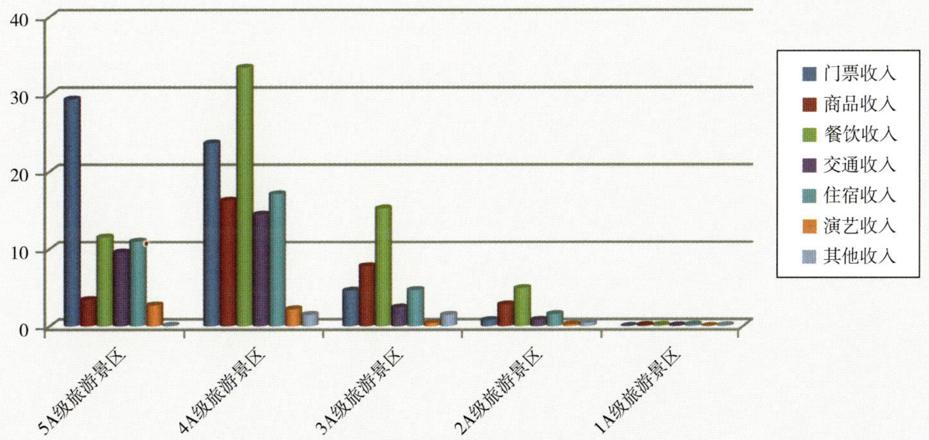

图 8-3-7　2015 年西北地区 A 级旅游景区等级收入构成分布图（单位：亿元）

（2）分类型收入

自然景观类和历史文化类旅游景区收入所占比重较大，分别为 92.65 亿元和 55.32 亿元。其中，自然景观类景区以餐饮收入和门票收入为主，分别是 26.25 亿元和 26.11 亿元。历史文化类旅游景区以门票收入、餐饮收入和商品收入为主，分别为 15.30 亿元、13.42 亿元和 10.93 亿元。

表 8-3-5　2015 年西北地区 A 级旅游景区分类型收入构成统计表（单位：亿元）

景区类型	门票收入	商品收入	餐饮收入	交通收入	住宿收入	演艺收入	其他收入	合　计
自然景观	26.11	6.99	26.25	14.37	15.46	2.05	1.42	92.65
主题游乐	3.29	1.80	1.62	0.68	0.86	0.07	0.20	8.52
乡村旅游	0.37	2.63	4.79	0.63	0.74	0.06	0.09	9.31
历史文化	15.30	10.93	13.42	5.39	7.65	1.90	0.73	55.32
科技教育	0.12	0.05	0.03	0.01	0.03	0.00	0.01	0.26
红色旅游	0.16	0.36	0.84	0.32	0.44	0.01	0.24	2.37
工业旅游	0.08	1.39	0.65	0.20	0.45	0.04	0.01	2.82
度假休闲	3.73	4.60	15.62	5.33	8.30	1.40	0.59	39.57
博物馆	8.21	0.28	0.24	0.09	0.16	0.02	0.10	9.10
其　他	1.04	1.41	1.90	0.38	0.46	0.09	0.20	5.48
合　计	58.41	30.44	65.36	27.40	34.55	5.64	3.59	225.29

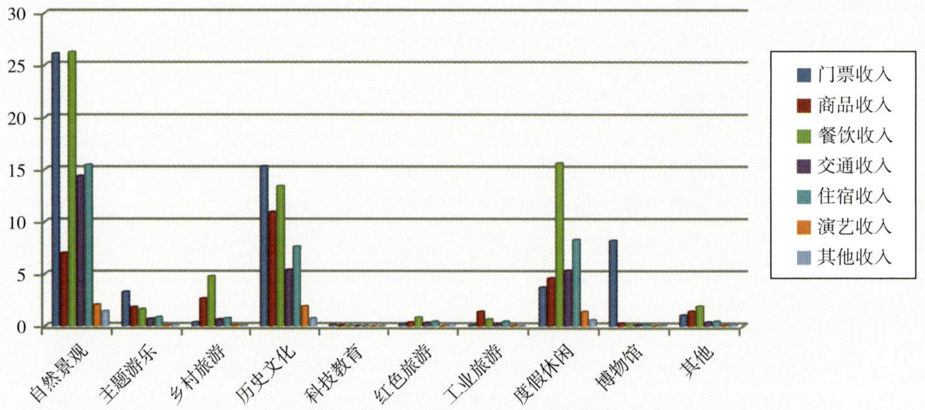

图 8-3-8　2015 年西北地区 A 级旅游景区分类型收入构成分布图（单位：亿元）

3. 旅游景区投资

2015 年西北地区 A 级旅游景区总投资为 167.19 亿元，较上年增加 51.91 亿元，增长 45.03%，其中景区内部投资为 13.43 亿元，外部投资为 153.76 亿元。平均建设投资 1756.17 万元。

表 8-3-6　2015 年西北地区 A 级旅游景区总投资分类型等级统计表（单位：亿元）

景区类型	5A 级旅游景区	4A 级旅游景区	3A 级旅游景区	2A 级旅游景区	1A 级旅游景区	合　计
自然景观	12.13	24.30	19.50	4.13	0.00	60.06
主题游乐	0.00	1.16	1.62	0.05	0.00	2.83
乡村旅游	0.00	0.23	4.96	1.51	0.00	6.70
历史文化	1.87	31.63	21.15	0.86	0.06	55.57
科技教育	0.00	0.09	0.61	0.01	0.00	0.71
红色旅游	0.00	1.49	1.40	0.36	0.00	3.25
工业旅游	0.00	0.05	0.09	0.23	0.03	0.40
度假休闲	0.00	17.94	11.94	0.77	0.03	30.68
博物馆	0.00	2.15	0.40	0.18	0.00	2.73
其　他	0.00	1.87	0.92	1.47	0.00	4.26
合　计	14.00	80.91	62.59	9.57	0.12	167.19

从景区等级看，4A 级、3A 级旅游景区建设总投资相对较多，分别为 80.91 亿元和 62.59 亿元，其次是 5A 级、2A 级和 1A 级旅游景区，建设投资额分别为 14.00 亿元、9.57 亿元和 0.12 亿元。从景区类型看，自然景观类、历史文化类和度假休闲类景区的总投资相对较多，分别为 60.06 亿元、55.57 亿元和 30.68 亿元；科技教育和工业旅游类景区建设投资额相对较低，分别为 0.71 亿元和 0.40 亿元。

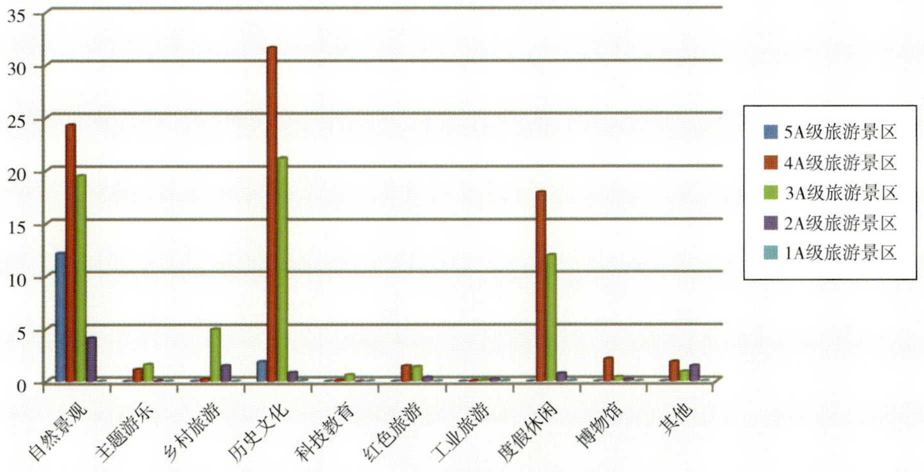

图 8-3-9　2015 年西北地区 A 级旅游景区总投资分类型等级分布图（单位：亿元）

从景区等级和类型综合看，自然景观类景区中 4A 级和 3A 级旅游景区的建设投资较多，分别是 24.30 亿元和 19.50 亿元；历史文化类景区中 4A 级和 3A 级旅游景区的建设投资较多，分别是 31.63 亿元和 21.15 亿元；度假休闲类景区同样也是 4A 级和 3A 级旅游景区的建设投资较多，分别为投资额为 17.94 亿元和 11.94 亿元。

（四）旅游景区经营管理机构与人员情况

1. 经营机构

2015 年，西北地区 A 级旅游景区经营机构共计 952 家，较上年增加 131 家，增长 15.96%，主要包括行政单位、事业单位和企业三种类型。其中企业类经营机构最多，共计 559 家，占西北地区 A 级旅游景区总经营机构的 58.72%；其次是事业单位类型经营机构，共计 360 家，占比 37.82%；行政单位类型的经营机构数量较少，仅 33 家，仅占 3.46%。

表 8-4-1　2015 年西北地区 A 级旅游景区经营管理机构情况统计表

经营管理机构类型	数量（家）	比重（%）
行政单位	33	3.46
事业单位	360	37.82
企　业	559	58.72
合　计	952	100.00

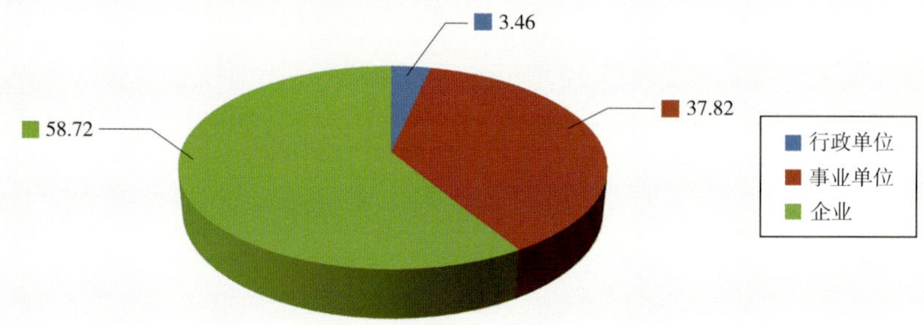

图 8-4-1　2015 年西北地区 A 级旅游景区经营管理机构数量分布图（单位：%）

从景区不同等级结构来看，所有等级景区经营主体均以企业为主。其中 3A 级旅游景区企业经营主体最多，为 252 家，其次是 2A 级和 4A 级旅游景区，分别为 143 家和 137 家，5A 级和 1A 级旅游景区企业经营主体相对较少，分别为 15 家和 12 家。

表 8-4-2　2015 年西北地区 A 级旅游景区经营主体统计表（单位：家）

	5A 级旅游景区	4A 级旅游景区	3A 级旅游景区	2A 级旅游景区	1A 级旅游景区	合　计
行政单位	2	3	17	11	0	33
事业单位	9	102	148	96	5	360
企　业	15	137	252	143	12	559
合　计	26	242	417	250	17	952

2. 就业情况

2015 年西北地区 A 级旅游景区固定就业人数为 84497 人，占全国 A 级旅游景区固定就业人数的 6.87%。其中 4A 级和 3A 级旅游景区就业人数较多，分别为 38990 人和 27335 人，分别占西北地区 A 级旅游景区总固定就业人数的 46.14% 和 32.35%。

表 8-4-3　2015 年西北地区 A 级旅游景区分等级固定就业统计表

景区等级	5A 级旅游景区	4A 级旅游景区	3A 级旅游景区	2A 级旅游景区	1A 级旅游景区	合　计
固定就业人数（人）	10473	38990	27335	7271	428	84497
比例（%）	12.39	46.14	32.35	8.61	0.51	100.00

从景区类型看，自然景观类景区固定就业人数最多，为 23333 人，占西北地区 A 级旅游景区总固定就业人数的 27.61%；其次是度假休闲类和历史文化类景区，分别为 18499 人和 18210 人，占比分别为 21.89% 和 21.55%；科技教育类景区固定就业人数最少，为 488 人，占比 0.58%。

表 8-4-4　2015 年西北地区 A 级旅游景区固定用工分类型等级统计表（单位：人）

景区类型	5A 级旅游景区	4A 级旅游景区	3A 级旅游景区	2A 级旅游景区	1A 级旅游景区	合　计
自然景观	6083	11612	3883	1533	222	23333

续表

景区类型	5A 级旅游景区	4A 级旅游景区	3A 级旅游景区	2A 级旅游景区	1A 级旅游景区	合 计
主题游乐	0	4626	268	224	0	5118
乡村旅游	0	868	2951	1553	3	5375
历史文化	3879	5743	7893	676	19	18210
科技教育	0	107	337	44	0	488
红色旅游	0	405	350	136	3	894
工业旅游	0	181	1829	1418	60	3488
度假休闲	0	10102	7456	848	93	18499
博物馆	511	2410	800	233	15	3969
其 他	0	2936	1568	606	13	5123
合 计	10473	38990	27335	7271	428	84497

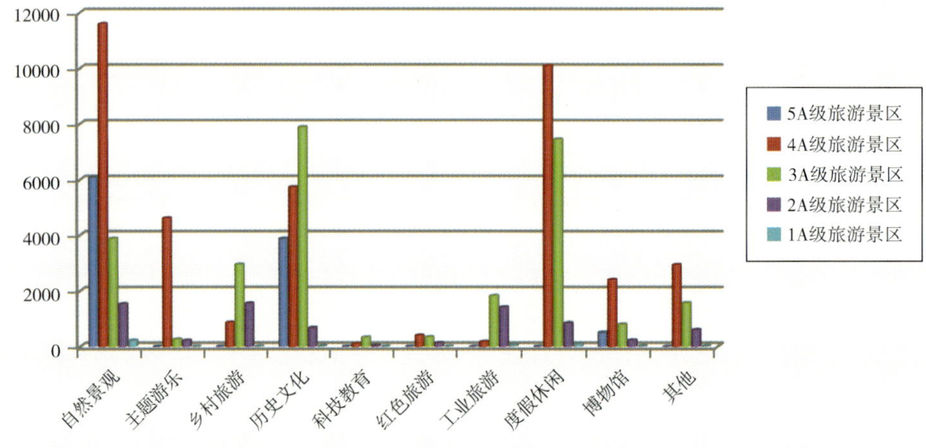

图 8-4-2 2015 年西北地区 A 级旅游景区固定用工分类型等级分布图（单位：人）

3. 导游情况

2015 西北地区 A 级旅游景区导游总数为 5403 人，较上年增加 429 人，增长 8.62%，占全国 A 级旅游景区导游总数的 8.42%，平均导游人数 6 人。

其中 4A 级和 3A 级旅游景区导游人数最多，分别为 2409 人和 1695 人，分别占西北地区 A 级旅游景区导游总量的 44.59% 和 31.37%；2A 级和 1A 级旅游景区导游人数相对较少，分别为 409 人和 16 人，占比分别为 7.57% 和 0.30%。

表 8-4-5　2015 年西北地区 A 级旅游景区导游数量分等级统计表

景区等级	5A 级旅游景区	4A 级旅游景区	3A 级旅游景区	2A 级旅游景区	1A 级旅游景区	合　计
导游人数（人）	874	2409	1695	409	16	5403
比例（%）	16.18	44.59	31.37	7.57	0.30	100.00

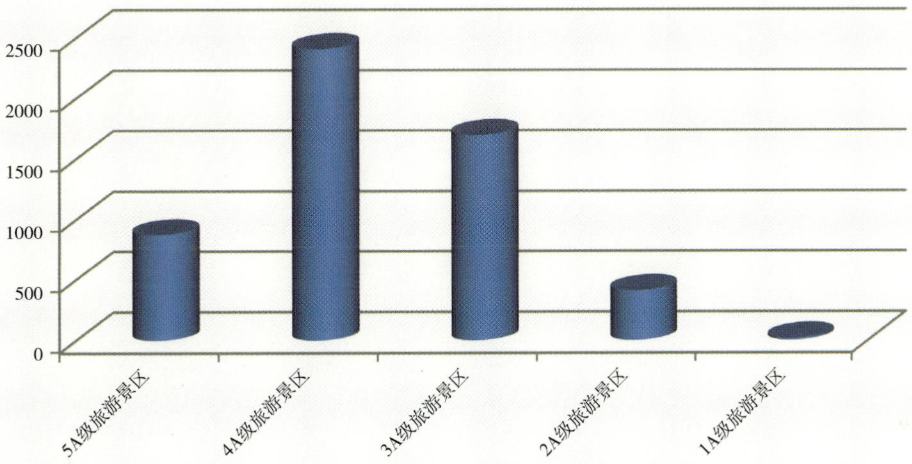

图 8-4-3　2015 年西北地区 A 级旅游景区导游人员分等级分布图（单位：人）

《2015年中国旅游景区发展报告》编写说明

一、数据来源

全国 A 级旅游景区管理系统。

二、景区统计范围

2015 年 12 月 31 日之前国家旅游局公布的 A 级旅游景区。

三、数据截止日期

2016 年 1 月。

四、区域划分标准

参照国家统计局行政区划代码，将全国分为六大区域：华东区包括上海、浙江、江苏、安徽、福建、江西、山东 7 省市；华北区包括北京、天津、河北、山西、内蒙古 5 省市区；东北区包括黑龙江、吉林、辽宁 3 省；西北区包括陕西、甘肃、青海、宁夏、新疆 5 省区及新疆生产建设兵团；西南包括重庆、四川、贵州、云南、西藏 5 省区市；中南区包括河南、湖北、湖南、广西、广东、海南 6 省区

2016 年11月

责任编辑：谯　洁

责任印制：冯冬青

图书在版编目（CIP）数据

2015年中国旅游景区发展报告 / 中华人民共和国国家旅游局主编. — 北京 : 中国旅游出版社, 2016.12

ISBN 978-7-5032-5740-7

Ⅰ. ①2… Ⅱ. ①中… Ⅲ. ①旅游区—经济发展—研究报告—中国—2015 Ⅳ. ①F592.3

中国版本图书馆CIP数据核字（2016）第296897号

书　　名：2015年中国旅游景区发展报告

主　　编：中华人民共和国国家旅游局

出版发行：中国旅游出版社（北京建国门内大街甲9号　邮编：100005）

http://www.cttp.net.cn　E-mail:cttp@cnta.gov.cn

发行部电话：010-85166503

版式设计：北京中文天地文化艺术有限公司

经　　销：全国各地新华书店

印　　刷：北京金吉士印刷有限责任公司

版　　次：2016年12月第1版　2016年12月第1次印刷

印刷开本：889毫米×1194毫米　1/16

印　　张：13.5

字　　数：206千

定　　价：220.00元

I S B N　978-7-5032-5740-7